企业安全生产法律责任丛书

企业安全员安全生产法律责任

主编 杨 勇

中国劳动社会保障出版社

图书在版编目(CIP)数据

企业安全员安全生产法律责任/杨勇主编. —北京：中国劳动社会保障出版社，2012

（企业安全生产法律责任丛书）

ISBN 978-7-5045-9646-8

Ⅰ.①企… Ⅱ.①杨… Ⅲ.①企业管理-安全生产-安全法规-基本知识-中国 Ⅳ.①D922.54

中国版本图书馆 CIP 数据核字(2012)第 070597 号

中国劳动社会保障出版社出版发行

（北京市惠新东街1号　邮政编码：100029）

出版人：张梦欣

*

北京市艺辉印刷有限公司印刷装订　新华书店经销

880毫米×1230毫米　32开本　8.75印张　213千字

2012年5月第1版　2015年6月第2次印刷

定价：27.00元

读者服务部电话：010-64929211/64921644/84643933

发行部电话：010-64961894

出版社网址：http://www.class.com.cn

版权专有　　侵权必究

举报电话：010-64954652

如有印装差错，请与本社联系调换：010-80497374

内容简介

本书根据安全生产相关法律法规规定，全面阐述了企业安全生产管理人员、安全员的安全生产责任。全书以企业安全员必须掌握的安全生产基础知识、安全生产管理知识和安全生产法律职责为出发点，为企业相关人员能够明确自身的安全生产责任和义务提供指导，同时配有与之对应的法律法规规定供参考学习与查询。

本书主要内容包括企业安全员应该承担的法律责任：制定、修订并落实安全生产规章制度和操作规程的责任，编制、审查安全技术措施计划的责任，组织安全生产检查、教育培训的责任，消防安全管理的责任，督促、检查劳动防护用品使用的责任，事故的应急救援和调查、上报的责任。

本书可供企业班组专职安全员阅读，也可作为企业相关负责人、安全生产管理人员以及从事安全生产相关工作的人员参考学习，还可以作为企业安全生产普法宣教使用。

前 言

《安全生产法》第四条明确规定:"生产经营单位必须遵守本法和其他有关安全生产的法律、法规,加强安全生产管理,建立、健全安全生产责任制度,完善安全生产条件,确保安全生产。"我国的安全生产方针是"安全第一,预防为主,综合治理",要求企业管理坚持"管生产的同时必须管安全"这一原则。为了执行安全生产方针和原则,加强企业安全生产责任制建设一直是我国安全生产法律法规中的重要内容之一。企业是安全生产的责任主体,法律法规要求企业必须建立安全生产责任制,把"安全生产,人人有责"从制度上固定下来。企业的所有从业人员,从法定代表人到每一名职工,都要依据法律法规的规定,切实履行本单位的安全生产职责,把安全生产的责任落实到每一个环节、每一个岗位、每一个人,从而增强各级机构和人员的责任心,使安全管理工作既做到责任明确,又相互协调配合,共同努力把安全生产工作落到实处。

实践证明,凡是建立、健全安全生产责任制度的企业,各级领导重视安全生产、劳动保护工作,切实贯彻执行党的安全生产、劳动保护方针和政策及国家安全生产、劳动保护法规,在认真负责地组织生产的同时,积极采取措施,改善劳动条件,工伤事故和职业病就会减少;反之,就会职责不清、相互推诿,而使安全生产、劳动保护工作无人负责、无法进行，工伤事故与职业病就会不断发生。因此，加强企业安全生产法律责任落实，实现责任分明、各司其职、各负其责，将法规赋予生产经营单位和企业的安全生产责任由大家共同承担，安全生产工作才能形成一个整体，及时消除各类生产安全事故隐患，从而避免或减少事故的发生。

为了使企业相关人员能够对自身安全生产法律责任有明确的认识，掌握实际工作中的责任和义务，落实相关法律法规规定，从而为企业安全生产承担应有责任，我们组织相关专家和学者组成丛书编写组，编写了这套"企业安全生产法律责任丛书"。本套丛书以安全生产法律责任为主线，全部内容包括了企业负责人、安全生产管理人员或安全员、一般从业人员应该掌握的安全生产法律法规规定的职责和义务，同时兼顾安全生产基础知识与管理知识的讲解，还附有相关法律法规原文供读者学习与查询。

"企业安全生产法律责任丛书"编写组人员有：刘松涛、杨勇、任彦斌、佟瑞鹏、孙超、秦伟、黄小明、周志杰、高云增、刘文杰、陈大伟、王兵建、张斌、焦宇、韩雪萍、徐敏、张兵、彭智军、李明铭、高虎。丛书在编写过程中参考了很多资料与书籍，在此特向有关作者表示感谢。由于时间仓促，书中难免有不妥之处，敬请广大读者不吝赐教。

"企业安全生产法律责任丛书"编写组

2012 年 4 月

目录

第一章 制定、修订并落实安全生产规章制度和操作规程的责任 …… 1

第一节 制定安全生产规章制度的意义 …… 1
一、安全生产规章制度 …… 1
二、安全生产规章制度建设的重要意义 …… 2

第二节 制定安全生产规章制度的依据与原则 …… 3
一、制定安全生产规章制度的依据 …… 3
二、制定安全生产规章制度的原则 …… 4

第三节 安全生产规章制度的内容 …… 5
一、安全生产规章制度的编制 …… 5
二、安全生产规章制度建设的内容 …… 7

第四节 安全生产台账、票证审核制度 …… 12
一、安全生产台账和票证 …… 12
二、实行安全工作台账和安全作业票证的作用 …… 14

第五节 建立安全生产责任制 …… 15
一、安全生产责任制及其重要作用 …… 15
二、建立安全生产责任制的要求 …… 18
三、安全生产责任制的主要内容 …… 19

第六节 安全生产规章制度相关法律法规规定 …… 21
一、《安全生产法》相关规定 …… 21

二、《劳动法》相关规定 ································· 23

三、《职业病防治法》相关规定 ························· 25

四、《矿山安全法》相关规定 ··························· 29

五、《国务院关于坚持科学发展安全发展促进安全生产形势持续稳定
好转的意见》相关规定 ····························· 30

六、《危险化学品安全管理条例》相关规定 ··············· 32

七、《国务院关于进一步加强企业安全生产工作的通知》相关
规定 ··· 34

第二章 编制、审查安全技术措施计划的责任 ············ 38
第一节 编制安全技术措施计划的基本原则 ············ 38
一、安全技术措施计划 ································· 38

二、编制安全技术措施计划的基本原则 ··················· 41

第二节 安全技术措施计划的基本内容 ················ 42
一、安全技术措施计划的项目范围 ······················· 42

二、安全技术措施计划的编制内容 ······················· 42

三、安全技术措施计划的经费来源 ······················· 43

第三节 安全技术措施计划的编制 ···················· 43
一、确定措施计划编制时间 ····························· 43

二、布置措施计划编制工作 ····························· 44

三、确定措施计划项目和内容 ··························· 44

四、编制措施计划 ····································· 44

五、审批措施计划 ····································· 44

六、下达措施计划 ····································· 44

七、实施 …………………………………………………… 45
第四节 建设项目"三同时"和安全评价 ……………… 45
一、建设项目"三同时" …………………………………… 45
二、建设项目"三同时"的主要内容 ……………………… 47
三、安全评价 ……………………………………………… 51
四、安全评价的种类 ……………………………………… 54
第五节 安全技术措施计划相关法律规定 ……………… 66
一、《安全生产法》相关规定 ……………………………… 66
二、《劳动法》相关规定 …………………………………… 70
三、《职业病防治法》相关规定 …………………………… 70
四、《矿山安全法》相关规定 ……………………………… 75
五、《危险化学品安全管理条例》相关规定 ……………… 76
六、《建设工程安全生产管理条例》相关规定 …………… 81
七、《国务院关于进一步加强企业安全生产工作的通知》相关
    规定 …………………………………………………… 84

第三章 组织安全生产检查、教育培训的责任 ……… 87
第一节 安全生产检查的类型及内容 …………………… 87
一、安全生产检查 ………………………………………… 87
二、安全生产检查的类型 ………………………………… 87
三、安全生产检查的内容 ………………………………… 88
第二节 安全生产检查的方法及工作程序 ……………… 89
一、安全生产检查的方法 ………………………………… 89
二、安全生产检查的工作程序 …………………………… 91

第三节　安全生产检查表 …… 92
一、安全生产检查表及其分类 …… 92
二、安全生产检查表的编制 …… 95
三、安全生产检查表的优点、缺点及其适用范围 …… 97
四、安全生产检查表实例 …… 99

第四节　安全生产教育培训 …… 106
一、安全教育的目的 …… 106
二、安全教育的特点 …… 107
三、安全教育的内容 …… 108
四、安全教育的形式 …… 113
五、几种重要的安全教育制度 …… 114

第五节　开展企业安全生产活动 …… 117
一、标准化作业达标活动 …… 117
二、合格安全班组活动 …… 123

第六节　安全生产检查和教育培训相关法律规定 …… 127
一、《安全生产法》相关规定 …… 127
二、《职业病防治法》相关规定 …… 131
三、《特种设备安全监察条例》相关规定 …… 136
四、《国务院关于进一步加强企业安全生产工作的通知》相关规定 …… 142
五、《关于生产经营单位主要负责人、安全生产管理人员及其他从业人员安全生产培训考核工作的意见》 …… 144
六、《生产经营单位安全培训规定》 …… 150

第四章　消防安全管理的责任 …… 159
第一节　消防安全基础知识 …… 159
一、火灾基础知识 …… 159
二、灭火 …… 163
三、消防设施 …… 165
第二节　防爆安全技术 …… 167
一、爆炸及其分类 …… 167
二、爆炸极限 …… 169
第三节　民用爆破器材、烟花爆竹消防技术 …… 174
一、民用爆破器材、烟花爆竹的主要危险因素 …… 174
二、民用爆破器材、烟花爆竹消防安全 …… 175
第四节　机械电气防火防爆技术 …… 178
一、引燃源 …… 178
二、危险物质和危险环境 …… 181
第五节　消防安全管理相关法律规定 …… 184
一、《消防法》相关规定 …… 184
二、《危险化学品安全管理》相关规定 …… 187
三、《民用爆炸物品安全管理条例》相关规定 …… 191
四、《烟花爆竹安全管理条例》相关规定 …… 192
五、《建设工程消防管理规定》相关规定 …… 194

第五章　督促、检查劳动防护用品使用的责任 …… 199
第一节　劳动防护用品基本概念 …… 199
一、劳动防护用品及其作用和特点 …… 199

二、劳动防护用品的分类及其选用 …………………………… 201
三、劳动防护用品的法定配备与管理 …………………………… 206
四、特种劳动防护用品 …………………………… 210
第二节 常用劳动防护用品及其管理 …………………………… 212
一、头部防护用品使用与管理 …………………………… 212
二、呼吸防护用品使用与管理 …………………………… 217
三、眼面部防护用品使用与管理 …………………………… 221
四、防坠落用品的使用与管理 …………………………… 224
第三节 劳动防护用品相关法律规定 …………………………… 228
一、《安全生产法》相关规定 …………………………… 228
二、《职业病防治法》相关规定 …………………………… 229
三、《劳动防护用品监督管理规定》相关规定 …………………………… 231
四、《特种劳动防护用品目录》 …………………………… 233

第六章 事故的应急救援和调查、上报的责任 …………………………… 235
第一节 生产安全事故报告的要求与责任 …………………………… 235
一、生产安全事故报告的要求 …………………………… 235
二、生产安全事故报告责任 …………………………… 236
第二节 生产安全事故报告程序和时限 …………………………… 236
第三节 生产安全事故报告的内容 …………………………… 237
一、事故报告的内容 …………………………… 237
二、事故调度统计报告的内容 …………………………… 239
三、统计月报 …………………………… 241
第四节 生产安全事故调查 …………………………… 241

一、事故现场调查 ………………………………………… 241
二、事故原因的调查分析 ………………………………… 244
三、确定事故责任 ………………………………………… 245
第五节　生产安全事故报告和调查处理相关法律法规规定 … 247
一、《安全生产法》相关规定 …………………………… 247
二、《生产安全事故报告和调查处理条例》…………… 249
三、《国务院关于特大安全事故行政责任追究的规定》 ……… 258

参考文献 ………………………………………………… 264

第一章 制定、修订并落实安全生产规章制度和操作规程的责任

第一节 制定安全生产规章制度的意义

一、安全生产规章制度

生产经营单位安全生产规章制度是指生产经营单位依据国家有关安全生产的法律法规、国家标准和行业标准,结合生产、经营的安全生产实际,以生产经营单位名义起草颁发的有关安全生产的规范性文件。一般包括规程、标准、规定、措施、办法、制度、指导意见等。

安全生产规章制度是生产经营单位贯彻国家有关安全生产的法律法规、国家标准和行业标准,贯彻国家安全生产方针政策的行动指南,是生产经营单位有效防范生产、经营过程中的安全生产风险,保障从业人员的安全和健康,加强安全生产管理的重要措施。

建立健全安全生产规章制度是生产经营单位的法定责任。生产经营单位是安全生产的责任主体,国家有关法律、法规对生产经营单位加强安全生产规章制度建设有明确的要求。《安全生产法》第四条规定:"生产经营单位必须遵守本法和其他有关安全生产的法律、法规,加强安全生产管理,建立、健全安全生产责任制度,完善安全生产条件,确保安全生产";《劳动法》第五十二条规定:"用人单位必须建立、健全劳动安全卫生制度,严格执行国家劳动安全卫生规程和标准,对劳动者进行劳动安全卫生教育,防止劳动过程中的事故,减少职业危害";《突发事件应对法》第二十二条规定:"所有单位应当建立健全安全管理制度,定期检查本单位各项安全防范措

施的落实情况，及时消除事故隐患……"所以，建立、健全安全生产规章制度是国家有关安全生产法律、法规明确的生产经营单位的法定责任。

二、安全生产规章制度建设的重要意义

生产经营单位要实施有效的安全生产管理，履行其保障从业人员安全、健康的法定义务，落实"安全第一，预防为主"的安全生产方针，就必须建立健全强有力的组织保障体系、规章制度保障体系和措施保障体系。这三大体系的具体体现就是以安全生产责任制为核心的安全生产管理规章制度体系。

安全生产管理规章制度是生产经营单位规章制度的重要组成部分，是国家有关法规、标准在生产经营单位安全生产中的具体落实，是统一全体从业人员从事安全生产的行为准则。因此，一切生产经营单位都必须建立健全一整套既符合国家法规标准，又符合生产经营单位生产经营管理实际的安全生产管理规章制度。

生产经营单位安全生产管理规章制度基本可分为三大类：一是以生产经营单位安全生产责任制为核心的综合性安全生产总则；二是各种单项制度，如安全生产的教育制度、检查制度、安全技术措施计划管理制度、特种作业人员培训制度、危险作业审批制度、伤亡事故管理制度、职业卫生管理制度、特种设备安全管理制度、电气安全管理制度、消防管理制度等；三是岗位安全操作规程。

建立、健全安全生产规章制度是生产经营单位安全生产的重要保障。生产经营的目的就是追求利润，但是，在追求利润的过程中，如果不能有效地防范安全风险，生产经营单位的生产、经营秩序就不能得到保障，甚至还会引发社会的灾难。客观上需要生产经营单位对生产工艺过程、机械设备、人员操作进行系统分析、评价，制定出一系列的操作规程和安全控制措施，以保障生产、经营工作合法、有序、安全地进行，将安全风险降到最低。在长期的生产经营

活动中，生产经营单位积累了大量的安全风险防范措施，这些措施只有形成安全生产规章制度，才能有效地得到继承和发扬。

建立、健全安全生产规章制度是生产经营单位保障从业人员的安全与健康的重要手段。安全生产的法律、法规明确规定，生产经营单位必须采取切实可行的措施，保障从业人员的安全与健康。因此，只有通过安全生产规章制度的约束，才能防止生产经营单位安全管理的随意性，才能使从业人员进一步明确自己的权利和义务，才能有效地保障从业人员的合法权益。同时，也为从业人员在生产、经营过程中遵章守纪提供明确的标准和依据。

第二节　制定安全生产规章制度的依据与原则

一、制定安全生产规章制度的依据

1. 以安全生产法律法规、国家标准和行业标准、地方政府的法规、标准为依据

生产经营单位安全生产规章制度首先必须符合国家法律法规，国家标准和行业标准，以及生产经营单位所在地地方政府的相关法规、标准的要求。生产经营单位安全生产规章制度是一系列法律法规在生产经营单位生产、经营过程中具体贯彻落实的体现。

2. 以生产、经营过程的危险有害因素辨识和事故教训为依据

安全生产规章制度的建设，其核心就是危险有害因素的辨识和控制。通过危险有害因素的辨识，有效提高规章制度建设的目的性和针对性，保障生产安全。同时，生产经营单位要积极借鉴相关事故教训，及时修订和完善规章制度，防范同类事故的重复发生。

3. 以国际、国内先进的安全生产管理方法为依据

随着安全科学技术的迅猛发展，安全生产风险防范和控制的理论、方法不断完善。尤其是安全系统工程理论研究的不断深化，为生产经营单位的安全管理提供了丰富的工具，如职业安全健康管理体系、风险评估体系、安全性评价体系的建立等，都为生产经营单位安全生产规章制度的制定提供了宝贵的参考资料。

二、制定安全生产规章制度的原则

1. 主要负责人负责的原则

安全生产规章制度的制定涉及生产经营单位的各个环节和所有从业人员，只有生产经营单位主要负责人亲自组织，才能有效调动生产经营单位的所有资源，才能协调好各个方面的关系。同时，我国安全生产的法律法规有明确规定，如《安全生产法》规定"建立、健全本单位安全生产责任制；组织制定本单位安全生产规章制度和操作规程，是生产经营单位的主要负责人的职责"。

2. 安全第一的原则

"安全第一，预防为主，综合治理"是我国的安全生产方针，也是安全生产客观规律的具体要求。生产经营单位要实现安全生产，就必须采取综合治理的措施，在事先防范上下工夫。在生产经营过程中，必须把安全工作放在各项工作的首位，正确处理安全生产和工程进度、经济效益等的关系。只有通过安全生产规章制度建设，才能把这一安全生产客观要求融入生产经营单位的体制建设、机制建设、生产经营活动组织的各个环节，落实到生产、经营的各项工作中去，才能保障安全生产。

3. 系统性原则

风险来自于生产、经营过程之中，只要生产、经营活动在进行，风险就客观存在。因而，要按照安全系统工程的原理，建立涵盖全员、全过程、全方位的安全生产规章制度。即涵盖生产经营单位的每个环节、每个岗位、每个人；涵盖生产经营单位的规划设计、建设安装、生产调试、生产运行、技术改造的全过程；涵盖生产经营全过程的事故预防、应急处置、调查处理等全方位的安全规章制度。

4. 规范化和标准化原则

生产经营单位安全生产规章制度的制定应实现规范化和标准化管理，以确保安全生产规章制度建设的严密、完整、有序。建立安全生产规章制度起草、会签、审核、签发、发布、培训和考试、修订的严密的组织管理程序，安全生产规章制度的制定要做到目的明确，流程清晰，标准明确，具有可操作性，按照系统性原则的要求，建立完整的安全生产规章制度体系。

第三节 安全生产规章制度的内容

一、安全生产规章制度的编制

生产经营单位应每年编制安全生产规章制度制定和修订的工作计划。计划的主要内容包括规章制度的名称、编制目的、主要内容、责任部门、进度安排等，以确保生产经营单位安全生产规章制度建设和管理的有序进行。

安全生产规章制度的制定一般包括起草、会签、审核、签发、发布五个流程。安全生产规章制度发布后，生产经营单位应组织有关部门和人员进行学习和培训，对安全操作规程类安全生产规章制度，还应对相关人员进行考试，考试合格后才能上岗作业。安全生产规章制度日常管理的重点是在执行过程中的动态检查，以确保得到贯彻落实。

1. 起草

根据生产经营单位安全生产责任制，由负有安全生产管理职能的部门负责起草。安全生产规章制度在起草前，应首先收集国家有关安全生产法律法规、国家标准和行业标准、生产经营单位所在地地方政府的有关法规、标准等，作为制度起草的依据，同时应结合生产经营单位安全生产的实际情况进行起草。涉及安全技术标准、安全操作规程等的起草工作，还应查阅设备制造厂的说明书等。

安全生产规章制度起草要做到目的明确，文字表达条理清楚、结构严谨、用词准确、文字简明、标点符号正确。

技术规程规范、安全操作规程的编制应按照企业标准的格式进行起草。其他规章制度的格式可根据内容多少分章（节）、条、款、项、目结构表达，内容单一的也可直接以条的方式表达。规章制度中的序号可用中文数字或阿拉伯数字依次表述。

规章制度的草案应对起草目的、适用范围、主管部门、具体规范、解释部门和施行日期等做出明确的规定。

如用新的规章制度代替原有规章制度，应在草案中写明本规章制度生效后原规定废止的内容。

2. 会签

有关责任部门起草的规章制度草案应在送交相关领导签发前征求有关部门的意见，意见不一致时，一般由生产经营单位主要负责人或分管安全的负责人主持会议，取得一致意见。

3. 审核

安全生产规章制度在签发前应进行审核。一是由生产经营单位负责法律事务的部门对规章制度与相关法律法规的符合性及与生产经营单位现行规章制度一致性进行审查；二是提交生产经营单位的职工代表大会或安全生产委员会会议进行讨论，对各方面工作的协调性、各方利益的统筹性进行审查。

4. 签发

技术规程规范、安全操作规程等一般技术性安全生产规章制度由生产经营单位分管安全生产的负责人签发，涉及全局性的综合管理类安全生产规章制度应由生产经营单位主要负责人签发。

签发后要进行编号，注明生效时间，如"自发布之日起执行"或"现予以发布，自某年某月某日起施行"。

5. 发布

生产经营单位的安全生产规章制度应采用固定的发布方式，如通过红头文件形式、在生产经营单位内部办公网络发布等。发布的范围应覆盖与制度相关的部门及人员。

6. 培训和考试

新颁布的安全生产规章制度应组织相关人员进行培训，对安全操作规程类安全生产规章制度，还应组织相关人员进行考试。

7. 修订

生产经营单位应每年对安全生产规章制度进行一次修订，并公布现行有效的安全生产规章制度清单。对安全操作规程类安全生产规章制度，除每年进行一次修订外，应3~5年组织进行一次全面修订，并重新印刷。

二、安全生产规章制度建设的内容

以下介绍的安全生产规章制度的编制框架和主要内容，特殊或专项作业项目的安全生产规章制度，各企业可结合自身要求加以制定。

1. 安全教育培训制度

（1）为确保安全生产，增强本单位职工安全生产知识，各部门要结合中心工作，应用广播、板报、安全课等形式，积极开展经常性的安全生产教育。

（2）凡新入厂的管理人员和职工，必须接受厂级、车间级、班级的三级安全生产教育后方可上岗，有关部门应做好三级教育卡的备案记录工作。

（3）转岗职工、重新上岗职工的安全教育由车间主任完成。

（4）特种作业人员在上岗前必须进行专业技术培训，持有关部门颁发的有效证件方可上岗。

（5）所有授课人员应做好教育记录，保证教育内容和时间符合法律规定，受教育人接受教育后应签字确认。

（6）发生工伤事故后，主管部门要根据事故原因对职工进行教育。

（7）安全生产教育后，由安全科或主管领导将授课及考试资料归档。

2. 安全生产检查制度

（1）本单位安全科应每月进行一次安全生产检查，对安全生产责任制、安全生产制度的落实、安全教育培训、重大危险源及重要危险部位，结合季节变化开展季节性检查、排查，及时消除事故隐患。

（2）各车间每周进行一次安全生产检查，主要检查设备、设施的安全生产状况，排查事故隐患。

（3）班组每日进行一次安全生产检查，主要检查职工是否遵守操作规程，是否按规定佩戴个人安全防护用品，纠正违章现象。

（4）单位专职、兼职安全员定时巡检，及时发现事故隐患。

（5）所有检查结果要有记录，对检查出的事故隐患或违反规定的行为应及时上报，立即排除。

各生产经营单位结合本单位的实际，在编制检查制度中，应列出工作现场的重点检查内容，以及谁去检查，什么时间检查，检查后怎么消除事故隐患等内容。

3. 安全生产奖惩制度

安全生产奖惩制度的编制应结合本单位不同岗位而定，应找出各岗位易发生的违反规定、违反标准、违反操作规程的行为；找出各部门及单位领导在岗位责任制中易发生违反规定的行为。根据情节轻重制定出本单位的处罚标准。制定奖励的有关条款时，可依照以下内容确定奖励标准。

（1）对安全生产管理有突出贡献的。

（2）发现生产安全重大事故隐患的。

(3) 拒绝或举报违章作业的。

(4) 在发生事故时抢险救灾作出突出贡献的。

奖惩制度的奖励、惩处的实施由谁来决定，在制度中应予以明确。

4. 生产安全事故的报告和处理制度

(1) 发生生产安全事故后，应立即上报上级安全部门，主管部门根据事故情况上报有关部门处理。

(2) 发生生产安全事故后，事故部门或当事人要保护好现场，不得将事故现场随意变动或恢复。

(3) 发生事故部门或当事人要积极协助调查分析，不得隐瞒事故真相。

(4) 对发生事故的各类工伤事故要按照"四不放过"的原则，查明原因，分清责任，接受教育，提出处理意见，建立防范措施。

另外，应将因违反操作规程、违章作业、违章指挥所造成的事故，按照事故大小，对责任人的行政、经济处罚标准作为条款编入制度中。

对职工的工伤保险、休假等规定条款应编入制度中。

5. 个人防护用品管理制度

依据《中华人民共和国安全生产法》，结合本单位具体情况，为确保企业生产的安全进行，保障职工的人身安全与健康，对在职职工按不同工种的劳动防护要求，确定个人防护用品的发放标准。

个人防护用品管理制度的编制应包括以下内容：

(1) 明确发放个人防护用品的名称、使用年限和发放部门。

(2) 明确个人防护用品的标准和范围。

(3) 明确个人防护用品的采购部门及质量保障要求。

(4) 明确回收个人防护用品的时限和负责部门。

(5) 明确丢失或损坏个人防护用品的处理标准和补发条款。

(6) 明确职工使用个人防护用品的要求。

依据以上条款，各生产经营单位结合自身实际情况编制个人防护用品管理制度。

6. 设备安全管理制度

设备安全管理制度的编制应包括以下内容：

（1）对设备的选购要满足安全技术要求。

（2）设备的维护、保养、时限和方法。

（3）设备应具有可靠的安全防护装置。

（4）明确设备的危险部位和维修措施。

（5）对设备的安全生产检查的时限和内容。

（6）设备操作人员的培训和持证上岗要求。

（7）设备异常情况的紧急处置措施。

不同的设备应有不同的标准与要求，在编制设备安全管理制度时应结合本单位设备状况，在制度中做出具体要求。

7. 危险作业管理制度

危险作业一般包括吊装作业、动土作业、拆除作业、动火作业、高处作业、密闭空间作业、焊接与切割作业、电气设备使用、厂内机动车辆作业、手持电动工具作业等。

危险作业管理制度的编制应明确以下内容：

（1）本单位危险作业的批准部门和批准程序。

（2）现场保护措施。

（3）明确责任人、现场指挥人员、现场操作人员、现场救护（防护）人员。

（4）明确操作人员需持有的特种作业证。

（5）明确正确佩戴和使用个人防护用品。

（6）明确要做好的现场记录。

8. 安全操作规程

安全操作规程是操作人员操作机械、调整仪器仪表以及从事其他作业时必须遵守的程序和注意事项。

各生产经营单位应根据本单位的机械设备种类和数量,实行一机一操作规程。例如,不同设备有不同要求,请按使用说明书、国家标准或行业标准、安全管理规程等有关的检测、检验技术标准规范编制。可以包括以下内容:

(1) 开动设备接通电源之前,应清理工作现场,仔细检查各种手柄位置是否正确,操作是否灵活,安全装置是否齐全。

(2) 开动设备前,应先检查油池、油箱中的油量是否充足,油路是否畅通,并按润滑图表卡进行润滑工作。

(3) 变速时,各变速手柄必须转换到指定位置。

(4) 工件必须装夹牢固,以防松动甩出造成事故。

(5) 已夹紧的工件不得再进行敲打校正,以免影响设备精度。

(6) 要经常保持润滑工具及润滑系统的清洁,不得敞开油箱盖,以防灰尘、切屑等杂物进入。

(7) 开动设备时必须盖好电气箱盖,不允许有污物、水、油等进入电动机或电气装置内。

(8) 设备外露基准面或滑动面上不准堆放工具、产品等,以防碰伤设备,影响设备工作。

(9) 严禁超性能、超负荷使用设备。

(10) 设备采取自动控制时,首先要调整好限位装置,以免超越行程造成事故。

(11) 设备运转时操作者不得离开工作岗位,并要经常检查各部位有无异常(异声、异味、发热、振动等),发现故障应立即停止操作,及时排除故障,凡属操作者不能排除的故障,应及时通知维修人员排除。

(12) 操作者离开设备,装卸工件或对设备进行调整、清洁、润滑时,都应切断电源。

(13) 不得拆除设备上的安全防护装置。

(14) 调整或维修设备时,要正确使用拆卸工具,严禁乱敲乱拆。

(15) 操作人员注意力要集中，个人防护用品使用等要符合要求，站立位置要安全。

(16) 特殊危险物品的安全要求。

第四节 安全生产台账、票证审核制度

一、安全生产台账和票证

企业的安全生产管理制度是要求企业员工共同遵守的、按一定程序办事的规程，它是企业员工在安全生产中的行为规范。企业的安全生产台账是企业安全管理活动的真实记载。它承担着总结安全生产经验、吸取安全生产教训、传递安全生产信息、优化安全管理工作等诸多功能，也是企业安全生产管理规范化、标准化、程序化、系列化的集中体现，更能反映出一个企业的安全生产管理水平、安全工作素质和安全生产技能。企业的安全作业票证是企业安全基础工作的重要组成部分，它是职工在操作和维修作业过程中程序化、标准化的具体体现，是一种精细管理、集约管理的方法和手段。企业的安全生产管理制度、安全工作台账、安全作业票证都是企业安全生产的最基础工作和最起码要求。因此，每一个企业都应该建立和健全安全生产管理制度、安全工作台账和安全作业票证。

安全生产管理制度并不是凭空想象出来的，它是人们在与自然的斗争中，经过一次又一次失败，进而取得一次又一次的胜利，是人类在生产作业过程中付出鲜血和生命的代价才换来的。因此，安全生产管理制度是实践经验的总结，是人类同自然斗争取得胜利的智慧结晶。制定出一套安全生产管理制度，完全是为生产服务的，它来自于生产，反过来又为生产服务，在服务的过程中不断改进、修订、完善，从而更好地为安全生产服务。安全工作台账也不是主

观臆造的，它也是人们在安全工作实践中从最原始、最朴素的身体免遭伤害的良好愿望出发，一步步将所从事的安全工作中的一点一滴的经验和教训积累起来，先是记录在笔记本中或一些零散的记录纸上，当人们遭受一次次事故的伤害后，有意无意中翻看这些零散的记录纸或笔记本时，发现原来曾经受过类似事故的伤害，或者曾经用一些办法遏制了某些事故，曾经取得过改进的成效，于是人们试图用一种标准的表格形式，按照生产作业过程中遇到的各种情况，分门别类，做成了最原始的安全工作台账。随着科学技术的进步，随着生产自动化、机械化程度的提高，随着人们安全生产经验的不断丰富，人们逐渐把安全工作台账补充、完善起来，并作为安全生产工作的真实记载。"历史是一面镜子"，利用过去安全工作情况这面镜子，照一照现在从事的安全工作还存在什么不足，还需要有什么改进，还应该增补什么内容，使安全工作台账越来越丰富，越来越成为服务安全生产不可缺少的物质基础。安全作业票证完全是从事故的教训中产生的，当人们在自由操作中受到了各种各样事故的伤害，于痛定思痛中就会反思作业过程中为什么会造成这种结果，在反思分析中发现，人们在作业过程中程序不一样，操作方式不同，随心所欲想当然办事多，因而产生的不安全行为骤增，这才是造成各种伤害的直接原因。于是，人们变得聪明起来，想方设法用一种标准的方式作业，用一种规范的程序行事，用一种既简便又实用还安全的作业标准来从事各种作业，就能减少人为失误，形成规范作业，于是，"安全作业票"应运而生了。如登高作业，有"高处安全作业票"；用电作业，有"电气安全作业票"；检修作业，有"检修作业安全许可证"；入罐作业，有"罐内安全作业票"；动火作业，有"动火证"，并根据危险度的不同，分为特殊、一类、二类三种"动火证"；断路作业，有"断路安全联络票"；起重作业，有"起重吊运安全票"等。这些安全作业票证的产生从根本上解决了自由操作、自由作业的问题，使作业过程中事故的发生率大幅度下降，起到了很好的服务生产的效应。因此，人们在安全生产实践中达成了共识：安全生产管理制度、安全工作台账、安全作业票证均是为安全生产服务的，并且发挥了巨大的作用，取得了巨大的成功。

二、实行安全工作台账和安全作业票证的作用

安全生产管理制度、安全工作台账、安全作业票证既然对企业的安全生产管理有如此重要的作用，它们作为被安全生产实践证明是有效的管理办法，那么，就应该作为企业广大职工和从业人员的安全行为准则。因为职工在工作中会遇到各种各样复杂的情况，也会由于个人素质的不同、认识能力的差异、技术水平的各异出现不同的安全生产结果。他们必须以安全制度、安全工作台账、安全作业票证为依托，将认识统一在安全生产管理制度中，将智慧集中在安全工作台账里，将行为规范在安全作业票证上。这样，就形成了安全生产的向心力和凝聚力，做到了遵章有制度、记录有标准、作业有规范。如此，安全生产必然会取得圆满成功。

党和国家历来十分重视安全生产工作，曾经制定和颁布了许多法律、法规、标准、规范。特别是改革开放以来，随之带来的安全生产问题也越来越严重，为了扭转这种被动局面，国家相继出台了《劳动法》《安全生产法》《矿山安全法》《职业病防治法》《消防法》《防震减灾法》《防洪法》等安全生产法律体系。这些法律的颁布实施使企业的安全生产有了法律依据，同时，它们也是企业安全生产走上法制化轨道的根本保障。但是，企业千差万别，五花八门，性质各异，特点不同，如何才能在执行国家法律法规的基础上，使企业的各项安全工作走上适合自身规律的道路。因为国家法律法规不可能包罗万象，不是为某一个企业而专门制定的。而企业的安全生产管理制度、安全工作台账、安全作业票证正好是国家安全生产法律法规在企业安全生产工作中的补充和完善，对那些法律法规未涉及的地方，可用企业安全生产管理制度来补充。因为企业的安全生

产管理制度是在执行国家法律法规的基础上，针对企业自身特点而制定的，两者非但不矛盾，反而形成优势互补。在企业中，有些工作安全生产管理制度也未涉及，这时，还有安全工作台账和安全作业票证来完善，因为安全工作台账就是企业自身工作的真实记载，安全作业票证就是企业所从事的各种作业的行为规范。所以，在企业的安全生产中，国家安全生产法律法规必须不折不扣地执行，企业安全生产管理制度、安全工作台账、安全作业票证也必须完全、彻底地落实，它们共同构成了企业安全生产法律法规制度标准的体系。

在企业安全生产管理中，制度、台账、票证都是最基本的基础工作，它们之间相互联系，一脉相承。制度是规范职工的安全准则，是要求职工的安全规则，是引导职工的安全标准；台账是职工安全工作的记载，是职工安全活动的集合，是职工安全水平的体现；票证是提高职工安全意识的钥匙，是优化职工安全技能的根本，是夯实职工安全基础的磐石。它们之间互相联系，又各有侧重，三位一体，缺一不可，三者形成了企业安全生产管理基础建设的共同体，呈现出扭合共进、螺旋上升的安全管理功能。因此，建立科学的安全生产制度，健全完善的安全工作台账，执行严密的安全作业票证，实乃企业安全建设基础工作的主体。

第五节 建立安全生产责任制

一、安全生产责任制及其重要作用

建立安全生产责任制的目的有两个方面，一方面是增强生产经营单位各级负责人员、各职能部门及其工作人员和各岗位生产人员对安全生产的责任感；另一方面是明确生产经营单位中各级负责人员、各职能部门及其工作人员和各岗位生产人员在安全生产中应履行的职责和应承担的责任,以充分调动各级人员和各部门安全生产方面的积极性和主观能动性,确保安全生产。

建立安全生产责任制的重要意义主要体现在两个方面,一是落实我国安全生产方针以及有关安全生产法规和政策的具体要求。《安全生产法》第四条明确规定:"生产经营单位必须……建立健全安全生产责任制……"。《矿山安全法》第二十条规定:"矿山企业必须建立、健全安全生产责任制。"二是通过明确责任使各级、各类人员真正重视安全生产工作,对预防事故和减少损失、进行事故调查和处理、建立和谐社会等具有重要作用。

生产经营单位是安全生产的责任主体,生产经营单位必须建立安全生产责任制,把"安全生产,人人有责"从制度上固定下来;生产经营单位法人代表要切实履行本单位安全生产第一责任人的职责,把安全生产的责任落实到每个环节、每个岗位、每个人,从而增强各级管理人员的责任心,使安全管理工作既做到责任明确,又互相协调配合,共同努力把安全生产工作落到实处。

什么是安全生产责任制?安全生产责任制是根据我国"安全第一,预防为主"的安全生产方针和安全生产法规以及"管生产的同时必须管安全"这一原则,建立的各级领导、职能部门、工程技术人员、岗位操作人员在劳动生产过程中对安全生产层层负责的制度,是将以上所列的各级负责人员、各职能部门及其工作人员和各岗位生产人员在安全生产方面应履行的职责和应承担的责任加以明确规定的一种制度。安全生产责任制是企业岗位责任制的一个组成部分,是企业中最基本的一项安全制度,也是企业安全生产、劳动保护管理制度的核心。实践证明,凡是建立、健全了安全生产责任制的企业,各级领导重视安全生产、劳动保护工作,切实贯彻执行党的安全生产、劳动保护方针、政策和国家的安全生产、劳动保护法规,在认真、负责地组织生产的同时积极采取措施,改善劳动条件,工伤事故和职业病就会减少。反之,就会职责不清,相互推诿,从而使安全生产、劳动保护工作无人负责,无法进行,工伤事故与职业病就会不断发生。

安全生产责任制是经长期的安全生产、劳动保护管理实践证明的成功制度与措施。这一制度与措施最早见于国务院1963年3月30日发布的《关于加强企业生产中安全工作的几项规定》(即《五项规定》)。《五项规定》中要求:企业的各级领导、职能部门、有关工程技术人员和生产工人,各自在生产过程中应负的安全责任,必须加以明确的规定。《五项规定》还要求:企业单位的各级领导人员在管理生产的同时,必须负责管理安全工作,认真贯彻执行国家有关劳动保护的法令和制度,在计划、布置、检查、总结、评比生产的同时,计划、布置、检查、总结、评比安全工作(即"五同时"制度);企业单位中的生产、技术、设计、供销、运输、财务等各有关专职机构,都应在各自的业务范围内,对实现安全生产的要求负责;企业单位都应根据实际情况加强劳动保护机构或专职人员的工作;企业单位各生产小组都应设置不脱产的安全生产管理员;企业职工应自觉遵守安全生产规章制度。

安全生产责任制是生产经营单位和企业岗位责任制的一个组成部分,根据"管生产必须管安全"的原则,安全生产责任制综合各种安全生产管理、安全操作制度,对生产经营单位和企业的各级领导、各职能部门、有关工程技术人员和生产工人在生产中应承担的安全责任加以明确规定的制度。《安全生产法》把建立和健全安全生产责任制作为生产经营单位和企业安全管理必须实行的一项基本制度,在第二章生产经营单位的安全生产保障第十七条第一款作了明确规定,要求生产经营单位的主要负责人要建立、健全本单位安全生产责任制,并对其负责。

国务院1963年发布的《关于加强企业生产中安全工作的几项规定》要求企业劳动保护管理必须坚持安全生产责任制度。并明确规定:企业领导(厂长、经理)对本单位劳动保护工作负全面责任

（或总的责任），在管理生产的同时要管理安全生产工作，认真贯彻执行国家劳动保护的方针、政策和法规。1978年，中共中央下发的《关于认真做好劳动保护工作的通知》规定：一个企业发生伤亡事故，首先要追查厂长的责任，不能姑息迁就。由于生产经营单位和企业采取的防止伤亡事故和职业病危害的措施通常不是一个职能部门能单独完成的，需要各有关职能部门和车间相互配合，因此，没有生产经营单位和企业主要负责人对安全生产的全面负责，这些措施就难以实现。

实践证明，实行安全生产责任制有利于增强生产经营单位和企业职工的责任感，调动他们搞好安全生产的积极性。生产经营单位和企业由各个行政部门、采区、车间、班组（工段）和工人组成，各自具有本职任务或生产任务。安全不是离开生产而独立存在的，是贯穿于整个生产过程之中的。只有从上到下建立起严格的安全生产责任制，责任分明，各司其职，各负其责，将法规赋予生产经营单位和企业的安全生产责任由大家来共同承担，安全工作才能形成一个整体，各类生产中的事故隐患无机可乘，从而避免或减少事故的发生。因此，许多生产经营单位和企业在实行中，按照责、权、利相统一的原则，对安全工作采取目标管理的方法，并与奖惩制度紧密结合，使生产经营单位和企业的安全工作得到了加强，这种做法是将生产安全所要达到的目标事先制定好，并层层分解，落实到各部门、各班组，若在规定的时间内完成或达到这个目标，在奖金或其他方面要给予奖励；若完不成目标，要扣罚奖金或给予其他处罚。在实行时，通常考虑了责、权、利统一的原则，即，权力大，所应承担的责任就重，因此在奖惩方面也要重奖、重罚，就是要按照法律法规的规定，做到有权就要负责，责权统一。

二、建立安全生产责任制的要求

建立一个完善的安全生产责任制的总要求是：横向到边，纵向

到底,并由生产经营单位的主要负责人组织建立。建立的安全生产责任制具体应满足以下要求:

1. 必须符合国家安全生产法律法规和政策、方针的要求。
2. 与生产经营单位管理体制协调一致。
3. 要根据本单位、部门、班组、岗位的实际情况制定,既明确、具体,又具有可操作性,防止形式主义。
4. 由专门的人员与机构制定和落实,并应适时修订。
5. 应有配套的监督、检查等制度,以保证安全生产责任制得到真正落实。

生产经营单位的主要负责人在管理生产的同时,必须负责管理安全工作。在计划、布置、检查、总结、评比生产的时候,同时计划、布置、检查、总结、评比安全生产(简称"五同时")。事故预防工作必须由行政一把手负责,分公司、车间的各级一把手在安全管理上都负第一责任。各级的副职根据各自分管业务工作范围负相应的责任。他们的主要任务是贯彻执行国家有关安全生产的法律法规、制度,保障管辖范围内职工的安全和健康。凡是严格、认真地贯彻了"五同时",就是尽了责任,反之就是失职。如果因此而造成事故,那就要视事故后果的严重程度和失职程度,由行政以及司法机关追究其法律责任。

三、安全生产责任制的主要内容

生产经营单位和企业安全生产责任制的主要内容是:厂长、经理是法人代表,是生产经营单位和企业安全生产的第一责任人,对生产经营单位和企业的安全生产负全面责任;生产经营单位和企业的各级领导和生产管理人员,在管理生产的同时必须负责管理安全工作,在计划、布置、检查、总结、评比生产的同时,计划、布置、检查、总结、评比安全工作;有关的职能部门和人员必须在自己的业务工作范围内对安全生产负责;职工必须遵守以岗位生产责任制为主的安全生产制度,严格遵守安全生产法律法规、制度,不违章作业,并有权拒绝违章指挥,险情严重时有权停止作业,采取紧急防范措施。

安全生产责任制的内容主要包括以下两个方面:

一是纵向方面,即从上到下所有类型人员的安全生产职责。在建立安全生产责任制时,可首先将本单位从主要负责人一直到岗位工人分成相应的层级;然后结合本单位的实际工作,对不同层级的人员在安全生产中应承担的职责做出规定。

二是横向方面,即各职能部门(包括党、政、工、团)的安全生产职责。在建立责任制时,可按照本单位职能部门的设置(如安全、设备、计划、技术、生产、基建、人事、财务、设计、档案、培训、党办、宣传、工会、团委等部门),分别对其在安全生产中应承担的职责做出规定。

生产经营单位和企业在建立安全生产责任制时,在纵向方面至少应包括下列几个层级人员:

1. 生产经营单位和企业的主要负责人

生产经营单位和企业的主要负责人是本单位安全生产的第一责任人,对安全生产工作全面负责。《安全生产法》第十七条将生产经营单位的主要负责人的安全生产职责规定为:

(1) 建立、健全本单位安全生产责任制。

(2) 组织制定本单位安全生产规章制度和操作规程。

(3) 保证本单位安全生产投入的有效实施。

(4) 督促、检查本单位的安全生产工作,及时消除生产安全事故隐患。

(5) 组织制定并实施本单位的生产安全事故应急救援预案。

(6) 及时、如实报告生产安全事故。

具体可根据上述六个方面的内容,并结合本单位的实际情况对主要负责人的职责做出具体规定。

2. 生产经营单位和企业的其他负责人

生产经营单位和企业的其他负责人的职责是协助主要负责人搞好安全生产工作。不同的负责人管的工作不同，应根据其具体分管的工作，对其在安全生产方面应承担的具体职责做出规定。

3. 生产经营单位和企业各职能管理部门负责人及其工作人员

各职能部门都会涉及安全生产职责，需根据各部门职责分工做出具体规定。各职能部门负责人的安全职责是按照本部门的安全生产职责，组织有关人员做好本部门安全生产责任制的落实，并对本部门职责范围内的安全生产工作负责；各职能部门工作人员的职责则是在个人职责范围内做好有关安全生产工作，并对自己职责范围内的安全生产工作负责。

4. 班组长

班组安全生产是搞好安全生产工作的关键。班组长全面负责本班组的安全生产，是安全生产法律、法规和规章制度的直接执行者。班组长的主要职责是贯彻执行本单位对安全生产的规定和要求，督促本班组的工人遵守有关安全生产规章制度和安全生产操作规程，切实做到不违章指挥，不违章作业，遵守劳动纪律。

5. 岗位工人

岗位工人对自己岗位的安全生产负直接责任。岗位工人要接受安全生产教育和培训，遵守有关安全生产规章制度和安全生产操作规程，不违章作业，遵守劳动纪律。特种作业人员必须接受专门的培训，经考试合格取得操作资格证后方可上岗作业。

第六节　安全生产规章制度相关法律法规规定

一、《安全生产法》相关规定

第三条　安全生产管理，坚持安全第一、预防为主的方针。

第四条 生产经营单位必须遵守本法和其他有关安全生产的法律、法规，加强安全生产管理，建立、健全安全生产责任制度，完善安全生产条件，确保安全生产。

第十六条 生产经营单位应当具备本法和有关法律、行政法规和国家标准或者行业标准规定的安全生产条件；不具备安全生产条件的，不得从事生产经营活动。

第十九条 矿山、建筑施工单位和危险物品的生产、经营、储存单位，应当设置安全生产管理机构或者配备专职安全生产管理人员。

前款规定以外的其他生产经营单位，从业人员超过三百人的，应当设置安全生产管理机构或者配备专职安全生产管理人员；从业人员在三百人以下的，应当配备专职或者兼职的安全生产管理人员，或者委托具有国家规定的相关专业技术资格的工程技术人员提供安全生产管理服务。

生产经营单位依照前款规定委托工程技术人员提供安全生产管理服务的，保证安全生产的责任仍由本单位负责。

第二十条 生产经营单位的主要负责人和安全生产管理人员必须具备与本单位所从事的生产经营活动相应的安全生产知识和管理能力。

危险物品的生产、经营、储存单位以及矿山、建筑施工单位的主要负责人和安全生产管理人员，应当由有关主管部门对其安全生产知识和管理能力考核合格后方可任职。考核不得收费。

第三十六条 生产经营单位应当教育和督促从业人员严格执行本单位的安全生产规章制度和安全操作规程；并向从业人员如实告知作业场所和工作岗位存在的危险因素、防范措施以及事故应急措施。

第三十七条 生产经营单位必须为从业人员提供符合国家标准或者行业标准的劳动防护用品，并监督、教育从业人员按照使用规则佩戴、使用。

第三十八条 生产经营单位的安全生产管理人员应当根据本单位的生产经营特点,对安全生产状况进行经常性检查;对检查中发现的安全问题,应当立即处理;不能处理的,应当及时报告本单位有关负责人。检查及处理情况应当记录在案。

第三十九条 生产经营单位应当安排用于配备劳动防护用品、进行安全生产培训的经费。

第四十条 两个以上生产经营单位在同一作业区域内进行生产经营活动,可能危及对方生产安全的,应当签订安全生产管理协议,明确各自的安全生产管理职责和应当采取的安全措施,并指定专职安全生产管理人员进行安全生产检查与协调。

第四十一条 生产经营单位不得将生产经营项目、场所、设备发包或者出租给不具备安全生产条件或者相应资质的单位或者个人。

生产经营项目、场所有多个承包单位、承租单位的,生产经营单位应当与承包单位、承租单位签订专门的安全生产管理协议,或者在承包合同、租赁合同中约定各自的安全生产管理职责;生产经营单位对承包单位、承租单位的安全生产工作统一协调、管理。

二、《劳动法》相关规定

第四条 用人单位应当依法建立和完善规章制度,保障劳动者享有劳动权利和履行劳动义务。

第二十五条 劳动者有下列情形之一的,用人单位可以解除劳动合同:

(一)在试用期间被证明不符合录用条件的;
(二)严重违反劳动纪律或者用人单位规章制度的;
(三)严重失职,营私舞弊,对用人单位利益造成重大损害的;
(四)被依法追究刑事责任的。

第五十二条 用人单位必须建立、健全劳动安全卫生制度,严格执行国家劳动安全卫生规程和标准,对劳动者进行劳动安全卫生教育,防止劳动过程中的事故,减少职业危害。

第五十三条　劳动安全卫生设施必须符合国家规定的标准。

新建、改建、扩建工程的劳动安全卫生设施必须与主体工程同时设计、同时施工、同时投入生产和使用。

第五十四条　用人单位必须为劳动者提供符合国家规定的劳动安全卫生条件和必要的劳动防护用品,对从事有职业危害作业的劳动者应当定期进行健康检查。

第五十五条　从事特种作业的劳动者必须经过专门培训并取得特种作业资格。

第五十六条　劳动者在劳动过程中必须严格遵守安全操作规程。劳动者对用人单位管理人员违章指挥、强令冒险作业,有权拒绝执行;对危害生命安全和身体健康的行为,有权提出批评、检举和控告。

第五十八条　国家对女职工和未成年工实行特殊劳动保护。

未成年工是指年满十六周岁未满十八周岁的劳动者。

第五十九条　禁止安排女职工从事矿山井下、国家规定的第四级体力劳动强度的劳动和其他禁忌从事的劳动。

第六十条　不得安排女职工在经期从事高处、低温、冷水作业和国家规定的第三级体力劳动强度的劳动。

第六十一条　不得安排女职工在怀孕期间从事国家规定的第三级体力劳动强度的劳动和孕期禁忌从事的劳动。对怀孕七个月以上的女职工,不得安排其延长工作时间和夜班劳动。

第六十二条　女职工生育享受不少于九十天的产假。

第六十三条　不得安排女职工在哺乳未满一周岁的婴儿期间从事国家规定的第三级体力劳动强度的劳动和哺乳期禁忌从事的其他劳动,不得安排其延长工作时间和夜班劳动。

第六十四条　不得安排未成年工从事矿山井下、有毒有害、国家规定的第四级体力劳动强度的劳动和其他禁忌从事的劳动。

第六十五条　用人单位应当对未成年工定期进行健康检查。

第六十八条　用人单位应当建立职业培训制度，按照国家规定提取和使用职业培训经费，根据本单位实际，有计划地对劳动者进行职业培训。从事技术工种的劳动者，上岗前必须经过培训。

第六十九条　国家确定职业分类，对规定的职业制定职业技能标准，实行职业资格证书制度，由经过政府批准的考核鉴定机构负责对劳动者实施职业技能考核鉴定。

第八十九条　用人单位制定的劳动规章制度违反法律、法规规定的，由劳动行政部门给予警告，责令改正；对劳动者造成损害的，应当承担赔偿责任。

三、《职业病防治法》相关规定

第四条　劳动者依法享有职业卫生保护的权利。

用人单位应当为劳动者创造符合国家职业卫生标准和卫生要求的工作环境和条件，并采取措施保障劳动者获得职业卫生保护。

第五条　用人单位应当建立、健全职业病防治责任制，加强对职业病防治的管理，提高职业病防治水平，对本单位产生的职业病危害承担责任。

第十五条　产生职业病危害的用人单位的设立除应当符合法律、行政法规规定的设立条件外，其工作场所还应当符合下列职业卫生要求：

（一）职业病危害因素的强度或者浓度符合国家职业卫生标准；

（二）有与职业病危害防护相适应的设施；

（三）生产布局合理，符合有害与无害作业分开的原则；

（四）有配套的更衣间、洗浴间、孕妇休息间等卫生设施；

（五）设备、工具、用具等设施符合保护劳动者生理、心理健康的要求；

（六）法律、行政法规和国务院卫生行政部门、安全生产监督管理部门关于保护劳动者健康的其他要求。

第十七条　新建、扩建、改建建设项目和技术改造、技术引进项目（以下统称建设项目）可能产生职业病危害的，建设单位在可行性论证阶段应当向安全生产监督管理部门提交职业病危害预评价报告。安全生产监督管理部门应当自收到职业病危害预评价报告之日起三十日内，作出审核决定并书面通知建设单位。未提交预评价报告或者预评价报告未经安全生产监督管理部门审核同意的，有关部门不得批准该建设项目。

职业病危害预评价报告应当对建设项目可能产生的职业病危害因素及其对工作场所和劳动者健康的影响作出评价，确定危害类别和职业病防护措施。

建设项目职业病危害分类管理办法由国务院安全生产监督管理部门制定。

第十八条　建设项目的职业病防护设施所需费用应当纳入建设项目工程预算，并与主体工程同时设计，同时施工，同时投入生产和使用。

职业病危害严重的建设项目的防护设施设计，应当经安全生产监督管理部门审查，符合国家职业卫生标准和卫生要求的，方可施工。

建设项目在竣工验收前，建设单位应当进行职业病危害控制效果评价。建设项目竣工验收时，其职业病防护设施经安全生产监督管理部门验收合格后，方可投入正式生产和使用。

第二十一条　用人单位应当采取下列职业病防治管理措施：

（一）设置或者指定职业卫生管理机构或者组织，配备专职或者兼职的职业卫生管理人员，负责本单位的职业病防治工作；

（二）制定职业病防治计划和实施方案；

（三）建立、健全职业卫生管理制度和操作规程；

（四）建立、健全职业卫生档案和劳动者健康监护档案；

（五）建立、健全工作场所职业病危害因素监测及评价制度；

（六）建立、健全职业病危害事故应急救援预案。

第二十五条　产生职业病危害的用人单位，应当在醒目位置设置公告栏，公布有关职业病防治的规章制度、操作规程、职业病危害事故应急救援措施和工作场所职业病危害因素检测结果。

对产生严重职业病危害的作业岗位，应当在其醒目位置设置警示标识和中文警示说明。警示说明应当载明产生职业病危害的种类、后果、预防以及应急救治措施等内容。

第二十六条　对可能发生急性职业损伤的有毒、有害工作场所，用人单位应当设置报警装置，配置现场急救用品、冲洗设备、应急撤离通道和必要的泄险区。

对放射工作场所和放射性同位素的运输、贮存，用人单位必须配置防护设备和报警装置，保证接触放射线的工作人员佩戴个人剂量计。

对职业病防护设备、应急救援设施和个人使用的职业病防护用品，用人单位应当进行经常性的维护、检修，定期检测其性能和效果，确保其处于正常状态，不得擅自拆除或者停止使用。

第二十七条　用人单位应当实施由专人负责的职业病危害因素日常监测，并确保监测系统处于正常运行状态。

用人单位应当按照国务院安全生产监督管理部门的规定，定期对工作场所进行职业病危害因素检测、评价。检测、评价结果存入用人单位职业卫生档案，定期向所在地安全生产监督管理部门报告并向劳动者公布。

职业病危害因素检测、评价由依法设立的取得国务院安全生产监督管理部门或者设区的市级以上地方人民政府安全生产监督管理部门按照职责分工给予资质认可的职业卫生技术服务机构进行。职业卫生技术服务机构所作检测、评价应当客观、真实。

发现工作场所职业病危害因素不符合国家职业卫生标准和卫生要求时,用人单位应当立即采取相应治理措施,仍然达不到国家职业卫生标准和卫生要求的,必须停止存在职业病危害因素的作业;职业病危害因素经治理后,符合国家职业卫生标准和卫生要求的,方可重新作业。

第三十五条 用人单位的主要负责人和职业卫生管理人员应当接受职业卫生培训,遵守职业病防治法律、法规,依法组织本单位的职业病防治工作。

用人单位应当对劳动者进行上岗前的职业卫生培训和在岗期间的定期职业卫生培训,普及职业卫生知识,督促劳动者遵守职业病防治法律、法规、规章和操作规程,指导劳动者正确使用职业病防护设备和个人使用的职业病防护用品。

劳动者应当学习和掌握相关的职业卫生知识,增强职业病防范意识,遵守职业病防治法律、法规、规章和操作规程,正确使用、维护职业病防护设备和个人使用的职业病防护用品,发现职业病危害事故隐患应当及时报告。

劳动者不履行前款规定义务的,用人单位应当对其进行教育。

第七十一条 违反本法规定,有下列行为之一的,由安全生产监督管理部门给予警告,责令限期改正;逾期不改正的,处十万元以下的罚款:

(一)工作场所职业病危害因素检测、评价结果没有存档、上报、公布的;

(二)未采取本法第二十一条规定的职业病防治管理措施的;

(三)未按照规定公布有关职业病防治的规章制度、操作规程、职业病危害事故应急救援措施的;

(四)未按照规定组织劳动者进行职业卫生培训,或者未对劳动者个人职业病防护采取指导、督促措施的;

(五)国内首次使用或者首次进口与职业病危害有关的化学材

料，未按照规定报送毒性鉴定资料以及经有关部门登记注册或者批准进口的文件的。

四、《矿山安全法》相关规定

第三条 矿山企业必须具有保障安全生产的设施，建立、健全安全管理制度，采取有效措施改善职工劳动条件，加强矿山安全管理工作，保证安全生产。

第二十条 矿山企业必须建立、健全安全生产责任制。

第二十一条 矿长应当定期向职工代表大会或者职工大会报告安全生产工作，发挥职工代表大会的监督作用。

第二十二条 矿山企业职工必须遵守有关矿山安全的法律、法规和企业规章制度。

矿山企业职工有权对危害安全的行为，提出批评、检举和控告。

第二十四条 矿山企业违反有关安全的法律、法规，工会有权要求企业行政方面或者有关部门认真处理。

第二十五条 矿山企业工会发现企业行政方面违章指挥、强令工人冒险作业或者生产过程中发现明显重大事故隐患和职业危害，有权提出解决的建议；发现危及职工生命安全的情况时，有权向矿山企业行政方面建议组织职工撤离危险现场，矿山企业行政方面必须及时作出处理决定。

第二十六条 矿山企业必须对职工进行安全教育、培训；未经安全教育、培训的，不得上岗作业。

矿山企业安全生产的特种作业人员必须接受专门培训，经考核合格取得操作资格证书的，方可上岗作业。

第二十七条 矿长必须经过考核，具备安全专业知识，具有领导安全生产和处理矿山事故的能力。

矿山企业安全工作人员必须具备必要的安全专业知识和矿山安全工作经验。

第二十八条 矿山企业必须向职工发放保障安全生产所需的劳动防护用品。

第二十九条 矿山企业不得录用未成年人从事矿山井下劳动。

矿山企业对女职工按照国家规定实行特殊劳动保护，不得分配女职工从事矿山井下劳动。

第三十条 矿山企业必须制定矿山事故防范措施，并组织落实。

第三十一条 矿山企业应当建立由专职或者兼职人员组成的救护和医疗急救组织，配备必要的装备、器材和药物。

五、《国务院关于坚持科学发展安全发展促进安全生产形势持续稳定好转的意见》相关规定

9. 认真落实企业安全生产主体责任

企业必须严格遵守和执行安全生产法律法规、规章制度与技术标准，依法依规加强安全生产，加大安全投入，健全安全管理机构，加强班组安全建设，保持安全设备设施完好有效。企业主要负责人、实际控制人要切实承担安全生产第一责任人的责任，带头执行现场带班制度，加强现场安全管理。强化企业技术负责人技术决策和指挥权，注重发挥注册安全工程师对企业安全状况诊断、评估、整改方面的作用。企业主要负责人、安全管理人员、特种作业人员一律经严格考核、持证上岗。企业用工要严格依照劳动合同法与职工签订劳动合同，职工必须全部经培训合格后上岗。

10. 强化地方人民政府安全监管责任

地方各级人民政府要健全完善安全生产责任制，把安全生产作为衡量地方经济发展、社会管理、文明建设成效的重要指标，切实履行属地管理职责，对辖区内各类企业包括中央、省属企业实施严格的安全生产监督检查和管理。严格落实地方行政首长安全生产第一责任人的责任，建立健全政府领导班子成员安全生产"一岗双责"制度。省、市、县级政府主要负责人要定期研究部署安全生产工作，

组织解决安全生产重点难点问题。

11. 切实履行部门安全生产管理和监督职责

健全完善安全生产综合监管与行业监管相结合的工作机制,强化安全生产监管部门对安全生产的综合监管,全面落实行业主管部门的专业监管、行业管理和指导职责。相关部门、境内投资主体和派出企业要切实加强对境外中资企业安全生产工作的指导和管理。要不断探索创新与经济运行、社会管理相适应的安全监管模式,建立健全与企业信誉、项目核准、用地审批、证券融资、银行贷款等方面相挂钩的安全生产约束机制。

12. 严格安全生产准入条件

要认真执行安全生产许可制度和产业政策,严格技术和安全质量标准,严把行业安全准入关。强化建设项目安全核准,把安全生产条件作为高危行业建设项目审批的前置条件,未通过安全评估的不准立项;未经批准擅自开工建设的,要依法取缔。严格执行建设项目安全设施"三同时"(同时设计、同时施工、同时投产和使用)制度。制定和实施高危行业从业人员资格标准。加强对安全生产专业服务机构管理,实行严格的资格认证制度,确保其评价、检测结果的专业性和客观性。

13. 加强安全生产风险监控管理

充分运用科技和信息手段,建立健全安全生产隐患排查治理体系,强化监测监控、预报预警,及时发现和消除安全隐患。企业要定期进行安全风险评估分析,重大隐患要及时报安全监管监察和行业主管部门备案。各级政府要对重大隐患实行挂牌督办,确保监控、整改、防范等措施落实到位。各地区要建立重大危险源管理档案,实施动态全程监控。

14. 推进安全生产标准化建设

在工矿商贸和交通运输行业领域普遍开展岗位达标、专业达标和企业达标建设,对在规定期限内未实现达标的企业,要依据有关规定暂扣其生产许可证、安全生产许可证,责令停产整顿;对整改逾期仍未达标的,要依法予以关闭。加强安全标准化分级考核评价,将评价结果向银行、证券、保险、担保等主管部门通报,作为企业信用评级的重要参考依据。

15. 加强职业病危害防治工作

要严格执行职业病防治法,认真实施国家职业病防治规划,深入落实职业危害防护设施"三同时"制度,切实抓好煤(矽)尘、热害、高毒物质等职业危害防范治理。对可能产生职业病危害的建设项目,必须进行严格的职业病危害预评价,未提交预评价报告或预评价报告未经审核同意的,一律不得批准建设;对职业病危害防控措施不到位的企业,要依法责令其整改,情节严重的要依法予以关闭。切实做好职业病诊断、鉴定和治疗,保障职工安全健康权益。

六、《危险化学品安全管理条例》相关规定

第四条 危险化学品安全管理,应当坚持安全第一、预防为主、综合治理的方针,强化和落实企业的主体责任。

生产、储存、使用、经营、运输危险化学品的单位(以下统称危险化学品单位)的主要负责人对本单位的危险化学品安全管理工作全面负责。

危险化学品单位应当具备法律、行政法规规定和国家标准、行业标准要求的安全条件,建立、健全安全管理规章制度和岗位安全责任制度,对从业人员进行安全教育、法制教育和岗位技术培训。从业人员应当接受教育和培训,考核合格后上岗作业;对有资格要求的岗位,应当配备依法取得相应资格的人员。

第二十四条 危险化学品应当储存在专用仓库、专用场地或者专用储存室(以下统称专用仓库)内,并由专人负责管理;剧毒化学品以及储存数量构成重大危险源的其他危险化学品,应当在专用仓库内单独存放,并实行双人收发、双人保管制度。

危险化学品的储存方式、方法以及储存数量应当符合国家标准或者国家有关规定。

第二十五条 储存危险化学品的单位应当建立危险化学品出入库核查、登记制度。

对剧毒化学品以及储存数量构成重大危险源的其他危险化学品，储存单位应当将其储存数量、储存地点以及管理人员的情况，报所在地县级人民政府安全生产监督管理部门（在港区内储存的，报港口行政管理部门）和公安机关备案。

第二十六条 危险化学品专用仓库应当符合国家标准、行业标准的要求，并设置明显的标志。储存剧毒化学品、易制爆危险化学品的专用仓库，应当按照国家有关规定设置相应的技术防范设施。

储存危险化学品的单位应当对其危险化学品专用仓库的安全设施、设备定期进行检测、检验。

第二十八条 使用危险化学品的单位，其使用条件（包括工艺）应当符合法律、行政法规的规定和国家标准、行业标准的要求，并根据所使用的危险化学品的种类、危险特性以及使用量和使用方式，建立、健全使用危险化学品的安全管理规章制度和安全操作规程，保证危险化学品的安全使用。

第三十四条 从事危险化学品经营的企业应当具备下列条件：

（一）有符合国家标准、行业标准的经营场所，储存危险化学品的，还应当有符合国家标准、行业标准的储存设施；

（二）从业人员经过专业技术培训并经考核合格；

（三）有健全的安全管理规章制度；

（四）有专职安全管理人员；

（五）有符合国家规定的危险化学品事故应急预案和必要的应急救援器材、设备；

（六）法律、法规规定的其他条件。

第三十五条 从事剧毒化学品、易制爆危险化学品经营的企业，应当向所在地设区的市级人民政府安全生产监督管理部门提出申请,从事其他危险化学品经营的企业,应当向所在地县级人民政府安全生产监督管理部门提出申请(有储存设施的,应当向所在地设区的市级人民政府安全生产监督管理部门提出申请)。申请人应当提交其符合本条例第三十四条规定条件的证明材料。设区的市级人民政府安全生产监督管理部门或者县级人民政府安全生产监督管理部门应当依法进行审查,并对申请人的经营场所、储存设施进行现场核查,自收到证明材料之日起30日内作出批准或者不予批准的决定。予以批准的,颁发危险化学品经营许可证;不予批准的,书面通知申请人并说明理由。

设区的市级人民政府安全生产监督管理部门和县级人民政府安全生产监督管理部门应当将其颁发危险化学品经营许可证的情况及时向同级环境保护主管部门和公安机关通报。

申请人持危险化学品经营许可证向工商行政管理部门办理登记手续后,方可从事危险化学品经营活动。法律、行政法规或者国务院规定经营危险化学品还需要经其他有关部门许可的,申请人向工商行政管理部门办理登记手续时还应当持相应的许可证件。

七、《国务院关于进一步加强企业安全生产工作的通知》相关规定

1. 工作要求

深入贯彻落实科学发展观,坚持以人为本,牢固树立安全发展的理念,切实转变经济发展方式,调整产业结构,提高经济发展的质量和效益,把经济发展建立在安全生产有可靠保障的基础上;坚持"安全第一、预防为主、综合治理"的方针,全面加强企业安全管理,健全规章制度,完善安全标准,提高企业技术水平,夯实安全生产基础;坚持依法依规生产经营,切实加强安全监管,强化企业安全生产主体责任落实和责任追究,促进我国安全生产形势实现

根本好转。

3. 进一步规范企业生产经营行为

企业要健全完善严格的安全生产规章制度,坚持不安全不生产。加强对生产现场监督检查,严格查处违章指挥、违规作业、违反劳动纪律的"三违"行为。凡超能力、超强度、超定员组织生产的,要责令停产停工整顿,并对企业和企业主要负责人依法给予规定上限的经济处罚。对以整合、技改名义违规组织生产,以及规定期限内未实施改造或故意拖延工期的矿井,由地方政府依法予以关闭。要加强对境外中资企业安全生产工作的指导和管理,严格落实境内投资主体和派出企业的安全生产监督责任。

4. 及时排查治理安全隐患

企业要经常性开展安全隐患排查,并切实做到整改措施、责任、资金、时限和预案"五到位"。建立以安全生产专业人员为主导的隐患整改效果评价制度,确保整改到位。对隐患整改不力造成事故的,要依法追究企业和企业相关负责人的责任。对停产整改逾期未完成的不得复产。

5. 强化生产过程管理的领导责任

企业主要负责人和领导班子成员要轮流现场带班。煤矿、非煤矿山要有矿领导带班并与工人同时下井、同时升井,对无企业负责人带班下井或该带班而未带班的,对有关责任人按擅离职守处理,同时给予规定上限的经济处罚。发生事故而没有领导现场带班的,对企业给予规定上限的经济处罚,并依法从重追究企业主要负责人的责任。

6. 强化职工安全培训

企业主要负责人和安全生产管理人员、特殊工种人员一律严格考核,按国家有关规定持职业资格证书上岗;职工必须全部经过培训合格后上岗。企业用工要严格依照劳动合同法与职工签订劳动合同。凡存在不经培训上岗、无证上岗的企业,依法停产整顿。没有对井下作业人员进行安全培训教育,或存在特种作业人员无证上岗的企业,情节严重的要依法予以关闭。

7. 全面开展安全达标

深入开展以岗位达标、专业达标和企业达标为内容的安全生产标准化建设,凡在规定时间内未实现达标的企业要依法暂扣其生产许可证、安全生产许可证,责令停产整顿;对整改逾期未达标的,地方政府要依法予以关闭。

8. 加强企业生产技术管理

强化企业技术管理机构的安全职能,按规定配备安全技术人员,切实落实企业负责人安全生产技术管理负责制,强化企业主要技术负责人技术决策和指挥权。因安全生产技术问题不解决产生重大隐患的,要对企业主要负责人、主要技术负责人和有关人员给予处罚;发生事故的,依法追究责任。

9. 强制推行先进适用的技术装备

煤矿、非煤矿山要制定和实施生产技术装备标准,安装监测监控系统、井下人员定位系统、紧急避险系统、压风自救系统、供水施救系统和通信联络系统等技术装备,并于3年之内完成。逾期未安装的,依法暂扣安全生产许可证、生产许可证。运输危险化学品、烟花爆竹、民用爆炸物品的道路专用车辆,旅游包车和三类以上的班线客车要安装使用具有行驶记录功能的卫星定位装置,于2年之内全部完成;鼓励有条件的渔船安装防撞自动识别系统,在大型尾矿库安装全过程在线监控系统,大型起重机械要安装安全监控管理系统;积极推进信息化建设,努力提高企业安全防护水平。

14. 加强社会监督和舆论监督

要充分发挥工会、共青团、妇联组织的作用,依法维护和落实企业职工对安全生产的参与权与监督权,鼓励职工监督举报各类安全隐患,对举报者予以奖励。有关部门和地方要进一步畅通安全生产的社会监督渠道,设立举报箱,公布举报电话,接受人民群众的公开监督。要发挥新闻媒体的舆论监督,对舆论反映的客观问题要深查原因,切实整改。

19. 严格安全生产准入前置条件

把符合安全生产标准作为高危行业企业准入的前置条件,实行严格的安全标准核准制度。矿山建设项目和用于生产、储存危险物品的建设项目,应当分别按照国家有关规定进行安全条件论证和安全评价,严把安全生产准入关。凡不符合安全生产条件违规建设的,要立即停止建设,情节严重的由本级人民政府或主管部门实施关闭取缔。降低标准造成隐患的,要追究相关人员和负责人的责任。

28. 严格落实安全目标考核

对各地区、各有关部门和企业完成年度生产安全事故控制指标情况进行严格考核,并建立激励约束机制。加大重特大事故的考核权重,发生特别重大生产安全事故的,要根据情节轻重,追究地市级分管领导或主要领导的责任;后果特别严重、影响特别恶劣的,要按规定追究省部级相关领导的责任。加强安全生产基础工作考核,加快推进安全生产长效机制建设,坚决遏制重特大事故的发生。

29. 加大对事故企业负责人的责任追究力度

企业发生重大生产安全责任事故,追究事故企业主要负责人责任;触犯法律的,依法追究事故企业主要负责人或企业实际控制人的法律责任。发生特别重大事故,除追究企业主要负责人和实际控制人责任外,还要追究上级企业主要负责人的责任;触犯法律的,依法追究企业主要负责人、企业实际控制人和上级企业负责人的法律责任。对重大、特别重大生产安全责任事故负有主要责任的企业,其主要负责人终身不得担任本行业企业的矿长(厂长、经理)。对非法违法生产造成人员伤亡的,以及瞒报事故、事故后逃逸等情节特别恶劣的,要依法从重处罚。

第二章 编制、审查安全技术措施计划的责任

第一节 编制安全技术措施计划的基本原则

一、安全技术措施计划

安全技术措施计划是生产经营单位生产财务计划的一个组成部分，是改善生产经营单位生产条件，有效防止事故和职业病的重要保障制度。生产经营单位为了保证安全资金的有效投入，应编制安全技术措施计划。

我国的《安全生产法》，以及 1963 年国务院颁发的《关于加强企业生产中安全工作的几项规定》，1956 年劳动部、全国总工会颁布的《安全技术措施计划项目总名称表》，1977 年国家计委、财政部、国家劳动总局颁布的《关于加强有计划改善劳动条件工作的联合通知》，1979 年国家计委、国家经委、国家建委颁布的《关于安排落实劳动保护措施经费的通知》，1979 年国务院批转国家劳动总局、卫生部颁布的《关于加强厂矿企业防尘防毒工作的报告》，2006 年财政部、国家安全生产监督管理总局颁布的《高危行业企业安全生产费用财务管理暂行办法》（财企 [2006] 478 号）、《矿山安全法实施条例》等法规和文件中均对编制安全技术措施计划提出了明确、具体的要求。

安全技术措施按照行业可分为煤矿安全技术措施、非煤矿山安全技术措施、石油化工安全技术措施、冶金安全技术措施、建筑安全技术措施、水利水电安全技术措施、旅游安全技术措施等。按照危险、有害因素的类别可分为防火防爆安全技术措施、锅炉与压力

容器安全技术措施、起重与机械安全技术措施、电气安全技术措施等。按照导致事故的原因可分为防止事故发生的安全技术措施、减少事故损失的安全技术措施等。

1. 防止事故发生的安全技术措施

防止事故发生的安全技术措施是指为了防止事故发生采取的约束、限制能量或危险物质，防止其意外释放的技术措施。常用的防止事故发生的安全技术措施有消除危险源、限制能量或危险物质、隔离、故障—安全设计、减少故障和失误等。

（1）消除危险源

消除系统中的危险源，可以从根本上防止事故的发生。但是，按照现代安全工程的观点，彻底消除所有危险源是不可能的。因此，人们往往首先选择危险性较大、在现有技术条件下可以消除的危险源作为优先考虑的对象。可以通过选择合适的工艺、技术、设备、设施，合理的结构形式，选择无害、无毒或不能致人伤害的物料来彻底消除某种危险源。

（2）限制能量或危险物质

限制能量或危险物质可以防止事故的发生，如减少能量或危险物质的量，防止能量蓄积，安全地释放能量等。

（3）隔离

隔离是一种常用的控制能量或危险物质的安全技术措施。采取隔离技术，既可以防止事故的发生，也可以防止事故的扩大，减少事故的损失。

（4）故障—安全设计

在系统、设备、设施的一部分发生故障或破坏的情况下，在一定时间内也能保证安全的技术措施称为故障—安全设计。通过设计，使系统、设备、设施发生故障或事故时处于低能状态，防止能量的意外释放。

（5）减少故障和失误

通过增加安全系数、增加可靠性或设置安全监控系统等来减轻物的不安全状态，减少物的故障或事故的发生。

2. 减少事故损失的安全技术措施

防止意外释放的能量引起人的伤害或物的损坏，或减轻其对人的伤害或对物的破坏的技术措施称为减少事故损失的安全技术措施。该类技术措施是在事故发生后，迅速控制局面，防止事故的扩大，避免二次事故的发生，从而减少事故造成的损失。常用的减少事故损失的安全技术措施有隔离、设置薄弱环节、个体防护、避难与救援等。

（1）隔离

隔离是指把被保护对象与意外释放的能量或危险物质等隔开。隔离措施按照被保护对象与可能致害对象的关系可分为隔开、封闭和缓冲等。

（2）设置薄弱环节

利用事先设置好的薄弱环节，使事故能量按照人们的意图释放，防止能量作用于被保护的人或物，如锅炉上的易熔塞、电路中的熔断器等。

（3）个体防护

个体防护是指把人体与意外释放的能量或危险物质隔离开，是一种不得已的隔离措施，是保护人身安全的最后一道防线。

（4）避难与救援

设置避难场所：当事故发生时，人员暂时躲避，免遭伤害或赢得救援的时间。事先选择撤退路线：当事故发生时，人员按照撤退路线迅速撤离。事故发生后，组织有效的应急救援力量，实施迅速的救护，是减少事故人员伤亡和财产损失的有效措施。

此外，安全监控系统作为防止事故发生和减少事故损失的安全技术措施，是发现系统故障和异常的重要手段。安装安全监控系统，可以及早发现事故，获得事故发生、发展的数据，避免事故的发生或减少事故的损失。

二、编制安全技术措施计划的基本原则

编制安全技术措施计划应以安全生产方针为指导思想，以《安全生产法》等法律、法规、国家标准和行业标准为依据，结合生产经营单位安全生产管理、设备、设施的具体情况，由安全生产管理部门牵头，工会、安全职业卫生管理部门参与，共同研究，也可同时发动生产技术管理部门、基层班组共同提出。对提出的项目，按轻重缓急，根据总体费用投入情况进行分类、排序，对涉及人身安全、公共安全和对生产经营有重大影响的事项应优先安排。具体应遵循以下四条原则：

1. 必要性和可行性原则

编制计划时，一方面，要考虑安全生产的实际需要，如针对在安全生产检查中发现的隐患、可能引发伤亡事故和职业病的主要原因，新技术、新工艺、新设备等的应用，安全技术革新项目和职工提出的合理化建议等方面编制安全技术措施；另一方面，还要考虑技术可行性与经济承受能力。

2. 自力更生与勤俭节约的原则

编制计划时，要注意充分利用现有的设备和设施，挖掘潜力，讲求实效。

3. 轻重缓急与统筹安排的原则

对影响最大、危险性最大的项目应优先考虑，逐步有计划地解决。

4. 领导和群众相结合的原则

加强领导，依靠群众，使计划切实可行，以便顺利实施。

第二节 安全技术措施计划的基本内容

一、安全技术措施计划的项目范围

安全技术措施计划的项目范围包括改善劳动条件、防止事故、预防职业病、提高职工安全素质等技术措施。大体可分以下四类:

1. 安全技术措施

安全技术措施是指以防止工伤事故和减少事故损失为目的的一切技术措施,如安全防护装置、保险装置、信号装置、防火防爆装置等。

2. 卫生技术措施

卫生技术措施是指改善对职工身体健康有害的生产环境条件、防止职业中毒与职业病的技术措施,如防尘、防毒、防噪声与振动、通风、降温、防寒、防辐射等装置或设施。

3. 辅助措施

辅助措施是指保证工业卫生方面所必需的房屋及一切卫生性保障措施,如尘毒作业人员的淋浴室、更衣室或存衣箱、消毒室、妇女卫生室、急救室等。

4. 安全宣传教育措施

安全宣传教育措施是指提高作业人员安全素质的有关宣传教育设备、仪器、教材和场所等,如劳动保护教育室、安全卫生教材、挂图、宣传画、培训室、安全卫生展览等。

安全技术措施计划的项目应按《安全技术措施计划项目总名称表》执行,以保证安全技术措施费用的合理使用。

二、安全技术措施计划的编制内容

每一项安全技术措施至少应包括以下内容:

1. 措施应用的单位或工作场所。
2. 措施名称。
3. 措施目的和内容。
4. 经费预算及来源。
5. 实施部门和负责人。
6. 开工日期和竣工日期。
7. 措施预期效果及检查验收。

对有些单项投入费用较大的安全技术措施,还应进行可行性论证,从技术的先进性、可靠性以及经济性方面进行比较,编制单独的《可行性研究报告》,报上级主管或邀请专家进行评审。

三、安全技术措施计划的经费来源

1. 按照法律法规规定,企业每年从更新改造资金中提取一定的安全生产经费,矿山、化工、冶炼企业应大于20%,专款专用,不得挪作他用,无更新改造资金的事业单位,应从事业费中解决。
2. 从税后留利或利润留成等自有资金中补充。
3. 申请银行贷款或上级拨款。
4. 在进行企业扩建、改造项目投资时,将原有设备、设施中应解决的安全措施一并解决。

第三节 安全技术措施计划的编制

一、确定措施计划编制时间

年度安全技术措施计划一般应与同年度的生产、技术、财务、供销等计划同时编制。

二、布置措施计划编制工作

企业领导应根据本单位具体情况向下属单位或职能部门提出编制措施计划的具体要求,并就有关工作进行布置。

三、确定措施计划项目和内容

下属单位在认真调查和分析本单位存在的问题,并征求群众意见的基础上,确定本单位的安全技术措施计划项目和主体内容,报上级安全生产管理部门。安全生产管理部门对上报的措施计划进行审查、平衡、汇总后,确定措施计划项目,并报有关领导审批。

四、编制措施计划

安全技术措施计划项目经审批后,由安全管理部门和下属单位组织相关人员,编制具体的措施计划和方案,经讨论后,送上级安全管理部门和有关部门审查。

五、审批措施计划

上级安全、技术、计划部门对上报的安全技术措施计划进行联合会审后,报单位有关领导审批。安全技术措施计划一般由总工程师审批。

六、下达措施计划

单位主要负责人根据总工程师的审批意见,召集有关部门和下属单位负责人审查、核定措施计划。审查、核定通过后,与生产计划同时下达到有关部门贯彻执行。

安全技术措施计划落实到各有关部门和下属单位后,计划部门应定期进行检查。企业领导在检查生产计划的同时,应同时检查安全技术措施计划的完成情况。安全管理与安全技术部门应经常了解安全技术措施计划项目的实施情况，协助解决实施中的问题，及时汇报并督促有关单位按期完成。

已完成的措施计划项目要按规定组织竣工验收。竣工验收时一般应注意：所有材料、成品等必须经检验部门检验；外购设备必须有质量证明书；负责单位应向安全技术部门填报竣工验收单，由安全技术部门组织有关单位验收；验收合格后，由负责单位持竣工验收单向计划部门报完工，并办理财务结算手续；使用单位应建立台账，按《劳动保护设施管理制度》进行维护和管理。

七、实施

安全技术措施计划项目经审批后应正式下达。安全技术措施计划落实到各执行部门后，安全管理部门应定期对计划的完成情况进行监督检查，对已经完成的项目，应由验收部门负责组织验收。安全技术措施验收后，应及时补充、修订相关管理制度、操作规程，开展对相关人员的培训工作，建立相关的档案和记录。

对不能按期完成的项目，或没有达到预期效果的项目，必须认真分析原因，制定出相应的补救措施。经上级部门审批的项目，还应上报上级相关部门。

第四节　建设项目"三同时"和安全评价

一、建设项目"三同时"

"三同时"制度是指一切新建、改建、扩建的基本建设项目（工程）、技术改造项目（工程）、引进的建设项目，其职业安全卫生设施必须符合国家规定的标准，必须与主体工程同时设计、同时施工、同时投入生产和使用。职业安全卫生设施是指为了防止生产安全事故的发生而采取的消除职业危害因素的设备、装置、防护用具及其他防范技术措施的总称,主要包括安全卫生设施、个体防护措施和生产性辅助设施。

"三同时"制度从源头上清除各类项目可能造成生产安全事故的危险因素,保障职工的安全健康,保障新工程项目正常投产使用,防止事故,避免因安全问题引起返工或采取弥补措施而造成不必要的投入。"三同时"制度的建立是防止新工程项目带病投产运行,确保物的本质安全的有效的法律制度。"三同时"制度和安全卫生预评价制度结合起来实行,是贯彻"安全第一,预防为主"方针的具体体现。两者结合起来实施可使新项目做到更合理,最大限度地消除和减少潜在的危害,真正做到防患于未然。

"三同时"制度是我国首创的,最早在环境保护领域提出并实施。"三同时"制度最早规定于1973年的《关于保护和改善环境的若干规定》,1979年的《环境保护法(试行)》和1989年的《环境保护法》在规定环境影响评价制度的同时,重申了"三同时"的规定。

在安全生产领域,"三同时"制度在中共中央中发〔1978〕67号文件《关于认真做好劳动保护工作的通知》和国务院国发〔1984〕97号文件《关于加强防尘防毒工作的决定》中就提出:"今后各地区、各部门的基本建设和全厂性技术改造工程项目,其尘毒治理和安全设施必须与主体工程同时设计、审批,同时施工,同时验收、投产使用。"1988年原劳动部颁发的《关于生产性建设工程项目职业安全卫生监察的暂行规定》是实施"三同时"制度完整的规定。在《劳动法》《安全生产法》《矿山安全法》《职业病防治法》《建设项目(工程)劳动安全卫生监察规定》等法律法规中都对"三同时"做了规定。

《劳动法》第五十三条规定:"劳动安全卫生设施必须符合国家规定的标准,新建、改建、扩建工程的劳动安全卫生设施必须与主体工程同时设计、同时施工、同时投入生产和使用。"

《安全生产法》第二十四条规定:"生产经营单位新建、改建、扩建工程项目（以下统称建设项目）的安全设施，必须与主体工程同时设计、同时施工、同时投入生产和使用。安全设施投资应当纳入建设项目概算。"

《矿山安全法》第七条规定："矿山建设工程的安全设施必须和主体工程同时设计、同时施工、同时投入生产和使用。"

《职业病防治法》第十六条规定："建设项目的职业病防护设施所需费用应当纳入建设项目工程预算，并与主体工程同时设计，同时施工，同时投入生产和使用。"

二、建设项目"三同时"的主要内容

建设项目"三同时"制度的实施，要求与建设项目配套的劳动安全卫生设施，从项目的可行性研究到设计、施工、试生产、竣工验收到投入使用都应同步进行，都应按"三同时"的规定进行审查验收，具体包括以下内容：

1. 可行性研究

建设单位或可行性研究承担单位在进行建设项目可行性研究时，应同时进行劳动安全卫生论证，并将其作为专门章节编入建设项目可行性研究报告中。同时，将劳动安全卫生设施所需资金纳入投资计划。

在建设项目可行性研究阶段，应按有关要求实施建设项目劳动安全卫生预评价。

对符合下列情况之一的，由建设单位自主选择并委托本建设项目设计单位以外的、有劳动安全卫生预评价资格的机构进行劳动安全卫生预评价：

(1) 大中型或限额以上的建设项目。
(2) 火灾危险性生产类别为甲类的建设项目。
(3) 爆炸危险场所等级为特别危险场所和高度危险场所的建设项目。

(4) 大量生产或使用Ⅰ级、Ⅱ级危害程度的职业性接触毒物的建设项目。

(5) 大量生产或使用石棉粉料或含有10%以上游离二氧化硅粉料的建设项目。

(6) 安全生产监督管理机构确认的其他危险、危害因素大的建设项目。

建设项目劳动安全卫生评价机构应采用先进、合理的定性、定量的评价方法，分析和预测建设项目中潜在的危险、危害因素及其可能造成的后果，提出明确的预防措施，并形成预评价报告。

建设项目劳动安全卫生预评价工作应在建设项目初步设计会审前完成。预评价机构在完成预评价工作并形成预评价报告后，由建设单位将预评价报告交评审单位进行评审后，将预评价报告和评审意见按相关规定一并报送相应级别的安全生产监督管理部门审批。

2. 初步设计

初步设计是说明建设项目的技术经济指标、总图运输、工艺、建筑、采暖通风、给排水、供电、仪表、设备、环境保护、劳动安全卫生、投资概算等设计意图的技术文件（含图样），我国对初步设计的深度有详细规定。

初步设计阶段，设计单位应完成的工作包括以下几项内容：

(1) 设计单位在编制初步设计文件时，应严格遵守我国有关劳动安全卫生的法律、法规和标准，并应依据安全生产监督管理机构批复的劳动安全卫生预评价报告中提出的措施建议，同时编制《劳动安全卫生专篇》，完善初步设计。

《劳动安全卫生专篇》的主要内容包括：设计依据；工程概述；建筑及场地布置；生产过程中职业危险、危害因素的分析；劳动安全卫生设计中采用的主要防范措施；劳动安全卫生机构设置及人员配备情况；专用投资概算；建设项目劳动安全卫生预评价的主要结论；预期效果及存在的问题与建议。

(2) 建设单位在初步设计会审前，应向安全生产监督管理部门报送初步设计文件及图样资料。安全生产监督管理部门根据国家有关法规和标准，审查并批复建设项目初步设计文件中的《劳动安全卫生专篇》。

(3) 初步设计经安全生产监督管理部门审查批复同意后，建设单位应及时办理《建设项目劳动安全卫生初步设计审批表》。

3. 施工

建设单位对承担施工任务的单位提出落实"三同时"规定的具体要求，并负责提供必需的资料和条件。

施工单位应对建设项目的劳动安全卫生设施的工程质量负责。施工中应严格按照施工图样和设计要求施工，切实做到劳动安全卫生设施与主体工程同时施工、同时投入生产和使用，并确保工程质量。

4. 试生产

建设单位在试生产设备调试阶段，应同时对劳动安全卫生设施进行调试和考核，对其效果做出评价。在试生产之前，应进行劳动安全卫生培训教育和考核取证，制定完整的劳动安全卫生方面的规章制度及事故预防和应急处理预案。

建设单位在试生产运行正常后，建设项目预验收前，应自主选择、委托安全生产监督管理机构认可的单位进行劳动条件检测、危害程度分级以及有关设备的安全卫生检测和检验，并将试运行中劳动安全卫生设备运行情况、技术措施的效果、检测检验数据、存在的问题以及采取的措施写入劳动安全卫生验收专题报告，报送安全生产监督管理机构审批。

建设项目劳动安全卫生验收专题报告的主要内容包括：

(1) 初步设计中劳动安全卫生设施已按设计要求与主体工程同时建成、投入使用的情况。

(2) 建设项目中特种设备已经由具有法定资格的单位检验合格，

取得安全使用证（或检验合格证书）的情况。

（3）工作环境、劳动条件经测试符合国家有关规定的情况。

（4）建设项目中劳动安全卫生设施经现场检查符合国家有关劳动安全卫生规定和标准的情况。

（5）安全卫生管理机构设立情况，必要的检测仪器、设备配备情况，劳动安全卫生规章制度和安全操作规程建立情况，劳动安全卫生培训教育情况，特种作业人员经培训、考核取得安全操作证的情况，事故预防和应急处理预案制定情况。

凡是符合需要进行预评价条件的建设项目，还需根据国家有关安全验收评价的法规要求，由建设单位委托具有资质的机构进行安全验收评价，形成安全验收评价报告，并由建设单位将评价报告交由具备评审资质的机构进行评审和出具评审意见。

5. 竣工验收

建设单位在竣工验收之前，应将建设项目劳动安全卫生验收专题报告或验收评价报告及评审意见，按相关规定报送相应级别的安全生产监督管理部门审批。

安全生产监督管理机构根据建设部门报送并审批的建设项目劳动安全卫生验收专题报告或验收评价报告及评审意见，进行预验收或专项审查验收，并提出劳动安全卫生方面的改进意见，直至建设单位按照预验收或专项审查验收改进意见如期整改后，再进行正式竣工验收。

建设项目劳动安全卫生设施和技术措施经安全生产监督管理部门竣工验收通过后，建设单位应及时办理《建设项目劳动安全卫生验收审批表》。

6. 投产使用

建设项目正式投产使用后，建设单位必须同时将劳动安全卫生设施进行投产使用。不得擅自将劳动安全卫生设施闲置不用或拆除，并需进行日常维护和保养，确保其功能。

三、安全评价

1. 安全评价及其目的

20世纪60年代初,安全评价技术起源于美国。美国空军倡导系统安全工程评价方法,而美国道化学公司则首创了危险指数评价方法,迄今为止已逐渐形成了并行不悖的两大流派。

无论哪一种评价方法,其主要内容包括以下四个方面:危险的识别、危险的定量、定量化的危险与基准值比较、提出控制危险的措施。危险的识别是分析所研究对象存在的各种危险;危险的定量则是研究确定这些危险发生的频率及可能造成的后果;一般将定量化的危险称为风险,与基准值比较是将这些风险与预定的风险值相比较,判断是否可以接受;控制危险的措施是指根据风险能否接受而提出的降低、排除、转移风险的对策。

安全评价是一个利用安全系统工程原理和方法识别及评价工程、系统存在的风险的过程,这一过程包括危险、有害因素识别及危险和危害程度评价两部分。危险、有害因素识别的目的在于识别危险来源;危险和危害程度评价的目的在于确定来自危险源的危险性、危险程度,应采取的控制措施,以及采取控制措施后仍然存在的危险性是否可以被接受。在实际的安全评价过程中,这两个方面是不能截然分开、孤立进行的,而是相互交叉、相互重叠于整个评价工作中。

安全评价是指以实现安全为目的,应用安全系统工程原理和方法,辨识与分析工程、系统、生产经营活动中的危险、有害因素,预测发生事故或造成职业危害的可能性及其严重程度,提出科学、合理、可行的安全对策措施及建议,做出评价结论的活动。安全评价可针对一个特定的对象,也可针对一定区域范围。

安全评价过程包括4个方面的内容,即危险有害因素的识别与分析、危险性评价、确定可接受风险和制定安全对策措施。

安全评价的目的是查找、分析和预测工程、系统存在的危险、有害因素及可能导致的危险、危害后果和程度，提出合理可行的安全对策措施，指导危险源监控和事故预防，以达到最低事故率、最少损失和最优的安全投资效益。

安全评价要达到的目的包括以下四个方面：

（1）促进实现本质安全化生产。系统地从工程、系统设计、建设、运行等过程对事故和事故隐患进行科学分析，针对事故和事故隐患发生的各种可能原因事件和条件，提出消除危险的最佳技术措施方案。特别是从设计上采取相应措施，实现生产过程的本质安全化，做到即使发生误操作或设备故障时，系统存在的危险因素也不会导致重大事故发生。

（2）实现全过程安全控制。在设计之前进行安全评价，可避免选用不安全的工艺流程和危险的原材料以及不合适的设备、设施，或当必须采用时，提出降低或消除危险的有效方法。设计之后进行的安全评价，可查出设计中的缺陷和不足，及早采取改进和预防措施。系统建成以后运行阶段进行的系统安全评价，可了解系统的现实危险性，为进一步采取降低危险性的措施提供依据。

（3）建立系统安全的最优方案，为决策提供依据。通过安全评价分析系统存在的危险源、分布部位、数目、事故的概率、事故严重程度，预测和提出应采取的安全对策措施，决策者可以根据评价结果选择系统安全最优方案和管理决策。

（4）为实现安全技术、安全管理的标准化和科学化创造条件。通过对设备、设施或系统在生产过程中的安全性是否符合有关技术标准、规范相关规定的评价，对照技术标准、规范找出存在的问题和不足，以实现安全技术和安全管理的标准化、科学化。

2. 安全评价的意义

安全评价的意义在于可有效地预防事故发生，减少财产损失和人员伤亡。安全评价与日常安全管理和安全监督监察工作不同，安全评价从技术带来的负效应出发,分析、论证和评估由此产生的损失和伤害的可能性、影响范围、严重程度及应采取的对策措施等。安全评价的意义可以概括为以下五个方面:

(1) 安全评价是安全生产管理的一个必要组成部分

"安全第一,预防为主"是我国的安全生产方针,作为预测、预防事故重要手段的安全评价,在贯彻安全生产方针中有着十分重要的作用,通过安全评价可确认生产经营单位是否具备了安全生产条件。

(2) 有助于政府安全监督管理部门对生产经营单位的安全生产实行宏观控制

安全预评价将有效地提高工程安全设计的质量和投产后的安全可靠程度;投产时的安全验收评价将根据国家有关技术标准、规范对设备、设施和系统进行符合性评价,提高安全达标水平;系统运转阶段的安全技术、安全管理、安全教育等方面的安全现状评价可客观地对生产经营单位的安全水平做出结论,使生产经营单位不仅了解可能存在的危险性,而且明确如何改进安全状况,同时也为安全监督管理部门了解生产经营单位安全生产现状、实施宏观控制提供基础资料;通过专项安全评价,可为生产经营单位和政府安全监督管理部门提供管理依据。

(3) 有助于安全投资的合理选择

安全评价不仅能确认系统的危险性,而且还能进一步评价危险性发展为事故的可能性及事故造成损失的严重程度,进而计算事故造成的危害,即风险率,并以此说明系统危险可能造成负效益的大小,以便合理地选择控制、消除事故发生的措施,确定安全措施投资的多少,从而使安全投入和可能减少的负效益达到合理的平衡。

(4) 有助于提高生产经营单位的安全管理水平

安全评价可以使生产经营单位安全管理变事后处理为事先预测、预防。传统安全管理方法的特点是凭经验进行管理,多为事故发生后再进行处理的"事后过程"。通过安全评价,可以预先识别系统的危险性,分析生产经营单位的安全状况,全面地评价系统及各部分的危险程度和安全管理状况,促使生产经营单位达到规定的安全要求。

安全评价可以使生产经营单位安全管理变纵向单一管理为全面系统管理。安全评价使生产经营单位所有部门都能按照要求认真评价本系统的安全状况,将安全管理范围扩大到生产经营单位各个部门、各个环节,使生产经营单位的安全管理实现全员、全面、全过程、全时空的系统化管理。

系统安全评价可以使生产经营单位安全管理变经验管理为目标管理。仅凭经验、主观思想意识进行安全管理,没有统一的标准、目标。安全评价可以使各部门、全体职工明确各自的安全指标要求,在明确的目标下,统一步调,分头进行,从而使安全管理工作做到科学化、统一化、标准化。

(5) 有助于生产经营单位提高经济效益

安全预评价可减少项目建成后由于安全要求引起的调整和返工建设;安全验收评价可将一些潜在事故消除在设施开工运行前;安全现状评价可使生产经营单位较好地了解可能存在的危险并为安全管理提供依据。生产经营单位的安全生产水平的提高无疑可带来经济效益的提高,使生产经营单位真正实现安全、生产和经济的同步增长。

四、安全评价的种类

目前国内通常根据工程、系统生命周期和评价的目的将安全评价分为安全预评价、安全验收评价、安全现状评价和专项安全评价四类。实际上它是三大类,即安全预评价、安全验收评价、安全现状评价,专项安全评价应属于安全现状评价的一种,属于政府在特定的时期内进行专项整治时开展的评价。

1. 安全预评价

安全预评价是根据建设项目可行性研究报告的内容，分析和预测该建设项目可能存在的危险、有害因素的种类和程度，提出合理可行的安全对策措施及建议。安全预评价实际上就是在项目建设前应用安全评价的原理和方法对系统（工程、项目）的危险性、危害性进行预测性评价。

(1) 安全预评价的特点

1) 安全预评价是一种有目的的行为，它是在研究事故和危害为什么会发生、怎样发生和如何防止发生等问题的基础上，回答建设项目依据设计方案建成后的安全性如何、是否能达到安全标准的要求以及如何达到安全标准、安全保障体系的可靠性如何等至关重要的问题。

2) 安全预评价的核心是对系统存在的危险、有害因素进行定性、定量分析，即针对特定的系统范围，对发生事故、危害的可能性及其危险、危害的严重程度进行评价。

3) 安全预评价用有关标准对系统进行衡量，分析、说明系统的安全性。

4) 安全预评价的最终目的是确定采取哪些优化的技术、管理措施，使各子系统及建设项目整体达到安全标准的要求。

安全预评价的目的是贯彻"安全第一，预防为主"的方针，为建设项目初步设计提供科学依据，以利于提高建设项目本质安全程度。

安全预评价以拟建项目作为研究对象，根据建设项目可行性研究报告提供的生产工艺过程、使用和产出的物质、主要设备和操作条件等，研究系统固有的危险及有害因素，应用系统安全工程的方法，对系统的危险程度和危害性进行定性、定量分析，确定系统的危险、有害因素及其危险、危害程度；针对主要危险、有害因素及其可能产生的危险、危害后果提出消除、预防和降低的对策措施；

评价采取措施后的系统是否能满足规定的安全要求,从而得出建设项目应如何设计、管理才能达到安全指标要求的结论。

安全预评价的内容主要包括危险、有害因素识别,危险度评价以及安全对策措施和建议。

(2) 安全预评价程序

如图2—1所示,安全预评价程序一般包括准备阶段;危险、有害因素识别与分析;确定安全预评价单元;选择安全预评价方法;定性、定量评价;提出安全对策措施及建议;给出安全预评价结论;编制安全预评价报告。

1) 准备阶段。明确被评价对象和范围,进行现场勘查,收集国内外相关法律法规、技术标准及建设项目等资料。

2) 危险、有害因素识别与分析。根据被评价的工程、系统的情况,识别和分析危险、有害因素,确定危险、有害因素存在的部位、存在的方式、事故发生的途径及其变化规律。

3) 确定安全预评价单元。在危险、有害因素识别与分析基础上,根据评价的需要,将建设项目划分成若干个评价单元。划分评价单元的一般性原则应按生产工艺功能、生产设施和设备相对空间位置、危险有害因素类别及事故范围划分,使评价单元相对独立,具有明显的特征界限。

4) 选择安全预评价方法。根据被评价对象的特点,选择科学、合理、适用的定性、定量评价方法。

5) 定性、定量评价。根据选择的评价方法,对危险、有害因素导致事故发生的可能性和严重程度进行定性、定量评价,以确定事故可能发生的部位、频率、严重程度的等级及相关结果,为制定安全对策措施提供科学依据。

6) 提出安全对策措施及建议。根据定性、定量评价结果,提出消除或减弱危险、有害因素的技术和管理措施及建议。

安全对策措施应包括以下几个方面:总图布置和建筑方面安全

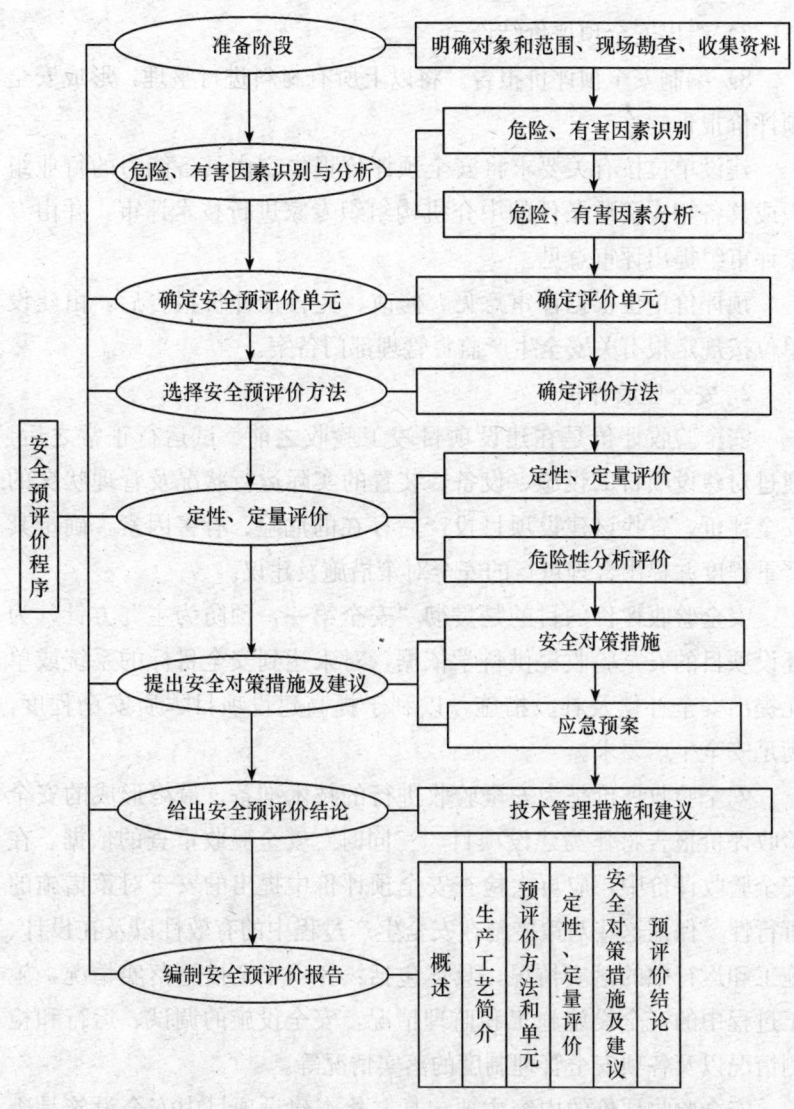

图 2—1 安全预评价程序

措施；工艺和设备、装置方面安全措施；安全工程设计方面对策措施；安全管理方面对策措施；应采取的其他综合措施。

7）给出安全预评价结论。

8）编制安全预评价报告。将以上所有材料进行整理，形成安全预评价报告。

建设单位按有关要求将安全预评价报告交由具备能力的行业组织或具备相应资质条件的中介机构组织专家进行技术评审，并由专家评审组提出评审意见。

预评价单位根据评审意见，修改、完善预评价报告后，由建设单位按规定报有关安全生产监督管理部门备案。

2. 安全验收评价

安全验收评价是在建设项目竣工验收之前、试运行正常之后，通过对建设项目的设施、设备、装置的实际运行状况及管理状况的安全评价，查找该建设项目投产后存在的危险、有害因素，确定其严重程度并提出合理可行的安全对策措施及建议。

安全验收评价的目的是贯彻"安全第一，预防为主"方针，为建设项目的安全验收提供科学依据，对未达到安全目标的系统或单元提出安全补偿及补救措施，以利于提高建设项目本质安全程度，满足安全生产要求。

安全验收评价是为安全验收进行的技术准备，最终形成的安全验收评价报告将作为建设项目"三同时"安全验收审查的依据。在安全验收评价中，应再次检查安全预评价中提出的安全对策措施的可行性，保证这些对策措施在安全生产过程中的有效性以及在设计、施工和运行中的落实情况，具体包括：各项安全措施落实情况，施工过程中的安全设施施工和监理情况，安全设施的调试、运行和检测情况以及各项安全管理制度的落实情况等。

安全验收评价的内容主要包括：检查建设项目中安全设施是否已与主体工程同时设计、同时施工、同时投入生产和使用；评价建设项目及与之配套的安全设施是否符合国家有关安全生产的法律法规和技术标准；从整体上评价建设项目的运行状况和安全管理是否正常、安全、可靠。

安全验收评价程序一般包括：前期准备；编制安全验收评价计划；安全验收评价现场检查；编制安全验收评价报告；安全验收评价报告评审，如图 2—2 所示。

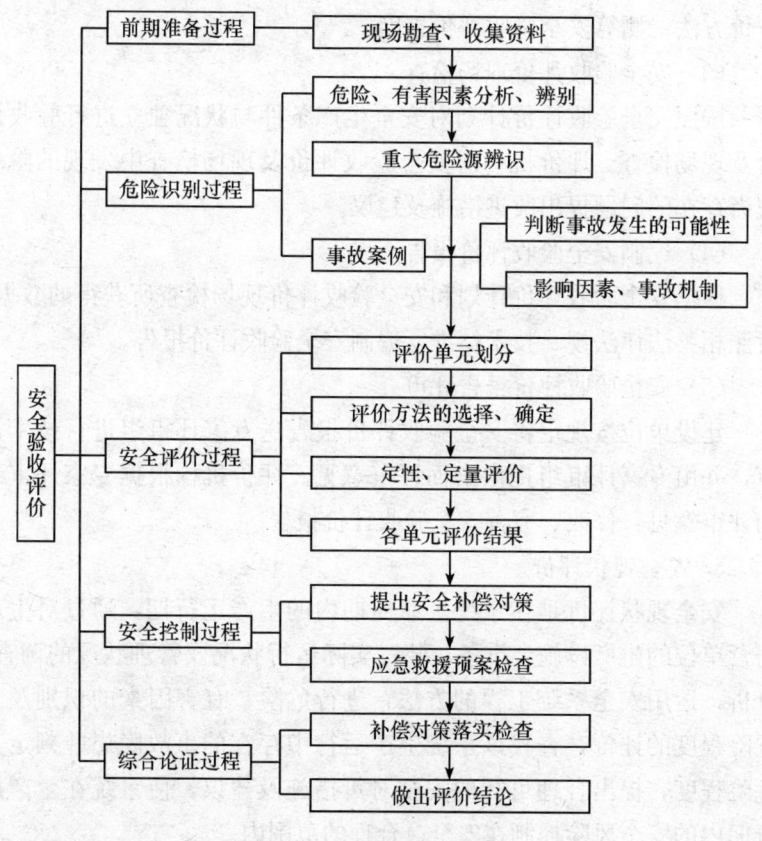

图 2—2　安全验收评价程序

(1) 前期准备

明确被评价对象和范围；进行现场勘查，收集国内外相关法律法规、技术标准及建设项目的资料（包括初步设计、变更设计、安全预评价报告、各级批复文件）等。

(2) 编制安全验收评价计划

在前期准备工作基础上,分析项目建成后存在的主要危险、有害因素的分布与控制情况;依据有关安全生产的法律法规和技术标准,确定安全验收评价的重点和要求;依据项目实际情况选择验收评价方法;测算安全验收评价进度。

(3) 安全验收评价现场检查

按照安全验收评价计划对安全生产条件与状况独立进行验收评价及现场检查。评价机构对安全验收评价及现场检查中发现的隐患或尚存在的问题提出改进措施及建议。

(4) 编制安全验收评价报告

根据安全验收评价计划和安全验收评价现场检查所获得的数据,对照相关法律法规、技术标准,编制安全验收评价报告。

(5) 安全验收评价报告评审

建设单位按规定将安全验收评价报告送专家评审组进行技术评审,并由专家评审组提出书面评审意见。评价机构根据专家评审组的评审意见,修改、完善安全验收评价报告。

3. 安全现状评价

安全现状评价是在系统生命周期内的生产运行期,通过对生产经营单位的生产设施、设备、装置实际运行状况及管理状况的调查、分析,运用安全系统工程的方法,进行危险、有害因素的识别及其危险程度的评价,查找该系统生产运行中存在的事故隐患并判定其危险程度,提出合理可行的安全对策措施及建议,使系统在生产运行期内的安全风险控制在安全、合理的范围内。

安全现状评价的目的是针对生产经营单位(某一个生产经营单位总体或局部的生产经营活动)的安全现状进行的安全评价,通过评价查找其存在的危险、有害因素并确定危险程度,提出合理可行的安全对策措施及建议。

安全现状评价是对在用生产装置、设备、设施以及储存、运输及安全管理状况进行的全面综合安全评价,不仅包括生产过程的安全设施,也包括生产经营单位整体的安全管理模式、制度和方法等安全管理体系的内容。

这种对在用生产装置、设备、设施以及储存、运输及安全管理状况进行的全面综合安全评价,是根据政府有关法规的规定或是根据生产经营单位职业安全、健康、环境保护的管理要求进行的,主要包括以下内容:收集评价所需的信息资料,采用恰当的方法进行危险、有害因素识别;对于可能造成重大后果的事故隐患,采用科学合理的安全评价方法建立相应的数学模型进行事故模拟,预测极端情况下事故的影响范围、最大损失以及发生事故的可能性或概率,给出量化的安全状态参数值;对发现的事故隐患,根据量化的安全状态参数值,进行整改优先度排序;提出安全对策措施与建议。

安全现状评价程序如图2—3所示。

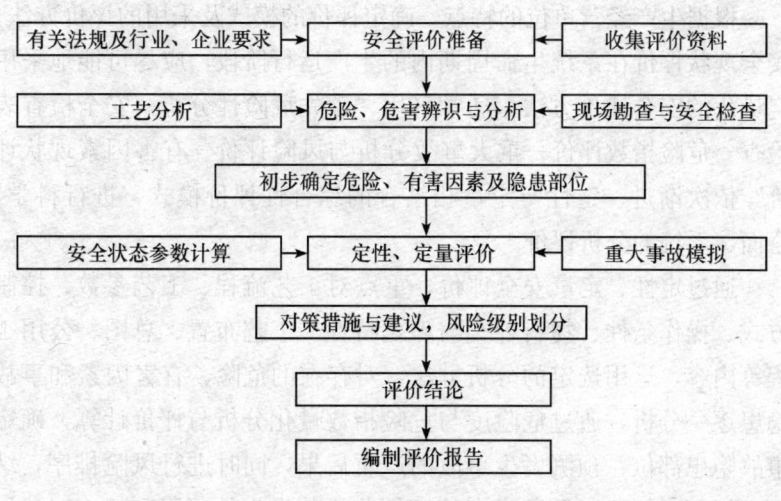

图2—3 安全现状评价程序

(1) 前期准备

明确评价的范围,收集所需的各种资料,重点收集与现实运行状况有关的各种资料与数据,包括涉及生产运行、设备管理、安全、职业危害、消防、技术检测等方面的内容。评价机构依据生产经营单位提供的资料,按照确定的评价范围进行评价。

安全现状评价所需主要资料从以下方面收集:工艺;物料;生产经营单位周边环境情况;设备相关资料;管道、电气、仪表自动控制系统;公用工程系统;事故应急救援预案;规章制度及企业标准;相关的检测和检验报告。

(2) 危险、有害因素和事故隐患的识别

应针对评价对象的生产运行情况及工艺、设备的特点,采用科学、合理的评价方法,进行危险、有害因素识别和危险性分析,确定主要危险部位、物料的主要危险特性,有无重大危险源,以及可能导致重大事故的缺陷和隐患。

(3) 定性、定量评价

根据生产经营单位的特点,确定评价的模式及采用的评价方法。安全现状评价在系统生命周期内的生产运行阶段,应尽可能地采用定量化的安全评价方法,通常采用"预先危险性分析—安全检查表检查—危险指数评价—重大事故分析与风险评价—有害因素现状评价"依次渐进、定性与定量相结合的综合性评价模式,进行科学、全面、系统的分析评价。

通过定性、定量安全评价,重点对工艺流程、工艺参数、控制方式、操作条件、物料种类与理化特性、工艺布置、总图、公用工程等内容,运用选定的分析方法,对存在的危险、有害因素和事故隐患逐一分析,通过危险度与危险指数量化分析与评价计算,确定事故隐患部位,预测发生事故的严重后果,同时进行风险排序,结合现场调查结果以及同类事故案例分析其发生的原因和概率,运用相应的数学模型进行重大事故模拟,模拟发生灾害性事故时的破坏程度和严重后果,为制订相应的事故隐患整改计划、安全管理制度和事故应急救援预案提供数据。

(4) 安全管理现状评价

安全管理现状评价包括：安全管理制度评价；事故应急救援预案的评价；事故应急救援预案的修改及演练计划。

(5) 确定安全对策措施及建议

根据综合评价结果，提出相应的安全对策措施及建议，并按照安全风险程度的高低进行解决方案的排序，列出存在的事故隐患及整改紧迫程度，针对事故隐患提出改进措施及改善安全状态水平的建议。

(6) 评价结论

根据评价结果明确指出生产经营单位当前的安全状态水平，提出安全程度可接受的意见。

(7) 编制安全现状评价报告

生产经营单位应当依据安全评价报告编制事故隐患整改方案和实施计划，完成安全现状评价报告。生产经营单位与安全评价机构对安全评价报告的结论存在分歧的，应当将双方的意见连同安全现状评价报告一并报安全生产监督管理部门。

4. 专项安全评价

专项安全评价是根据政府有关管理部门的要求进行的，是对专项安全问题进行的专项安全分析评价，如危险化学品专项安全评价、非煤矿山专项安全评价等。专项安全评价是针对某一项活动或场所，以及一个特定的行业、产品、生产方式、生产工艺或生产装置等存在的危险、有害因素进行的安全评价，查找其存在的危险、有害因素，确定其程度并提出合理可行的安全对策措施及建议。

专项安全评价通常是根据政府有关管理部门的要求进行的，是针对专项安全问题进行的专项安全分析，专项安全评价所形成的专项安全评价报告则是上级主管部门批准生产经营单位获得或保持生产经营营业执照所要求的文件之一。

专项安全评价程序如图2—4所示。

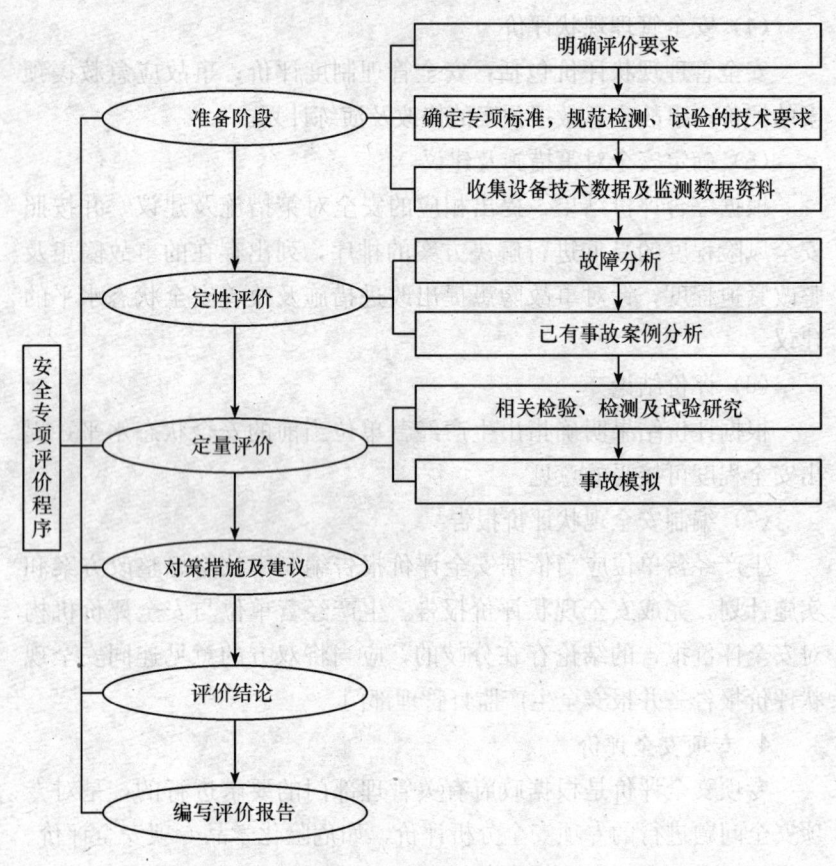

图 2—4 专项安全评价程序

一般来说,专项安全评价报告作为安全现状评价报告的附件或补充文件,至少包括以下主要内容:

(1)前言

前言主要包括项目由来、评价目的、评价实施单位等简单介绍。

(2)专题项目概述

专题项目概述主要包括项目概况、项目委托约定的评价范围、项目实施准备采用的评价程度。

(3) 评价依据

评价依据主要包括评价所依据的法规文件、专项安全评价合同、安全现状评价报告、评价所遵循的技术标准以及对技术标准选用的说明。

(4) 评价方法

评价方法主要包括实施评价所采用的检测、检验、测试、试验等手段和方法、故障分析方法、事故后果模拟方法的简介与方法选用说明。

(5) 数据处理与分析

数据处理与分析是指根据所评价专题的技术要求，对所获得的数据按照专业要求分类整理，并进行技术分析。

(6) 故障分析与事故模拟

故障分析与事故模拟主要包括对专题研究所涉及的重要事件、事故的定性分析；对可能产生的重大事故后果，运用数学模型进行定量模拟。

(7) 对策措施

对策措施是指根据评价所涉及的问题，提出相应的对策措施及建议。

(8) 评价结论与建议

评价结论与建议是指依据分析、检测、模拟等得出对专题研究的明确结论和建议，并简要说明。

专项安全评价主要包括危险化学品包装物、容器定点生产企业生产条件评价；危险化学品生产企业安全评价；危险化学品经营单位安全评价；煤矿安全评价；非煤矿山安全评价；民用爆破器材安全评价；烟花爆竹生产企业安全评价等。

第五节　安全技术措施计划相关法律规定

一、《安全生产法》相关规定

第十条　国务院有关部门应当按照保障安全生产的要求，依法及时制定有关的国家标准或者行业标准，并根据科技进步和经济发展适时修订。

生产经营单位必须执行依法制定的保障安全生产的国家标准或者行业标准。

第十二条　依法设立的为安全生产提供技术服务的中介机构，依照法律、行政法规和执业准则，接受生产经营单位的委托为其安全生产工作提供技术服务。

第十三条　国家实行生产安全事故责任追究制度，依照本法和有关法律、法规的规定，追究生产安全事故责任人员的法律责任。

第十四条　国家鼓励和支持安全生产科学技术研究和安全生产先进技术的推广应用，提高安全生产水平。

第十五条　国家对在改善安全生产条件、防止生产安全事故、参加抢险救护等方面取得显著成绩的单位和个人，给予奖励。

第十六条　生产经营单位应当具备本法和有关法律、行政法规和国家标准或者行业标准规定的安全生产条件；不具备安全生产条件的，不得从事生产经营活动。

第十九条　矿山、建筑施工单位和危险物品的生产、经营、储存单位，应当设置安全生产管理机构或者配备专职安全生产管理人员。

前款规定以外的其他生产经营单位，从业人员超过300人的，应当设置安全生产管理机构或者配备专职安全生产管理人员；从业人员在300人以下的，应当配备专职或者兼职的安全生产管理人员，或者委托具有国家规定的相关专业技术资格的工程技术人员提供安全生产管理服务。

生产经营单位依照前款规定委托工程技术人员提供安全生产管理服务的，保证安全生产的责任仍由本单位负责。

第二十条　生产经营单位的主要负责人和安全生产管理人员必须具备与本单位所从事的生产经营活动相应的安全生产知识和管理能力。

危险物品的生产、经营、储存单位以及矿山、建筑施工单位的主要负责人和安全生产管理人员，应当由有关主管部门对其安全生产知识和管理能力考核合格后方可任职。考核不得收费。

第二十四条　生产经营单位新建、改建、扩建工程项目（以下统称建设项目）的安全设施，必须与主体工程同时设计、同时施工、同时投入生产和使用。安全设施投资应当纳入建设项目概算。

第二十五条　矿山建设项目和用于生产、储存危险物品的建设项目，应当分别按照国家有关规定进行安全条件论证和安全评价。

第二十六条　建设项目安全设施的设计人、设计单位应当对安全设施设计负责。

矿山建设项目和用于生产、储存危险物品的建设项目的安全设施设计应当按照国家有关规定报经有关部门审查，审查部门及其负责审查的人员对审查结果负责。

第二十七条　矿山建设项目和用于生产、储存危险物品的建设项目的施工单位必须按照批准的安全设施设计施工，并对安全设施的工程质量负责。

矿山建设项目和用于生产、储存危险物品的建设项目竣工投入生产或者使用前，必须依照有关法律、行政法规的规定对安全设施进行验收；验收合格后，方可投入生产和使用。验收部门及其验收人员对验收结果负责。

第二十八条　生产经营单位应当在有较大危险因素的生产经营

场所和有关设施、设备上，设置明显的安全警示标志。

第二十九条　安全设备的设计、制造、安装、使用、检测、维修、改造和报废，应当符合国家标准或者行业标准。

生产经营单位必须对安全设备进行经常性维护、保养，并定期检测，保证正常运转。维护、保养、检测应当做好记录，并由有关人员签字。

第三十条　生产经营单位使用的涉及生命安全、危险性较大的特种设备，以及危险物品的容器、运输工具，必须按照国家有关规定，由专业生产单位生产，并经取得专业资质的检测、检验机构检测、检验合格，取得安全使用证或者安全标志，方可投入使用。检测、检验机构对检测、检验结果负责。

第三十三条　生产经营单位对重大危险源应当登记建档，进行定期检测、评估、监控，并制定应急预案，告知从业人员和相关人员在紧急情况下应当采取的应急措施。

生产经营单位应当按照国家有关规定将本单位重大危险源及有关安全措施、应急措施报有关地方人民政府负责安全生产监督管理的部门和有关部门备案。

第三十四条　生产、经营、储存、使用危险物品的车间、商店、仓库不得与员工宿舍在同一座建筑物内，并应当与员工宿舍保持安全距离。

生产经营场所和员工宿舍应当设有符合紧急疏散要求、标志明显、保持畅通的出口。禁止封闭、堵塞生产经营场所或者员工宿舍的出口。

第三十五条　生产经营单位进行爆破、吊装等危险作业，应当安排专门人员进行现场安全管理，确保操作规程的遵守和安全措施的落实。

第四十条　两个以上生产经营单位在同一作业区域内进行生产经营活动，可能危及对方生产安全的，应当签订安全生产管理协议，明确各自的安全生产管理职责和应当采取的安全措施,并指定专职安全生产管理人员进行安全检查与协调。

第六十二条 承担安全评价、认证、检测、检验的机构应当具备国家规定的资质条件,并对其作出的安全评价、认证、检测、检验的结果负责。

第八十三条 生产经营单位有下列行为之一的,责令限期改正;逾期未改正的,责令停止建设或者停产停业整顿,可以并处5万元以下的罚款;造成严重后果,构成犯罪的,依照刑法有关规定追究刑事责任:

(一)矿山建设项目或者用于生产、储存危险物品的建设项目没有安全设施设计或者安全设施设计未按照规定报经有关部门审查同意的;

(二)矿山建设项目或者用于生产、储存危险物品的建设项目的施工单位未按照批准的安全设施设计施工的;

(三)矿山建设项目或者用于生产、储存危险物品的建设项目竣工投入生产或者使用前,安全设施未经验收合格的;

(四)未在有较大危险因素的生产经营场所和有关设施、设备上设置明显的安全警示标志的;

(五)安全设备的安装、使用、检测、改造和报废不符合国家标准或者行业标准的;

(六)未对安全设备进行经常性维护、保养和定期检测的;

(七)未为从业人员提供符合国家标准或者行业标准的劳动防护用品的;

(八)特种设备以及危险物品的容器、运输工具未经取得专业资质的机构检测、检验合格,取得安全使用证或者安全标志,投入使用的;

(九)使用国家明令淘汰、禁止使用的危及生产安全的工艺、设备的。

二、《劳动法》相关规定

第五十二条 用人单位必须建立、健全劳动安全卫生制度，严格执行国家劳动安全卫生规程和标准，对劳动者进行劳动安全卫生教育，防止劳动过程中的事故，减少职业危害。

第五十三条 劳动安全卫生设施必须符合国家规定的标准。

新建、改建、扩建工程的劳动安全卫生设施必须与主体工程同时设计、同时施工、同时投入生产和使用。

第五十四条 用人单位必须为劳动者提供符合国家规定的劳动安全卫生条件和必要的劳动防护用品，对从事有职业危害作业的劳动者应当定期进行健康检查。

第五十五条 从事特种作业的劳动者必须经过专门培训并取得特种作业资格。

第五十六条 劳动者在劳动过程中必须严格遵守安全操作规程。劳动者对用人单位管理人员违章指挥、强令冒险作业，有权拒绝执行；对危害生命安全和身体健康的行为，有权提出批评、检举和控告。

第九十二条 用人单位的劳动安全设施和劳动卫生条件不符合国家规定或者未向劳动者提供必要的劳动防护用品和劳动保护设施的，由劳动行政部门或者有关部门责令改正，可以处以罚款；情节严重的，提请县级以上人民政府决定责令停产整顿；对事故隐患不采取措施，致使发生重大事故，造成劳动者生命和财产损失的，对责任人员比照《刑法》第一百八十七条的规定追究刑事责任。

三、《职业病防治法》相关规定

第八条 国家鼓励和支持研制、开发、推广、应用有利于职业病防治和保护劳动者健康的新技术、新工艺、新设备、新材料，加强对职业病的机理和发生规律的基础研究，提高职业病防治科学技术水平；积极采用有效的职业病防治技术、工艺、设备、材料；限制使用或者淘汰职业病危害严重的技术、工艺、设备、材料。

第十三条 任何单位和个人有权对违反本法的行为进行检举和控告。有关部门收到相关的检举和控告后，应当及时处理。

对防治职业病成绩显著的单位和个人，给予奖励。

第十四条 用人单位应当依照法律、法规要求，严格遵守国家职业卫生标准，落实职业病预防措施，从源头上控制和消除职业病危害。

第十五条 产生职业病危害的用人单位的设立除应当符合法律、行政法规规定的设立条件外，其工作场所还应当符合下列职业卫生要求：

（一）职业病危害因素的强度或者浓度符合国家职业卫生标准；

（二）有与职业病危害防护相适应的设施；

（三）生产布局合理，符合有害与无害作业分开的原则；

（四）有配套的更衣间、洗浴间、孕妇休息间等卫生设施；

（五）设备、工具、用具等设施符合保护劳动者生理、心理健康的要求；

（六）法律、行政法规和国务院卫生行政部门、安全生产监督管理部门关于保护劳动者健康的其他要求。

第二十一条 用人单位应当采取下列职业病防治管理措施：

（一）设置或者指定职业卫生管理机构或者组织，配备专职或者兼职的职业卫生管理人员，负责本单位的职业病防治工作；

（二）制定职业病防治计划和实施方案；

（三）建立、健全职业卫生管理制度和操作规程；

（四）建立、健全职业卫生档案和劳动者健康监护档案；

（五）建立、健全工作场所职业病危害因素监测及评价制度；

（六）建立、健全职业病危害事故应急救援预案。

第二十三条 用人单位必须采用有效的职业病防护设施，并为劳动者提供个人使用的职业病防护用品。

用人单位为劳动者个人提供的职业病防护用品必须符合防治职业病的要求；不符合要求的，不得使用。

第二十四条　用人单位应当优先采用有利于防治职业病和保护劳动者健康的新技术、新工艺、新设备、新材料，逐步替代职业病危害严重的技术、工艺、设备、材料。

第二十五条　产生职业病危害的用人单位，应当在醒目位置设置公告栏，公布有关职业病防治的规章制度、操作规程、职业病危害事故应急救援措施和工作场所职业病危害因素检测结果。

对产生严重职业病危害的作业岗位，应当在其醒目位置设置警示标识和中文警示说明。警示说明应当载明产生职业病危害的种类、后果、预防以及应急救治措施等内容。

第二十六条　对可能发生急性职业损伤的有毒、有害工作场所，用人单位应当设置报警装置，配置现场急救用品、冲洗设备、应急撤离通道和必要的泄险区。

对放射工作场所和放射性同位素的运输、贮存，用人单位必须配置防护设备和报警装置，保证接触放射线的工作人员佩戴个人剂量计。

对职业病防护设备、应急救援设施和个人使用的职业病防护用品，用人单位应当进行经常性的维护、检修，定期检测其性能和效果，确保其处于正常状态，不得擅自拆除或者停止使用。

第二十七条　用人单位应当实施由专人负责的职业病危害因素日常监测，并确保监测系统处于正常运行状态。

用人单位应当按照国务院安全生产监督管理部门的规定，定期对工作场所进行职业病危害因素检测、评价。检测、评价结果存入用人单位职业卫生档案，定期向所在地安全生产监督管理部门报告并向劳动者公布。

职业病危害因素检测、评价由依法设立的取得国务院安全生产监督管理部门或者设区的市级以上地方人民政府安全生产监督管理部门按照职责分工给予资质认可的职业卫生技术服务机构进行。职业卫生技术服务机构所作检测、评价应当客观、真实。

发现工作场所职业病危害因素不符合国家职业卫生标准和卫生要求时，用人单位应当立即采取相应治理措施，仍然达不到国家职业卫生标准和卫生要求的，必须停止存在职业病危害因素的作业；职业病危害因素经治理后，符合国家职业卫生标准和卫生要求的，方可重新作业。

第三十五条 用人单位的主要负责人和职业卫生管理人员应当接受职业卫生培训，遵守职业病防治法律、法规，依法组织本单位的职业病防治工作。

第七十条 建设单位违反本法规定，有下列行为之一的，由安全生产监督管理部门给予警告，责令限期改正；逾期不改正的，处10万元以上50万元以下的罚款；情节严重的，责令停止产生职业病危害的作业，或者提请有关人民政府按照国务院规定的权限责令停建、关闭：

（一）未按照规定进行职业病危害预评价或者未提交职业病危害预评价报告，或者职业病危害预评价报告未经安全生产监督管理部门审核同意，开工建设的；

（二）建设项目的职业病防护设施未按照规定与主体工程同时投入生产和使用的；

（三）职业病危害严重的建设项目，其职业病防护设施设计未经安全生产监督管理部门审查，或者不符合国家职业卫生标准和卫生要求施工的；

（四）未按照规定对职业病防护设施进行职业病危害控制效果评价、未经安全生产监督管理部门验收或者验收不合格，擅自投入使用的。

第七十三条 用人单位违反本法规定，有下列行为之一的，由安全生产监督管理部门给予警告，责令限期改正，逾期不改正的，处5万元以上20万元以下的罚款；情节严重的，责令停止产生职业病危害的作业，或者提请有关人民政府按照国务院规定的权限责令关闭：

（一）工作场所职业病危害因素的强度或者浓度超过国家职业卫生标准的；

（二）未提供职业病防护设施和个人使用的职业病防护用品，或者提供的职业病防护设施和个人使用的职业病防护用品不符合国家职业卫生标准和卫生要求的；

（三）对职业病防护设备、应急救援设施和个人使用的职业病防护用品未按照规定进行维护、检修、检测，或者不能保持正常运行、使用状态的；

（四）未按照规定对工作场所职业病危害因素进行检测、评价的；

（五）工作场所职业病危害因素经治理仍然达不到国家职业卫生标准和卫生要求时，未停止存在职业病危害因素的作业的；

（六）未按照规定安排职业病病人、疑似职业病病人进行诊治的；

（七）发生或者可能发生急性职业病危害事故时，未立即采取应急救援和控制措施或者未按照规定及时报告的；

（八）未按照规定在产生严重职业病危害的作业岗位醒目位置设置警示标识和中文警示说明的；

（九）拒绝职业卫生监督管理部门监督检查的；

（十）隐瞒、伪造、篡改、毁损职业健康监护档案、工作场所职业病危害因素检测、评价结果等相关资料，或者拒不提供职业病诊断、鉴定所需资料的；

（十一）未按照规定承担职业病诊断、鉴定费用和职业病病人的医疗、生活保障费用的。

四、《矿山安全法》相关规定

第三条 矿山企业必须具有保障安全生产的设施，建立、健全安全管理制度，采取有效措施改善职工劳动条件，加强矿山安全管理工作，保证安全生产。

第五条 国家鼓励矿山安全科学技术研究，推广先进技术，改进安全设施，提高矿山安全生产水平。

第六条 对坚持矿山安全生产，防止矿山事故，参加矿山抢险救护，进行矿山安全科学技术研究等方面取得显著成绩的单位和个人，给予奖励。

第七条 矿山建设工程的安全设施必须和主体工程同时设计、同时施工、同时投入生产和使用。

第八条 矿山建设工程的设计文件，必须符合矿山安全规程和行业技术规范，并按照国家规定经管理矿山企业的主管部门批准；不符合矿山安全规程和行业技术规范的，不得批准。

第九条 矿山设计下列项目必须符合矿山安全规程和行业技术规范：

（一）矿井的通风系统和供风量、风质、风速；

（二）露天矿的边坡角和台阶的宽度、高度；

（三）供电系统；

（四）提升、运输系统；

（五）防水、排水系统和防火、灭火系统；

（六）防瓦斯系统和防尘系统；

（七）有关矿山安全的其他项目。

第十条 每个矿井必须有两个以上能行人的安全出口，出口之间的直线水平距离必须符合矿山安全规程和行业技术规范。

第十二条 矿山建设工程必须按照管理矿山企业的主管部门批准的设计文件施工。

矿山建设工程安全设施竣工后，由管理矿山企业的主管部门验收，并须有劳动行政主管部门参加；不符合矿山安全规程和行业技术规范的，不得验收，不得投入生产。

第二十七条　矿长必须经过考核，具备安全专业知识，具有领导安全生产和处理矿山事故的能力。

矿山企业安全工作人员必须具备必要的安全专业知识和矿山安全工作经验。

第三十条　矿山企业必须制定矿山事故防范措施，并组织落实。

五、《危险化学品安全管理条例》相关规定

第十二条　新建、改建、扩建生产、储存危险化学品的建设项目（以下简称建设项目），应当由安全生产监督管理部门进行安全条件审查。

建设单位应当对建设项目进行安全条件论证，委托具备国家规定的资质条件的机构对建设项目进行安全评价，并将安全条件论证和安全评价的情况报告报建设项目所在地设区的市级以上人民政府安全生产监督管理部门；安全生产监督管理部门应当自收到报告之日起45日内作出审查决定，并书面通知建设单位。具体办法由国务院安全生产监督管理部门制定。

新建、改建、扩建储存、装卸危险化学品的港口建设项目，由港口行政管理部门按照国务院交通运输主管部门的规定进行安全条件审查。

第十三条　生产、储存危险化学品的单位，应当对其铺设的危险化学品管道设置明显标志，并对危险化学品管道定期检查、检测。

进行可能危及危险化学品管道安全的施工作业，施工单位应当在开工的7日前书面通知管道所属单位，并与管道所属单位共同制定应急预案，采取相应的安全防护措施。管道所属单位应当指派专门人员到现场进行管道安全保护指导。

第十九条　危险化学品生产装置或者储存数量构成重大危险源的危险化学品储存设施（运输工具加油站、加气站除外），与下列场所、设施、区域的距离应当符合国家有关规定：

（一）居住区以及商业中心、公园等人员密集场所；

（二）学校、医院、影剧院、体育场（馆）等公共设施；

（三）饮用水源、水厂以及水源保护区；

（四）车站、码头（依法经许可从事危险化学品装卸作业的除外）、机场以及通信干线、通信枢纽、铁路线路、道路交通干线、水路交通干线、地铁风亭以及地铁站出入口；

（五）基本农田保护区、基本草原、畜禽遗传资源保护区、畜禽规模化养殖场（养殖小区）、渔业水域以及种子、种畜禽、水产苗种生产基地；

（六）河流、湖泊、风景名胜区、自然保护区；

（七）军事禁区、军事管理区；

（八）法律、行政法规规定的其他场所、设施、区域。

已建的危险化学品生产装置或者储存数量构成重大危险源的危险化学品储存设施不符合前款规定的，由所在地设区的市级人民政府安全生产监督管理部门会同有关部门监督其所属单位在规定期限内进行整改；需要转产、停产、搬迁、关闭的，由本级人民政府决定并组织实施。

储存数量构成重大危险源的危险化学品储存设施的选址，应当避开地震活动断层和容易发生洪灾、地质灾害的区域。

第二十条　生产、储存危险化学品的单位，应当根据其生产、储存的危险化学品的种类和危险特性，在作业场所设置相应的监测、监控、通风、防晒、调温、防火、灭火、防爆、泄压、防毒、中和、防潮、防雷、防静电、防腐、防泄漏以及防护围堤或者隔离操作等安全设施、设备，并按照国家标准、行业标准或者国家有关规定对安全设施、设备进行经常性维护、保养，保证安全设施、设备的正常使用。

生产、储存危险化学品的单位,应当在其作业场所和安全设施、设备上设置明显的安全警示标志。

第二十一条　生产、储存危险化学品的单位,应当在其作业场所设置通信、报警装置,并保证处于适用状态。

第二十二条　生产、储存危险化学品的企业,应当委托具备国家规定的资质条件的机构,对本企业的安全生产条件每3年进行一次安全评价,提出安全评价报告。安全评价报告的内容应当包括对安全生产条件存在的问题进行整改的方案。

生产、储存危险化学品的企业,应当将安全评价报告以及整改方案的落实情况报所在地县级人民政府安全生产监督管理部门备案。在港区内储存危险化学品的企业,应当将安全评价报告以及整改方案的落实情况报港口行政管理部门备案。

第二十三条　生产、储存剧毒化学品或者国务院公安部门规定的可用于制造爆炸物品的危险化学品(以下简称易制爆危险化学品)的单位,应当如实记录其生产、储存的剧毒化学品、易制爆危险化学品的数量、流向,并采取必要的安全防范措施,防止剧毒化学品、易制爆危险化学品丢失或者被盗;发现剧毒化学品、易制爆危险化学品丢失或者被盗的,应当立即向当地公安机关报告。

生产、储存剧毒化学品、易制爆危险化学品的单位,应当设置治安保卫机构,配备专职治安保卫人员。

第二十五条　储存危险化学品的单位应当建立危险化学品出入库核查、登记制度。

对剧毒化学品以及储存数量构成重大危险源的其他危险化学品,储存单位应当将其储存数量、储存地点以及管理人员的情况,报所在地县级人民政府安全生产监督管理部门(在港区内储存的,报港口行政管理部门)和公安机关备案。

第二十六条　危险化学品专用仓库应当符合国家标准、行业标准的要求,并设置明显的标志。储存剧毒化学品、易制爆危险化学品的专用仓库,应当按照国家有关规定设置相应的技术防范设施。

储存危险化学品的单位应当对其危险化学品专用仓库的安全设施、设备定期进行检测、检验。

第二十八条 使用危险化学品的单位,其使用条件(包括工艺)应当符合法律、行政法规的规定和国家标准、行业标准的要求,并根据所使用的危险化学品的种类、危险特性以及使用量和使用方式,建立、健全使用危险化学品的安全管理规章制度和安全操作规程,保证危险化学品的安全使用。

第三十四条 从事危险化学品经营的企业应当具备下列条件:

(一)有符合国家标准、行业标准的经营场所,储存危险化学品的,还应当有符合国家标准、行业标准的储存设施;

(二)从业人员经过专业技术培训并经考核合格;

(三)有健全的安全管理规章制度;

(四)有专职安全管理人员;

(五)有符合国家规定的危险化学品事故应急预案和必要的应急救援器材、设备;

(六)法律、法规规定的其他条件。

第三十五条 从事剧毒化学品、易制爆危险化学品经营的企业,应当向所在地设区的市级人民政府安全生产监督管理部门提出申请,从事其他危险化学品经营的企业,应当向所在地县级人民政府安全生产监督管理部门提出申请(有储存设施的,应当向所在地设区的市级人民政府安全生产监督管理部门提出申请)。申请人应当提交其符合本条例第三十四条规定条件的证明材料。设区的市级人民政府安全生产监督管理部门或者县级人民政府安全生产监督管理部门应当依法进行审查,并对申请人的经营场所、储存设施进行现场核查,自收到证明材料之日起30日内作出批准或者不予批准的决定。予以批准的,颁发危险化学品经营许可证;不予批准的,书面通知申请人并说明理由。

设区的市级人民政府安全生产监督管理部门和县级人民政府安全生产监督管理部门应当将其颁发危险化学品经营许可证的情况及时向同级环境保护主管部门和公安机关通报。

申请人持危险化学品经营许可证向工商行政管理部门办理登记手续后,方可从事危险化学品经营活动。法律、行政法规或者国务院规定经营危险化学品还需要经其他有关部门许可的,申请人向工商行政管理部门办理登记手续时还应当持相应的许可证件。

第四十三条 从事危险化学品道路运输、水路运输的,应当分别依照有关道路运输、水路运输的法律、行政法规的规定,取得危险货物道路运输许可、危险货物水路运输许可,并向工商行政管理部门办理登记手续。

危险化学品道路运输企业、水路运输企业应当配备专职安全管理人员。

第四十五条 运输危险化学品,应当根据危险化学品的危险特性采取相应的安全防护措施,并配备必要的防护用品和应急救援器材。

用于运输危险化学品的槽罐以及其他容器应当封口严密,能够防止危险化学品在运输过程中因温度、湿度或者压力的变化发生渗漏、洒漏;槽罐以及其他容器的溢流和泄压装置应当设置准确、起闭灵活。

运输危险化学品的驾驶人员、船员、装卸管理人员、押运人员、申报人员、集装箱装箱现场检查员,应当了解所运输的危险化学品的危险特性及其包装物、容器的使用要求和出现危险情况时的应急处置方法。

第四十八条 通过道路运输危险化学品的,应当配备押运人员,并保证所运输的危险化学品处于押运人员的监控之下。

运输危险化学品途中因住宿或者发生影响正常运输的情况,需要较长时间停车的,驾驶人员、押运人员应当采取相应的安全防范措施;运输剧毒化学品或者易制爆危险化学品的,还应当向当地公安机关报告。

第七十六条 未经安全条件审查,新建、改建、扩建生产、储存危险化学品的建设项目的,由安全生产监督管理部门责令停止建设,限期改正;逾期不改正的,处50万元以上100万元以下的罚款;构成犯罪的,依法追究刑事责任。

未经安全条件审查,新建、改建、扩建储存、装卸危险化学品的港口建设项目的,由港口行政管理部门依照前款规定予以处罚。

六、《建设工程安全生产管理条例》相关规定

第八条 建设单位在编制工程概算时,应当确定建设工程安全作业环境及安全施工措施所需费用。

第十条 建设单位在申请领取施工许可证时,应当提供建设工程有关安全施工措施的资料。

依法批准开工报告的建设工程,建设单位应当自开工报告批准之日起15日内,将保证安全施工的措施报送建设工程所在地的县级以上地方人民政府建设行政主管部门或者其他有关部门备案。

第十三条 设计单位应当按照法律、法规和工程建设强制性标准进行设计,防止因设计不合理导致生产安全事故的发生。

设计单位应当考虑施工安全操作和防护的需要,对涉及施工安全的重点部位和环节在设计文件中注明,并对防范生产安全事故提出指导意见。

采用新结构、新材料、新工艺的建设工程和特殊结构的建设工程,设计单位应当在设计中提出保障施工作业人员安全和预防生产安全事故的措施建议。

第二十条 施工单位从事建设工程的新建、扩建、改建和拆除等活动,应当具备国家规定的注册资本、专业技术人员、技术装备

和安全生产等条件,依法取得相应等级的资质证书,并在其资质等级许可的范围内承揽工程。

第二十一条 施工单位主要负责人依法对本单位的安全生产工作全面负责。施工单位应当建立健全安全生产责任制度和安全生产教育培训制度,制定安全生产规章制度和操作规程,保证本单位安全生产条件所需资金的投入,对所承担的建设工程进行定期和专项安全检查,并做好安全检查记录。

施工单位的项目负责人应当由取得相应执业资格的人员担任,对建设工程项目的安全施工负责,落实安全生产责任制度、安全生产规章制度和操作规程,确保安全生产费用的有效使用,并根据工程的特点组织制定安全施工措施,消除安全事故隐患,及时、如实报告生产安全事故。

第二十二条 施工单位对列入建设工程概算的安全作业环境及安全施工措施所需费用,应当用于施工安全防护用具及设施的采购和更新、安全施工措施的落实、安全生产条件的改善,不得挪作他用。

第二十三条 施工单位应当设立安全生产管理机构,配备专职安全生产管理人员。

专职安全生产管理人员负责对安全生产进行现场监督检查。发现安全事故隐患,应当及时向项目负责人和安全生产管理机构报告;对违章指挥、违章操作的,应当立即制止。

第二十六条 施工单位应当在施工组织设计中编制安全技术措施和施工现场临时用电方案,对达到一定规模的危险性较大的分部分项工程编制专项施工方案,并附具安全验算结果,经施工单位技术负责人、总监理工程师签字后实施,由专职安全生产管理人员进行现场监督。

第二十七条 建设工程施工前,施工单位负责项目管理的技术人员应当对有关安全施工的技术要求向施工作业班组、作业人员作出详细说明,并由双方签字确认。

第三十一条　施工单位应当在施工现场建立消防安全责任制度,确定消防安全责任人,制定用火、用电、使用易燃易爆材料等各项消防安全管理制度和操作规程,设置消防通道、消防水源,配备消防设施和灭火器材,并在施工现场入口处设置明显标志。

第三十二条　施工单位应当向作业人员提供安全防护用具和安全防护服装,并书面告知危险岗位的操作规程和违章操作的危害。

作业人员有权对施工现场的作业条件、作业程序和作业方式中存在的安全问题提出批评、检举和控告,有权拒绝违章指挥和强令冒险作业。

在施工中发生危及人身安全的紧急情况时,作业人员有权立即停止作业或者在采取必要的应急措施后撤离危险区域。

第三十六条　施工单位的主要负责人、项目负责人、专职安全生产管理人员应当经建设行政主管部门或者其他有关部门考核合格后方可任职。

第五十四条　违反本条例的规定,建设单位未提供建设工程安全生产作业环境及安全施工措施所需费用的,责令限期改正;逾期未改正的,责令该建设工程停止施工。

建设单位未将保证安全施工的措施或者拆除工程的有关资料报送有关部门备案的,责令限期改正,给予警告。

第五十六条　违反本条例的规定,勘察单位、设计单位有下列行为之一的,责令限期改正,处10万元以上30万元以下的罚款;情节严重的,责令停业整顿,降低资质等级,直至吊销资质证书;造成重大安全事故,构成犯罪的,对直接责任人员,依照刑法有关规定追究刑事责任;造成损失的,依法承担赔偿责任:

(一)未按照法律、法规和工程建设强制性标准进行勘察、设计的;

(二)采用新结构、新材料、新工艺的建设工程和特殊结构的建设工程,设计单位未在设计中提出保障施工作业人员安全和预防生产安全事故的措施建议的。

第六十二条 违反本条例的规定,施工单位有下列行为之一的,责令限期改正;逾期未改正的,责令停业整顿,依照《中华人民共和国安全生产法》的有关规定处以罚款;造成重大安全事故,构成犯罪的,对直接责任人员,依照刑法有关规定追究刑事责任:

(一)未设立安全生产管理机构、配备专职安全生产管理人员或者分部分项工程施工时无专职安全生产管理人员现场监督的;

(二)施工单位的主要负责人、项目负责人、专职安全生产管理人员、作业人员或者特种作业人员,未经安全教育培训或者经考核不合格即从事相关工作的;

(三)未在施工现场的危险部位设置明显的安全警示标志,或者未按照国家有关规定在施工现场设置消防通道、消防水源、配备消防设施和灭火器材的;

(四)未向作业人员提供安全防护用具和安全防护服装的;

(五)未按照规定在施工起重机械和整体提升脚手架、模板等自升式架设设施验收合格后登记的;

(六)使用国家明令淘汰、禁止使用的危及施工安全的工艺、设备、材料的。

七、《国务院关于进一步加强企业安全生产工作的通知》相关规定

8. 加强企业生产技术管理

强化企业技术管理机构的安全职能,按规定配备安全技术人员,切实落实企业负责人安全生产技术管理负责制,强化企业主要技术负责人技术决策和指挥权。因安全生产技术问题不解决产生重大隐患的,要对企业主要负责人、主要技术负责人和有关人员给予处罚;发生事故的,依法追究责任。

9. 强制推行先进适用的技术装备

煤矿、非煤矿山要制定和实施生产技术装备标准，安装监测监控系统、井下人员定位系统、紧急避险系统、压风自救系统、供水施救系统和通信联络系统等技术装备，并于3年之内完成。逾期未安装的，依法暂扣安全生产许可证、生产许可证。运输危险化学品、烟花爆竹、民用爆炸物品的道路专用车辆，旅游包车和三类以上的班线客车要安装使用具有行驶记录功能的卫星定位装置，于2年之内全部完成；鼓励有条件的渔船安装防撞自动识别系统，在大型尾矿库安装全过程在线监控系统，大型起重机械要安装安全监控管理系统；积极推进信息化建设，努力提高企业安全防护水平。

10. 加快安全生产技术研发

企业在年度财务预算中必须确定必要的安全投入。国家鼓励企业开展安全科技研发，加快安全生产关键技术装备的换代升级。进一步落实《国家中长期科学和技术发展规划纲要（2006—2020年）》等，加大对高危行业安全技术、装备、工艺和产品研发的支持力度，引导高危行业提高机械化、自动化生产水平，合理确定生产一线用工。"十二五"期间要继续组织研发一批提升我国重点行业领域安全生产保障能力的关键技术和装备项目。

13. 加强建设项目安全管理

强化项目安全设施核准审批，加强建设项目的日常安全监管，严格落实审批、监管的责任。企业新建、改建、扩建工程项目的安全设施，要包括安全监控设施和防瓦斯等有害气体、防尘、排水、防火、防爆等设施，并与主体工程同时设计、同时施工、同时投入生产和使用。安全设施与建设项目主体工程未做到同时设计的一律不予审批，未做到同时施工的责令立即停止施工，未同时投入使用的不得颁发安全生产许可证，并视情节追究有关单位负责人的责任。严格落实建设、设计、施工、监理、监管等各方安全责任。对项目建设生产经营单位存在违法分包、转包等行为的，立即依法停工停产整顿,并追究项目业主、承包方等各方责任。

18. 加快完善安全生产技术标准

各行业管理部门和负有安全生产监管职责的有关部门要根据行业技术进步和产业升级的要求,加快制定修订生产、安全技术标准,制定和实施高危行业从业人员资格标准。对实施许可证管理制度的危险性作业要制定落实专项安全技术作业规程和岗位安全操作规程。

19. 严格安全生产准入前置条件

把符合安全生产标准作为高危行业企业准入的前置条件,实行严格的安全标准核准制度。矿山建设项目和用于生产、储存危险物品的建设项目,应当分别按照国家有关规定进行安全条件论证和安全评价,严把安全生产准入关。凡不符合安全生产条件违规建设的,要立即停止建设,情节严重的由本级人民政府或主管部门实施关闭取缔。降低标准造成隐患的,要追究相关人员和负责人的责任。

20. 发挥安全生产专业服务机构的作用

依托科研院所,结合事业单位改制,推动安全生产评价、技术支持、安全培训、技术改造等服务性机构的规范发展。制定完善安全生产专业服务机构管理办法,保证专业服务机构从业行为的专业性、独立性和客观性。专业服务机构对相关评价、鉴定结论承担法律责任,对违法违规、弄虚作假的,要依法依规从严追究相关人员和机构的法律责任,并降低或取消相关资质。

第三章　组织安全生产检查、教育培训的责任

第一节　安全生产检查的类型及内容

一、安全生产检查

安全生产检查是指对生产过程及安全管理中可能存在的隐患、有害与危险因素、缺陷等进行查证，以确定隐患、有害与危险因素、缺陷的存在状态，以及它们转化为事故的条件，以便制定整改措施，消除隐患、有害与危险因素、缺陷，确保生产安全。

安全生产检查是安全管理工作的重要内容，是消除隐患、防止事故发生、改善劳动条件的重要手段。通过安全生产检查可以发现生产经营单位生产过程中的危险因素，以便有计划地制定纠正措施，保证生产安全。

二、安全生产检查的类型

1. 定期安全生产检查

定期检查一般是通过有计划、有组织、有目的的形式来实现的。如次/年、次/季、次/月、次/周等。检查周期根据各单位实际情况确定。定期检查的面广，有深度，能及时发现并解决问题。

2. 经常性安全生产检查

经常性检查则是采取个别的、日常的巡视方式来实现的。在施工（生产）过程中进行经常性的预防检查，能及时发现隐患，及时消除，保证施工（生产）正常进行。

3. 季节性及节假日前安全生产检查

由各级生产单位根据季节变化，按事故发生的规律对易发的潜

在危险，突出重点进行季节性检查。如冬季防冻保温、防火、防煤气中毒等检查；夏季防暑降温、防汛、防雷电等检查。

由于节假日（特别是重大节日，如元旦、春节、劳动节、国庆节等）前后容易发生事故，因而应进行有针对性的安全生产检查。

4. 专业（项）安全生产检查

专业（项）安全生产检查是对某个专项问题或在施工（生产）中存在的普遍性安全问题进行的单项定性检查。

对危险较大的在用设备、设施，作业场所环境条件的管理性或监督性定量检测检验则属专业性安全生产检查。专项检查具有较强的针对性和专业要求，用于检查难度较大的项目。通过检查，发现潜在问题，研究整改对策，及时消除隐患，进行技术改造。

5. 综合性安全生产检查

一般是由主管部门对下属各企业或生产单位进行的全面综合性检查，必要时可组织进行系统的安全性评价。

6. 不定期的职工代表巡视安全生产检查

由企业或车间工会负责人负责组织有关专业技术特长的职工代表进行巡视安全生产检查。重点检查国家安全生产方针、法规的贯彻执行情况；检查单位领导干部安全生产责任制的执行情况；检查工人安全生产权利的执行情况；检查事故原因、隐患整改情况；并对责任者提出处理意见。此类检查可进一步强化各级领导安全生产责任制的落实，促进职工劳动保护合法权利的维护。

三、安全生产检查的内容

安全生产检查对象的确定应本着突出重点的原则，对于危险性大、易发事故、事故危害大的生产系统、部位、装置、设备等应加强检查。一般应重点检查下列情况：易造成重大损失的易燃易爆危险物品、剧毒品、锅炉、压力容器、起重、运输、冶炼设备、电气设备、冲压机械、高处作业和本企业易发生工伤、火灾、爆炸等事故的设备、工种、场所及其作业人员；造成职业中毒或职业病的尘毒点及其作业人员；直接管理重要危险点和有害点的部门及其负责人。

安全生产检查的内容包括软件系统和硬件系统，主要是查思想、查管理、查隐患、查整改、查事故处理。

目前，对非矿山企业，国家有关规定要求强制性检查的项目有：锅炉、压力容器、压力管道、高压医用氧舱、起重机、电梯、自动扶梯、施工升降机、简易升降机、防爆电器、厂内机动车辆、客运索道、游艺机及游乐设施等，作业场所的粉尘、噪声、振动、辐射、高温低温、有毒物质的浓度等。矿山企业要求强制性检查的项目有：矿井风量、风质、风速及井下温度、湿度、噪声、瓦斯、粉尘；矿山放射性物质及其他有毒、有害物质；露天矿山边坡；尾矿坝；提升、运输、装载、通风、排水、瓦斯抽放、压缩空气和超重设备；各种防爆电器、电器安全保护装置；矿灯、钢丝绳等；瓦斯、粉尘及其他有毒有害物质检测仪器、仪表；自救器；救护设备；安全帽；防尘口罩或面罩；防护服、防护鞋；防噪声耳塞、耳罩。

第二节　安全生产检查的方法及工作程序

一、安全生产检查的方法

1. 常规检查

常规检查是常见的一种检查方法。通常是由安全管理人员作为检查工作的主体，到作业场所的现场，通过感观或辅助一定的简单工具、仪表等，对作业人员的行为、作业场所的环境条件、生产设备设施等进行的定性检查。安全生产检查人员通过这一手段，及时发现现场存在的不安全隐患并采取措施予以消除，纠正施工人员的不安全行为。

这种方法完全依靠安全生产检查人员的经验和能力,检查的结果直接受安全生产检查人员个人素质的影响。因此,对安全生产检查人员的要求较高。

2. 安全生产检查表法

为使检查工作更加规范,使个人的行为对检查结果的影响减少到最小,常采用安全生产检查表法。

安全生产检查表(SCL)是为了系统地找出系统中的不安全因素,事先对系统加以剖析,列出各层次的不安全因素,确定检查项目。并把检查项目按系统的组成顺序编制成表,以便进行检查或评审,这种表就叫做安全生产检查表。安全生产检查表是进行安全生产检查,发现和查明各种危险和隐患,监督各项安全规章制度的实施,及时发现事故隐患并制止违章行为的一个有力工具。

安全生产检查表应列举需查明的所有会导致事故的不安全因素。每个检查表均需注明检查时间、检查者、直接负责人等,以便分清责任。安全生产检查表的设计应做到系统、全面,检查项目应明确。

编制安全生产检查表的主要依据:

(1) 有关标准、规程、规范及规定。

(2) 国内外事故案例及本单位在安全管理及生产中的有关经验。

(3) 通过系统分析,确定的危险部位及防范措施,都是安全生产检查表的内容。

(4) 新知识、新成果、新方法、新技术、新法规和新标准。

在我国许多行业都编制并实施了适合行业特点的安全生产检查标准。如建筑、火电、机械、煤炭等行业都制定了适用于本行业的安全生产检查表。企业在实施安全生产检查工作时,根据行业颁布的安全生产检查标准,可以结合本单位情况制定更具可操作性的检查表。

3. 仪器检查法

机器、设备内部的缺陷及作业环境条件的真实信息或定量数据,只能通过仪器检查法来进行定量化的检验与测量,才能发现不安全隐患,从而为后续整改提供信息。因此,必要时需要实施仪器检查。由于被检查对象不同,检查所用的仪器和手段也不同。

二、安全生产检查的工作程序

安全生产检查工作一般包括以下几个步骤。

1. 安全生产检查准备

准备内容包括:

(1) 确定检查对象、目的、任务。

(2) 查阅、掌握有关法规、标准、规程的要求。

(3) 了解检查对象的工艺流程、生产情况、可能出现危险危害的情况。

(4) 制定检查计划,安排检查内容、方法、步骤。

(5) 编写安全生产检查表或检查提纲。

(6) 准备必要的检测工具、仪器、书写表格或记录本。

(7) 挑选和训练检查人员,并进行必要的分工等。

2. 实施安全生产检查

实施安全生产检查就是通过访谈、查阅文件和记录、现场检查、仪器测量的方式获取信息。

(1) 访谈

与有关人员谈话来了解相关部门、岗位执行规章制度的情况。

(2) 查阅文件和记录

检查设计文件、作业规程、安全措施、责任制度、操作规程等是否齐全,是否有效;查阅相应记录,判断上述文件是否被执行。

(3) 现场观察

到作业现场寻找不安全因素、事故隐患、事故征兆等。

(4) 仪器测量

利用一定的检测检验仪器、设备,对在用的设施、设备、器材状况及作业环境条件等进行测量,以发现隐患。

3. 通过分析做出判断

掌握情况(获得信息)之后,就要进行分析、判断和检验。可凭经验、技能进行分析、判断,必要时可以通过仪器检验得出正确结论。

4. 及时做出决定进行处理

做出判断后应针对存在的问题做出采取措施的决定,即通过下达隐患整改意见和要求,包括要求进行信息的反馈。

5. 实现安全生产检查工作闭环

通过复查整改落实情况,获得整改效果的信息,以实现安全生产检查工作的闭环。

第三节 安全生产检查表

一、安全生产检查表及其分类

1. 安全生产检查表

为了系统地识别工厂、车间、工段或装置、设备以及各种操作管理和组织中的不安全因素,事先将要检查的项目,以提问方式编制成表,以便进行系统检查和避免遗漏,这种表叫做安全生产检查表。

安全生产检查表种类多、适用面广、使用方便,可根据不同的要求制定不同的检查表进行检查,因此,它作为一种定性安全评价方法有着广泛的应用。

安全生产检查表出现于 20 世纪 20 年代,是一种最基础、应用最广泛的风险评价方法。安全生产检查表分析法的核心是安全生产检查表的编制和实施。安全生产检查表必须包括系统或子系统的全部主要检查点,不能忽略主要的、潜在的危险因素,而且还应从检查点中发现与之有关的其他因素。总之,安全生产检查表应列明所有可能导致事故发生的不安全因素和岗位的全部职责,其内容主要包括分类、序号、检查内容、回答、处理意见、检查人和检查时间、检查地点、备注等。

通常检查结果用"是(√)"(表示符合要求)或"否(×)"(表示还存在问题,有待进一步改进)来回答检查要点的提问。另外,也可用其他简单的参数来进行回答。有改进措施栏的应填上整改措施、意见。

检查表有各种形式,不论何种形式的检查表,总体的要求有两点:第一是内容必须全面,以避免遗漏主要的潜在危险;第二是要重点突出,简明扼要,否则的话,检查要点太多,容易掩盖主要危险,分散人们的注意力,反而使评价不确切。为此,重要的检查条款可做出标记,以便认真查对。

安全生产检查表主要有以下优点:

(1) 检查项目系统、完整,可以做到不遗漏任何能导致危险的关键因素,因而能保证安全生产检查的质量。

(2) 可以根据已有的规章制度、标准、规程等,检查执行情况,得出准确的评价。

(3) 安全生产检查表采用提问的方式,有问有答,给人的印象深刻,能使人知道如何做才是正确的,因而可起到安全教育的作用。

(4) 编制安全生产检查表的过程本身就是一个系统安全分析的过程,可使检查人员对系统的认识更深刻,更便于发现危险因素。

2. 安全生产检查表的分类

安全生产检查表的分类方法可以有许多种,例如,可按基本类型分类,可按检查内容分类,也可按使用场合分类。

目前,安全生产检查表有三种类型:定性检查表、半定量检查表和否决型检查表。定性检查表是列出检查要点逐项检查,检查结果以"对""否"表示,检查结果不能量化;半定量检查表是给每个检查要点赋以分值，检查结果以总分表示，有了量的概念，这样，不同的检查对象也可以相互比较，但缺点是检查要点的准确赋值比较困难，而且个别十分突出的危险不能充分地表现出来，我国原化工部1990、1991、1992年安全生产检查表以及中国石化、中国石油天然气总公司安全评价方法中的检查表即为此种类型；否决型检查表是给一些特别重要的检查要点做出标记，这些检查要点如不满足，检查结果视为不合格，即具一票否决的作用，这样可以做到重点突出。

由于安全生产检查的目的、对象不同，检查的内容也有所区别，因此应根据需要制定不同的检查表，如日本消防厅的检查表侧重于事故发生后的消防活动，对安全措施进行检查；而日本劳动省的检查表则侧重于劳动灾害，对工艺过程的安全管理进行检查。我国原化工部1990—1992年发布的3个检查表侧重于安全管理；而中国石化、中国石油天然气总公司安全评价方法中的检查表除包括安全管理的内容外，更多地涉及各类生产设备的选型、材质、结构及安全附件等。

安全生产检查表按其使用场合大致可分为以下几种：

（1）设计用安全生产检查表

其主要供设计人员进行安全设计时使用，也以此作为审查设计的依据。其内容主要包括：厂址选择，平面布置，工艺流程的安全性，建筑物、安全装置、操作的安全性，危险物品的性质、储存与运输，消防设施等。

（2）厂级安全生产检查表

其供全厂安全生产检查时使用，也可供安技、防火部门进行日常巡回检查时使用。其内容主要包括：厂区内各种产品的工艺和装置的危险部位，主要安全装置与设施，危险物品的储存与使用，消防通道与设施，操作管理以及遵章守纪情况等。

（3）车间用安全生产检查表

其供车间进行定期安全生产检查时使用。其内容主要包括：工人安全、设备布置、通道、通风、照明、噪声、振动、安全标志、消防设施及操作管理等。

(4) 工段及岗位用安全生产检查表

其主要用做自查、互查及安全教育。其内容应根据岗位的工艺与设备的防灾控制要点确定，要求内容具体易行。

(5) 专业性安全生产检查表

其由专业机构或职能部门编制和使用。主要用于定期的专业检查或季节性检查，如对电气、压力容器、特殊装置与设备等的专业检查表。

二、安全生产检查表的编制

1. 安全生产检查表的格式

安全生产检查表的格式一般包括以下内容：

(1) 序号（统一编号）。

(2) 项目名称，如子系统、车间、工段、设备等。

(3) 检查内容，在修辞上可用直接陈述句，也可用疑问句。

(4) 检查标准，如标准要求、指标参数的允许范围。

(5) 检查方法，如查记录、现场检查（包括使用必要的检测技术与手段）。

(6) 应得分或列出项目的相对重要程度，或注明必要项目。

(7) 检查结果，实得分或"是/否"的回答。

(8) 备注，可注明建议改进措施或情况反馈等事项。

(9) 检查人与检查时间。

2. 安全生产检查表的编制依据

编制安全生产检查表的依据主要有以下几个方面：

(1) 有关规程、规定和标准

如编制采煤工艺过程和割煤机的安全生产检查表，应以《煤矿安全规程》《操作规程》及《作业规程》中的相关规定作为依据,对检查涉及的工艺指标应规定出安全的临界值,超过该指标的规定值即应报告并进行处理,以使检查表的内容符合法规的要求。

(2) 本单位的经验

由本单位工程技术人员、生产管理人员、操作人员和安全技术人员共同总结生产操作的经验,分析导致事故的各种潜在的危险因素和外界环境条件。

(3) 国内外事故案例

认真收集以往发生的事故教训以及在生产、研制和使用中出现的问题,包括国内外同行业、同类事故的案例和资料。

(4) 系统安全分析的结果

根据其他系统安全分析方法(如事故树分析、事件树分析、故障类型及影响分析和预先危险性分析等)对系统进行分析,将导致事故的各个基本事件作为防止灾害的控制点列入检查表。

3. 安全生产检查表的编制方法

根据检查对象,安全生产检查表编制人员可由熟悉系统安全分析的本行业专家(包括生产技术人员)、管理人员以及生产第一线有经验的工人组成。主要编制步骤如下:

(1) 确定检查对象与目的。

(2) 剖切系统

根据检查对象与目的,把系统剖切分成子系统、部件或元件。

(3) 分析可能的危险性

对各"剖切块"进行分析,找出被分析系统(部件或元件)存在的危险因素,评定其危险程度和可能造成的后果。

(4) 确定检查要点

根据危险性大小及重要程度顺序,对应所定出的检查项目,以提问的形式列出要点并列成表格。

4. 安全生产检查表编制的注意事项

安全生产检查表应用后,要通过实践检验不断修改,使之逐步完善。检查表要力求系统完整、不漏掉任何能引发事故的危险、关键因素,因此,编制安全生产检查表应注意以下问题:

(1) 安全生产检查表的编制是一个复杂、严谨的过程,应针对不同的检查对象和目的,组织技术人员、管理人员、操作人员等,在结合理论知识和实践经验的基础上,共同完成的一项工作。

(2) 安全生产检查表的编制要依据适当的安全技术标准和国务院及有关省、市颁布的法律规定,在充分了解系统的基础上进行。

(3) 检查项目要全面、具体、明确,检查表要条理清晰、重点突出、避免重复、简明扼要,尽可能地将隐患在发生之前发现、排除。

(4) 检查表的编制要有针对性,不同类别的检查表的适用范围和侧重点都不同,不宜通用,专业与日常、重点与次要、管理者和操作者等检查内容要有区分,做到各负其责。

(5) 检查表中的检查项目要随着工艺和设备的改进而不断更新。

三、安全生产检查表的优点、缺点及其适用范围

1. 优点

安全生产检查表直观、易操作,成为一种常用的安全生产管理方法,广泛应用于各个生产领域、各行业的现场安全生产管理中,而且还是一种常用的安全评价方法。安全生产检查表的突出优点表现为以下几个方面:

(1) 能够事先编制检查表,有充分的时间组织有经验的人员来编写,并且可以不断完善,不至于漏掉能导致危险的关键因素。

(2) 可以根据现有的规章制度、法律、法规和标准等执行检查,做出准确、客观的评价。

(3) 检查表采用提问方式和现场观察方式,有问有答,互动性

强,给人的印象深刻,能起到安全教育的作用,表内还可注明改进的措施及要求,隔一段时间后重新检查改进情况。

(4) 安全生产检查表的编制过程本身就是一个系统安全分析的过程,检查人员可以通过编制的过程,更加深刻地认识系统,发现潜在的危险因素。

(5) 简明易懂,容易掌握。

2. 缺点

虽然安全生产检查表在实际安全生产管理中被广泛应用,但是,其本身还具有一定的缺陷性,主要表现在以下几个方面:

(1) 只能进行定性分析,不能进行定量评价。

(2) 针对不同的需求,需要事先编制大量的检查表,工作量大,且安全生产检查表的质量受编制人员的知识水平和经验影响较大。

(3) 识别的危害完全依赖于检查表的设计。

3. 适用范围

安全生产检查表可用于项目建设、运行过程的各个阶段。主要用于安全生产管理,对熟知的工艺设计,物料、设备、操作规程的分析;也用于某些新工艺的早期开发阶段,来识别和消除在类似系统中多年来易发生的危险;还可以对运行多年的现役(装置)的危险进行检查。

为了取得预期目的,应用安全生产检查表时,应注意以下几个问题:

(1) 各类安全生产检查表都有适用对象、不宜通用。如专业检查表与日常定期检查表要有区别。专业检查表应详细、突出专业设备安全参数的定量界限,而日常检查表尤其是岗位检查表应简明扼要,突出关键和重点部位。

(2) 应用安全检查表实施检查时,应落实安全检查人员。企业厂级日常安全检查,可由安技部门现场人员和安全监督巡检人员会同有关部门联合进行。车间的安全检查,可由车间主任或指定车间安全员检查。岗位安全一般指定专人进行。检查后应签字并提出处理意见备查。

(3) 为保证检查的有效定期实施,应将检查表列入相关安全检查管理制度,或制定安全生产检查表的实施办法。如把安全生产检查表同巡回检查制度结合起来,列入安全例会制度、定期检查工作制或班组交接班制度中。

(4) 应用安全生产检查表检查,必须注意信息的反馈及整改。对查出的问题,凡是检查者当时能督促整改和解决的应立即解决;当时不能整改和解决的应进行反馈登记、汇总分析,由有关部门列入计划安排解决。

(5) 应用安全生产检查表检查,必须按编制的内容,逐项、逐内容、逐点检查。有问必答、有点必检,按规定的符号填写清楚。为系统分析及安全评价提供可靠、准确的依据。

四、安全生产检查表实例

下面以煤矿企业安全生产检查表为例,说明检查表的内容和基本要求,见表3—1和表3—2。

表 3—1　　　　煤矿企业安全生产管理工作检查表

序号	检查内容	检查标准或依据	检查方法	检查评价
1	依法办矿	(1) 具有采矿许可证、安全生产许可证、煤炭生产许可证、工商营业执照、矿长资格证 (2) 依法在批准的开采范围内进行生产,不准越层、越界开采 (3) 煤矿企业必须遵守安全生产的法律、法规,加强安全生产管理,建立、健全安全生产责任制度,完善安全生产条件,确保安全生产	查五证及开采现状	

续表

序号	检查内容	检查标准或依据	检查方法	检查评价
2	安全管理机构	（1）煤矿应当设置安全生产管理机构，配备专职安全生产管理人员 （2）安全生产管理人员应由有关主管部门对其安全生产知识和管理能力进行考核，合格方能任职	查安全机构状况和成员素质	
3	规章制度	（1）安全生产责任制度 （2）安全目标管理制度 （3）安全奖惩制度 （4）安全技术审批制度 （5）安全隐患排查制度 （6）安全检查制度 （7）安全办公会议制度	查制度和落实情况	
4	基本图样	（1）煤矿必须具备：地质和水文地质图，井上、下对照图，巷道布置图，采掘工程平面图，通风系统图，井下运输系统图，安全监测装备布置图，排水、防尘、防火注浆、压风、充填、抽放瓦斯等管路系统图，井下通信系统图，井上、下配电系统图，井下电气设备布置图和井下避灾路线图 （2）煤矿所具备的各种图样经煤矿技术负责人审查，并根据矿井发展情况和采掘活动及时修改、填绘	查看图样与生产现状	
5	井下设备安全标志	（1）煤矿使用的涉及安全生产的产品，必须经过安全检验，并取得煤矿矿用产品安全标志 （2）煤矿试验涉及新工艺、新技术、新材料、新设备前，必须经过论证、安全性能检验和鉴定，并制定安全措施	查设备、材料采购凭证，查设备材料现场的标志	

续表

序号	检查内容	检查标准或依据	检查方法	检查评价
6	安全教育培训	(1) 煤矿必须对职工进行安全教育、培训,未经安全培训的不得上岗 (2) 煤矿特种作业人员必须经专门培训,并取得特种作业操作资格证书,持证上岗 (3) 煤矿采用新工艺、新技术、新材料、新设备,必须了解、掌握其主要技术特性,采取有效的安全防护措施,对从业人员进行专门的安全生产教育和培训	查企业培训计划及执行结果,查特种作业现场持证上岗情况	
7	安全检查、隐患处理和灾害预防	(1) 煤矿安全管理人员应当根据生产安全情况进行经常性安全检查,对检查中发现的主要问题,应当立即处理;不能处理的,应当及时报告本单位主要负责人。检查及处理情况应当记录在案 (2) 在有较大危险因素的生产经营场所和有关设施、设备上,设置明显的警示标志 (3) 对重大危险源应登记建档,定期进行检测、评估、监控,制定应急预案,采取有效措施,并告知从业人员和相关人员 (4) 煤矿企业必须编制年度灾害预防和处理计划,并根据具体情况及时修改。灾害预防和处理计划由矿长组织实施,煤矿企业每年必须至少组织1次矿井救灾演习	查安全检查、处理隐患的记录,查重大危险源档案及处理情况	
8	事故报告、抢救及查处	(1) 煤矿发生事故应按规定进行事故报告和统计 (2) 事故发生后,主要负责人应立即组织抢救,不得擅离职守 (3) 事故调查结束后,根据事故调查情况,对事故责任人依法追究责任	查事故报告、统计和处理情况	

续表

序号	检查内容	检查标准或依据	检查方法	检查评价
9	安全生产投入	（1）煤矿应当具备有关法律、法规和国家标准、行业标准规定的主要安全生产条件，否则不得从事生产活动 （2）煤矿决策机构主要负责人应当保证具备安全生产条件的资金投入 （3）决策机构主要负责人对由于安全生产所需资金投入不足导致的后果承担责任 （4）煤矿企业在编制生产建设长远发展规划和年度生产建设计划时，必须编制安全技术发展规划和安全技术措施计划，其所需费用、材料和设备等必须列入企业财务、供应计划	查安全技术发展规划、安全技术措施计划及其所需费用、材料、设备等供需状况	
10	三同时	（1）建设项目安全设施必须与主体工程同时设计、同时施工、同时投入生产和使用，投资纳入建设项目概算 （2）设计必须符合煤矿安全规程、行业技术规范要求和煤矿初步设计安全专篇 （3）安全设施设计必须经煤矿安全监察机构审查同意，否则不得施工 （4）建设工程竣工后投产前，其主要设施应由煤矿安全监察机构进行验收，未经验收或验收不合格的，不得投入使用	查建设项目设计，煤矿安全监察机构审查设计和竣工验收情况	
11	职工安全管理、劳动保护	（1）煤矿应及时向从业人员告知作业场所和工作岗位存在的危险因素、所采取的防范措施及事故应急措施 （2）煤矿企业应为从业人员提供符合国家标准或行业标准的劳动保护用品，并监督教育从业人员按照使用规则佩戴使用，安排用于配备劳动防护用品的资金 （3）煤矿应与从业人员订立劳动合同，说明有关保障从业人员劳动安全、防止职业危害的事项，以及依法为从业人员办理工伤社会保险事项	查劳保用品质量、采购、发放和使用情况，询问从业人员对作业场所危险因素是否知情	

被检查单位负责人： 　　　　　检查负责人：

表3—2　　　煤矿矿井安全生产基本条件检查表

序号	检查内容	检查标准或依据	检查方法	检查评价
1	安全出口	(1) 每个生产矿井必须至少有2个能行人的通达地面的安全出口,各个出口间的距离不得小于30 m (2) 井田一翼走向较长,矿井发生灾害不能保证人员安全撤出时,必须在井田边界附近设安全出口 (3) 下一个水平到上一个水平和各个采区必须至少有2个便于行人的安全出口,并与通达地面的安全出口相连接 (4) 井巷交岔点,必须设置路标,标明所在地点,指明通往安全出口的方向 (5) 安全出口应经常清理、维护,保持畅通 (6) 采煤工作面至少保持2个畅通的安全出口,一个通到回风巷,另一个通到进风巷。同煤层储存条件所限,确实不能保持2个出口的,必须制定措施,有经县以上主管部门批准的专项安全措施	查矿井采掘平面图和生产现场	
2	矿井井巷断面	(1) 主要运输巷和主要风巷的净高,自轨面起≥2 m;有架线的,架线悬挂高度在车场和有行人的道道≥2 m;不行人的巷道≥1.9 m;井底车场≥2.2 m;采区内上、下山和平巷的净高≥2 m;薄煤层内的巷道≥1.8 m (2) 运输巷道中的人行道宽度≥0.8 m(综合机械化矿井≥1.0 m);车场中的人行道宽度≥1.0 m。达不到上述要求的矿井,必须在人行道一侧设躲避硐,躲避硐宽度≥1.2 m,高度≥1.8 m,深度≥0.7 m,两硐间距≥40 m (3) 双轨运输巷,两列对开列车最突出部分间距≥0.2 m,采区装载点≥0.7 m,矿车摘挂钩地点≥1.0 m	现场检测	

续表

序号	检查内容	检查标准或依据	检查方法	检查评价
3	矿井通风	(1) 矿井应当具备完整的独立通风系统,并有通风系统图 (2) 生产水平和采区必须实行分区通风,采掘工作面实行独立通风 (3) 矿井、采区、采掘工作面通风设施应当齐全可靠 (4) 矿井必须在地面安装矿用主要通风机,一台使用,一台备用	查看通风系统图及生产现场	
4	矿井防治瓦斯	(1) 建立健全瓦斯防治机构 (2) 瓦斯突出矿井和用通风方法解决瓦斯问题不合理的高瓦斯矿井,采掘工作必须建立地面永久抽放瓦斯系统或井下临时抽放瓦斯系统 (3) 开采煤与瓦斯突出危险煤层,必须实行瓦斯预测、预报、防治措施、效果检验和安全防护的综合防突措施	检查瓦斯防治机构,查看抽放瓦斯系统和综合防突措施	
5	矿井防尘	(1) 矿井必须有所有煤层的煤尘爆炸性鉴定资料 (2) 矿井必须有防尘管理机构和管理制度 (3) 矿井必须建有完善的防尘供水系统 (4) 开采有煤尘爆炸危险煤层的矿井,必须有预防和隔绝煤尘爆炸的措施	检查煤尘爆炸性鉴定资料、防尘机构、防尘设施及效果	
6	矿井防治水	(1) 矿井必须有完整的水文地质资料和远、近期防治水措施 (2) 水文地质条件复杂的矿井必须建立地下水动态观测系统,进行观测预报,并制定相应的"探、防、堵、截、排"综合防治措施 (3) 雨季受水威胁矿井必须制定防洪措施 (4) 矿井具备完善的排水系统,排水符合规定	检查水文地质资料、防排水设施及效果	

续表

序号	检查内容	检查标准或依据	检查方法	检查评价
7	矿井防、灭火	(1) 矿井必须制定井上、下防、灭火措施，完善井上、下消防系统 (2) 开采容易自燃和自燃性煤层的矿井，应制定防止煤层自燃的措施，建立完善的防止煤层自燃的系统	检查井上、下消防和防治煤层自燃的设施及效果	
8	矿井供电	(1) 矿井应有两回路供电 (2) 矿井必须有井上、井下配电系统图 (3) 井下电气设备必须符合防爆要求，各种保护装置完善可靠 (4) 井下电气设备应有矿用产品安全标志	检查配电系统图、查看井上、井下电气设备保护、防爆、标志是否齐备	
9	矿井提升	(1) 立井中升降人员，应使用罐笼或带乘人的箕斗 (2) 矿井提升绞车各种保险装置齐全可靠，深度指示器完善准确 (3) 立井、斜井升降人员使用的罐笼、箕斗、人车必须装设防坠装置	现场查看	
10	矿井通信	(1) 矿井应有完善可靠的通信系统，保持矿内外、井上下和重要场所、作业地点通信畅通 (2) 井下主要泵房、井下中央变电所、地面变电所、通风机房的电话，应能与矿调度室直接联系	现场查看、测听	
11	矿井爆破	(1) 煤矿应按规定建井上、下爆炸材料库，爆炸材料的储存数量符合规定 (2) 井下爆破作业必须使用按矿井瓦斯等级选用的相应级别的煤矿许用炸药和煤矿许用电雷管	现场查看账目及实物	

被检查单位负责人： 检查负责人：

第四节　安全生产教育培训

《安全生产法》第二十一条规定:"生产经营单位应当对从业人员进行安全生产教育和培训,保证从业人员具备必要的安全生产知识,熟悉有关的安全生产规章制度和安全操作规程,掌握本岗位的安全操作技能。未经安全生产教育和培训合格的从业人员,不得上岗作业。"

安全教育是企业安全生产工作的重要内容,坚持安全教育制度,搞好对全体职工的安全教育,对提高企业安全生产水平具有重要作用。

一、安全教育的目的

1. 统一思想,提高认识

通过教育,把全厂职工的思想统一到"安全第一,预防为主"的方针上来,使企业的经营管理者和各级领导真正把安全摆在"第一"的位置,在从事企业经营管理活动中坚持"五同时"的基本原则;使广大职工认识安全生产的重要性,从"要我安全"变为"我要安全""我会安全",做到"三不伤害",即"我不伤害自己,我不伤害他人,我不被他人伤害";提高企业自觉抵制"三违"现象的能力。

2. 提高企业的安全生产管理水平

安全生产管理包括对全体职工的安全管理,对设备、设施的安全技术管理和对作业环境的劳动卫生管理。通过安全教育,提高各级领导干部的安全生产政策水平,掌握有关安全生产法规、制度,学习应用先进的安全生产管理方法、手段,提高全体职工在各自工作范围内,对设备、设施和作业环境的安全生产管理能力。

3. 提高全体职工的安全知识水平和安全技能

安全知识包括对生产活动中存在的各类危险因素和危险源的辨识、分析、预防、控制知识。安全技能包括安全操作的技巧、紧急状态的应变能力以及事故状态的急救、自救和处理能力。通过安全教育，使广大职工掌握安全生产知识，提高安全操作水平，发挥自防自控的自我保护及相互保护作用，有效地防止事故。

鉴于企业经济实力和科技水平，设备、设施的安全状态尚未达到本质安全的程度，坚持不断地进行安全教育，减少和控制人的不安全行为，就显得尤为重要。

二、安全教育的特点

安全教育具有政策性、群众性、知识性和持久性的特点。

1. 政策性

其表现在：安全教育必须坚持安全生产的方针政策，坚持社会主义市场经济条件下维护工人阶级利益，贯彻党和国家的各项重大安全生产决策，并以国家有关法规、标准为依据，通过安全教育，提高企业全体职工，特别是企业各级领导者的政策水平。

2. 群众性

其表现在：企业安全教育的对象是全体职工，包括各级领导和从事不同工作的每一个职工。只有全体职工都能受到良好的教育，才能提高企业的整体安全素质。对任何角落的疏忽都可能导致事故。同时，每一次安全教育都要有明确的针对性，使受教育职工能够掌握必要的安全知识。

3. 知识性

其表现在：安全教育的内容极其广泛，既包含社会科学的有关内容，如安全经济学、安全法学、安全管理学等有关理论、方法，又包括自然科学的相关内容，如安全工程技术、职业卫生等广泛知识，还包括各种生产作业的安全技能，如安全操作技能，事故的预防、预控、紧急处理和急救、自救等具体能力。

4. 持久性

其表现在：主要针对的是人们安全思想、观念、行为的反复性，为了巩固和强化安全观念和动机，必须坚持持久的安全教育。另外，随着安全法规标准及安全技术的不断增多和更新，也要求安全教育必须深入持久地开展下去，起到警钟长鸣的作用。

三、安全教育的内容

安全教育的内容主要包括思想教育、法制教育、知识教育和技能训练。

思想教育主要是安全生产方针政策教育、形势任务教育和重要意义教育等。通过形式多样、丰富多彩的安全教育，使各级领导牢固地树立起"安全第一"的思想，正确处理各自业务范围内的安全与生产、安全与效益的关系，主动采取事故预防措施；通过教育提高全体职工的安全意识，激励其安全动机，自觉采取安全行为。

法制教育主要是法律法规教育、执法守法教育、权利义务教育等。通过教育，使企业的各级领导和全体职工知法、懂法、守法，以法规为准绳约束自己，履行自己的义务；以法规为武器维护自己的权利。

知识教育主要是安全管理、安全技术和劳动卫生知识教育。通过教育，使企业的经营管理者和各级领导了解和掌握安全生产规律，熟悉自己业务范围内必需的安全生产管理理论和方法及相关的安全技术、劳动卫生知识，提高安全管理水平；使全体职工掌握各自必要的安全科学技术，提高企业的整体安全素质。

技能训练主要是针对各个不同岗位或工种的工人所必需的安全生产方法和手段的训练，例如，安全操作技能训练、危险预知训练、紧急状态事故处理训练、自救互救训练、消防演习、逃生救生训练等。通过训练，使工人掌握必备的安全生产技能与技巧。

1. 对生产经营单位主要负责人的教育培训

(1) 基本要求

1) 危险物品的生产、经营、储存单位以及矿山、建筑施工单位的主要负责人必须进行安全资格培训,经安全生产监督管理部门或法律、法规规定的有关主管部门考核合格并取得安全资格证书后方可任职。

2) 其他单位主要负责人必须按照国家有关规定进行安全生产培训。

3) 所有单位主要负责人每年应进行安全生产再培训。

(2) 培训的主要内容

1) 国家有关安全生产的方针、政策、法律和法规及有关行业的规章、规程、规范和标准。

2) 安全生产管理的基本知识、方法与安全生产技术,有关行业安全生产管理专业知识。

3) 重大危险源管理、重大事故防范、应急管理和救援组织以及事故调查处理的有关规定。

4) 职业危害及其预防措施。

5) 国内外先进的安全生产管理经验。

6) 典型事故和应急救援案例分析。

7) 其他需要培训的内容。

(3) 培训时间

危险物品的生产、经营、储存单位以及矿山、建筑施工单位主要负责人安全资格培训时间不得少于48学时;每年再培训时间不得少于16学时。

其他单位主要负责人安全生产管理培训时间不得少于32学时;每年再培训时间不得少于12学时。

(4) 再培训的主要内容

再培训的主要内容是新知识、新技术和新本领,包括:

1) 有关安全生产的法律、法规、规章、规程、标准和政策。
2) 安全生产的新技术、新知识。
3) 安全生产管理经验。
4) 典型事故案例。

2. 对安全生产管理人员的教育培训

(1) 基本要求

1) 危险物品的生产、经营、储存单位以及矿山、建筑施工单位的安全生产管理人员必须进行安全资格培训，经安全生产监督管理部门或法律、法规规定的有关主管部门考核合格并取得安全资格证书后方可任职。

2) 其他单位安全生产管理人员必须按照国家有关规定进行安全生产培训。

3) 所有单位安全生产管理人员每年应进行安全生产再培训。

(2) 培训的主要内容

1) 国家有关安全生产的方针、政策及有关安全生产的法律、法规、规章及标准。

2) 安全生产管理知识、安全生产技术、职业卫生等知识。

3) 伤亡事故统计、报告及职业危害的调查处理方法。

4) 应急管理、应急预案编制以及应急处置的内容和要求。

5) 国内外先进的安全生产管理经验。

6) 典型事故和应急救援案例分析。

7) 其他需要培训的内容。

(3) 培训时间

危险物品的生产、经营、储存单位以及矿山、建筑施工单位安全生产管理人员安全资格培训时间不得少于 48 学时；每年再培训时间不得少于 16 学时。

其他单位安全生产管理人员安全生产管理培训时间不得少于 32 学时；每年再培训时间不得少于 12 学时。

(4) 再培训的主要内容

再培训的主要内容是新知识、新技术和新本领，包括：

1) 有关安全生产的法律、法规、规章、规程、标准和政策。
2) 安全生产的新技术、新知识。
3) 安全生产管理经验。
4) 典型事故案例。

3. 对特种作业人员的教育培训

特种作业人员上岗前，必须进行专门的安全技术和操作技能的教育培训，增强其安全生产意识，获得证书后方可上岗。特种作业人员的培训实行全国统一培训大纲、统一考核教材、统一证件的制度。《特种作业人员安全技术培训考核管理规定》已经于2010年4月26日由国家安全生产监督管理总局局长办公会议审议通过，并以安全生产监督管理总局令第30号公布，自2010年7月1日起施行。1999年7月12日原国家经济贸易委员会发布的《特种作业人员安全技术培训考核管理办法》同时废止。根据国家特种作业目录，特种作业主要包括电工作业类3种、焊接与热切割作业类3种、高处作业类2种、制冷与空调作业类2种、煤矿安全作业类10种、金属非金属矿山作业类8种、石油天然气安全作业类1种、冶金（有色）生产安全作业类1种、危险化学品安全作业类16种、烟花爆竹安全作业类5种以及由安全生产监督管理总局认定的其他作业。共10大类51个工种。

特种作业人员安全技术考核包括安全技术理论考试与实际操作技能考核两部分，以实际操作技能考核为主。《特种作业人员操作证》由国家统一印制，地、市级以上行政主管部门负责签发，全国通用。离开特种作业岗位达6个月以上的特种作业人员，应当重新进行实际操作考核，经确认合格后方可上岗作业。取得《特种作业人员操作证》者，每两年进行一次复审。连续从事本工种10年以上的，经用人单位进行知识更新教育后，每四年复审1次。复审的内容包括健康检查、违章记录、安全新知识和事故案例教育、本工种安全知识考试。未按期复审或复审不合格者,其操作证自行失效。

4. 对生产经营单位其他从业人员的教育培训

生产经营单位其他从业人员(简称"从业人员")是指除主要负责人和安全生产管理人员以外,该单位从事生产经营活动的所有人员,包括其他负责人、管理人员、技术人员和各岗位的工人,以及临时聘用的人员。

(1) 新从业人员

对新从业人员应进行厂(矿)、车间(工段、区、队)、班组三级安全生产教育培训。

1) 厂(矿)级安全生产教育培训的内容主要是:安全生产基本知识;本单位安全生产规章制度;劳动纪律;作业场所和工作岗位存在的危险因素、防范措施及事故应急措施;有关事故案例等。

2) 车间(工段、区、队)级安全生产教育培训的内容主要是:本车间(工段、区、队)安全生产状况和规章制度;作业场所和工作岗位存在的危险因素、防范措施及事故应急措施;事故案例等。

3) 班组级安全生产教育培训的内容主要是:岗位安全操作规程;生产设备、安全装置、劳动防护用品(用具)的正确使用方法;事故案例等。

新从业人员安全生产教育培训时间不得少于24学时,危险性较大的行业和岗位,新从业人员教育培训时间不得少于48学时。

(2) 调整工作岗位或离岗一年以上重新上岗的从业人员

从业人员调整工作岗位或离岗一年以上重新上岗时,应进行相应的车间(工段、区、队)级安全生产教育培训。

企业实施新工艺、新技术或使用新设备、新材料时,应对从业人员进行有针对性的安全生产教育培训。

单位要确立终身教育的观念和全员培训的目标,对在岗的从业人员应进行经常性的安全生产教育培训。其内容主要是:安全生产新知识、新技术；安全生产法律、法规；作业场所和工作岗位存在的危险因素、防范措施及事故应急措施；事故案例等。

四、安全教育的形式

安全教育培训方法与一般教学方法一样，多种多样，各有特点。在实际应用中，要根据培训内容和培训对象灵活选择。安全教育可采用讲授法、实际操作演练法、案例研讨法、读书指导法、宣传娱乐法等进行培训。

安全教育应利用各种教育形式和教育手段，以生动活泼的方式，来实现安全生产目标。安全教育形式大体可分为以下几种：

1. 广告式

包括安全广告、标语、宣传画、标志、展览、黑板报等形式。它以精练的语言、醒目的方式，在醒目的地方展示，提醒人们注意安全和怎样才能安全。

2. 演讲式

包括教学、讲座、讲演、经验介绍、现身说法、演讲比赛等形式。可以是系统教学，也可以是专题讨论。用以丰富人们的安全知识，提高对安全生产的重视程度。

3. 会议讨论式

包括事故现场分析会、班前班后会、专题座谈会等。以集体讨论的形式，使与会者在参与过程中进行自我教育。

4. 竞赛式

包括口头、笔头知识竞赛，安全、消防技能竞赛，其他各种安全教育活动评比等。激发人们学安全、懂安全、会安全的积极性，促使职工在竞赛活动中树立"安全第一"的思想，丰富安全知识，掌握安全技能。

5. 声像式

用电影、录像等现代手段，使安全教育寓教于乐。主要有安全方面的广播、电影、电视、录像等。

6. 文艺演出式

以安全为题材编写和演出的相声、小品、话剧等文艺演出的教育形式。

7. 学历教育

利用国家或企业办的大学、中专、技校,开办安全工程专业,或渗透于其他专业学科的安全课程。

五、几种重要的安全教育制度

要搞好企业安全教育,实现教育目的,必须建立健全一整套安全教育制度。目前,我国企业中所建立的安全教育制度主要有三级教育、特种作业人员教育、复工教育、安全技术管理干部和安全员教育、中层以上干部教育、班组长教育、工人复训教育等,以及相应的安全教育管理制度。

1. 三级安全教育制度

这是企业安全教育的基本制度。教育对象是新进厂人员,包括新进厂的工人、干部、学徒工、临时工、合同工、季节工、代培人员和实习人员。三级教育指厂级教育、车间教育和班组教育。

(1) 厂级安全教育

厂级安全教育由厂安全技术部门会同教育部门组织进行。主要教育内容是:党和国家安全生产方针、政策及主要法规、标准,各项安全生产规章制度及劳动纪律,企业危险作业场所安全要求及有关防灾、救护知识,典型事故案例介绍,伤亡事故报告处理及要求,个体防护用品的作用和使用要求及其他应知应会的安全内容。

(2) 车间安全教育

车间安全教育由车间主任会同车间安全技术人员进行。主要教育内容是:本车间生产性质、特点及基本安全要求,生产工艺流程、危险部位及有关防灾、救护知识,车间安全管理制度和劳动纪律,同类车间伤害事故介绍。

（3）班组安全教育

班组安全教育由班组长会同安全员及带班师傅进行。主要教育内容是：班组工作任务、性质及基本安全要求，有关设备、设施的性能、安全特点及防护装置的作用与要求，岗位安全生产责任制度和安全操作规程，事故苗头或发生事故时的紧急处置措施，同类岗位伤亡事故及职业危害介绍，有关个体防护用品使用要求及保管知识，工作场所清洁卫生要求，其他应知应会的安全内容。

2. 特种作业人员安全教育制度

特种作业是指容易发生事故，对操作者本人、他人的安全健康及设备、设施的安全可能造成重大危害的作业。

前面提到，根据《特种作业人员安全技术培训考核管理规定》，特种作业主要包括10大类51个工种。由于特种作业人员在劳动过程中担负着特殊任务，所承担的风险较大。一旦发生事故，便会给企业生产、职工生命安全带来较大损失。因此，对特种作业人员必须坚持进行专门的安全技术知识教育和安全操作技术训练，并经严格的考试。考试合格并取得特种作业安全操作许可证者，方可上岗工作。

特种作业人员的安全教育，一般采取按专业分批集中脱产、集体授课的方式。教育内容则根据不同工种、专业的具体特点和要求而定，但都应包括理论学习和实际训练两大部分。企业要建立"特种作业人员安全教育卡"档案。特种作业人员经理论及操作考试合格后，到有关部门办理领取操作证手续。之后，按国家规定定期履行复审手续。

3. 复工教育

复工教育包括工伤复工教育和离岗复工教育。因工负伤痊愈之后复工，必须到安技部门接受复工教育，熟悉岗位工作情况，进一步吸取事故教训，稳定思想情绪，安全上岗。职工较长时间离开工作岗位,由于工作环境可能改变,或操作技术生疏,需要由所在车间会同安全技术人员进行一定的复工教育。离岗3个月以上6个月以下复工者,要重新进行岗位安全教育;离岗6个月以上复工者,重新进行车间、岗位安全教育。

4. 全员安全教育

这是面向企业全体干部、职工的定期安全教育。目的是全面落实企业的安全生产责任制,贯彻党和国家的安全生产方针、政策、法规、标准,不断增强"安全第一,预防为主"的思想,提高干部、职工的安全知识水平和安全技术素质。

5. 安全教育管理制度

为了按计划、有步骤地进行全员安全教育,保证教育质量,取得好的教育效果,真正有助于提高职工的安全意识和安全技术素质,就要做好安全教育管理工作。该项制度包括以下内容:

(1) 结合企业实际情况,编制企业年度安全教育计划,每个季度应有教育重点,每月要有教育内容。计划要有明确的针对性,要适应企业安全生产的特点和需要。

(2) 严格按制度进行教育对象的登记、培训、考核、发证、资料存档等工作,环环相扣,层层把关。坚决做到不经培训者、考试(核)不合格者、没有安全教育部门签发的合格证者,不准上岗工作。

(3) 要有相对稳定的教育培训大纲、培训教材和培训师资,确保教育时间和教学质量。

(4) 经常监督检查,认真查处未经培训就上岗操作和特种作业人员无证操作的责任单位和责任人员。

第五节　开展企业安全生产活动

一、标准化作业达标活动

标准化作业是组织现代化生产的重要手段,是科学管理的重要组成部分,也是提高产品质量和工程建设质量,保护职工安全健康的必由之路。

在组织制定、推行标准化作业时,班组长起着承上启下的重要作用。每个班组长应提高对标准化作业重要性的认识,积极学习有关标准化作业的知识,努力宣传、推广标准化作业。

1. 标准化作业的含义及其发展

标准化作业是指在作业系统调查分析的基础上,对现行作业方法的每一个操作程序和每一个动作进行分解,以科学技术、各项规章制度和实践经验为依据,以安全、质量、效益为目标,对作业过程进行改善,从而形成一种最优的作业程序,并通过宣传、组织、训练、考核等手段,要求职工按照标准化作业程序工作,逐步达到安全、准确、高效、省力的作业效果的过程。

标准化活动有着悠久的历史,它是随着生产的进步而发展起来的。从家庭、作坊手工业走向社会化、机械化的大生产时,人们根据客观需要,开始以计量技术为起点,出现了标准这一概念。标准化管理是在美国工程师泰勒管理方法的基础上发展起来的,是运用合理、科学的标准进行企业管理,不仅生产、技术、设备、质量、管理标准化,而且扩展到从事生产活动的人的操作也要实行标准化(即标准化作业),这样就把标准化的内容从狭隘的规范扩展到生产作业中来了。

过去一提到标准化,人们往往会认为是对生产技术、产品质量而言的。如提到机械零件,人们会想到几何尺寸、表面光洁度、理化性质、检验方法等的规定。实际上任何一项工作,任何一个生产活动或岗位都需要有标准。安全操作规程就是安全标准。

2. 标准化作业的主要内容

按照工作人员(生产作业人员、检修人员、管理人员)的工作性质,标准化作业分为一个系列。每个系列要制定的标准化作业的主要内容有:作业顺序标准;生产操作标准;技术工艺标准;安全作业标准;设备维护标准;机电设备标准;工具、吊具标准;质量检验标准;文明生产标准;场地管理标准等。

(1) 作业顺序标准

根据不同岗位、工种的每项作业的职责要求,从生产准备、正常作业到作业结束的全过程,定出先做什么,后做什么,使生产顺序标准化。

(2) 生产操作标准

依据不同岗位、工种生产作业的每个步骤要求,从具体作业动作上规定作业人员应该怎么动作,使作业人员行为规范化。

(3) 技术工艺标准

根据不同作业涉及的原料、材料、燃料等不同的理化特性,制定不同的技术要求及相应的工艺作业标准。

(4) 安全作业标准

安全作业标准涉及操作标准化、设备管理标准化、生产环境标准化、人的行为标准化、物的标准化以及合理的生产环境条件等。

(5) 设备维护标准

随着时间的推移,设备逐渐磨损、老化,需要不断进行维护保养,及时更换易损零件,在标准中应明确规定。

(6) 机电设备标准

每台设备均要建立安全防护状态标准,明确规定设备完好状态标准和安全防护设施要求,消除物的不安全因素。

(7) 工具、吊具标准

与机电设备对应的工艺生产中使用的一切工具、吊具等,均应达到良好的标准状态。

(8) 质量检验标准

企业生产的产品、中间产品均应有几何尺寸、理化特性、外观标准以及检验方法等标准。

(9) 文明生产标准

根据文明生产要求,对作业场所必须具备的照明、工业卫生、原材料、成品、半成品、工具、消防等所涉及的一切与文明生产有关的内容均应有具体规定。

(10) 场地管理标准

根据企业生产和场地条件情况,对作业场所的通道、作业防护栏防护区域、物料堆放高度、宽度等,均应制定标准。

3. 标准化作业的标准制定

标准化作业标准的制定工作如下：制定标准—执行标准—修改标准—再执行新标准。每一次循环,各种效益都将提高一步,更符合客观实际的要求。

标准化作业标准的制定方法如下：

(1) 根据岗位作业的内容,全面系统地考虑技术、设备、环境等作业条件,科学合理地编排作业顺序,即对一项工作要具体规定先做什么、后做什么的标准。

(2) 按作业内容和技术、设备、环境条件,规定操作动作及其应达到的标准。有作业准备标准,作业动作标准,工器具位置和使用标准,作业用语和手势标准,作业衔接和协调标准,作业现场管理、整理、整顿标准,创造安全环境标准,要求怎么做、做到什么程度的工作要求标准。

(3) 规章制度、规程是制定标准化作业的基础,编制标准化作业要比制定规章制度的技术性强,因此,它在规程简化、优化的基础上,规定不准做什么,可以做什么,应该做什么的标准。

(4) 要在确保安全生产的前提下，贯彻统一、协调、精练、优化的原则，使操作者记得住、学得会、用得上、愿意做。

(5) 要充分激励基层班组长和广大职工的安全需要和积极性，把他们的智慧、作用与实践经验充分地反映到标准化作业中，这样才能顺利推行。

总的原则就是要把操作者的岗位安全规程、技术规程、操作规程系统地编制出作业顺序及动作标准，要使每个职工达到工作有顺序、动作有标准、执行（标准）有考核，从而使人的不安全行为、物的不安全状态、环境的不卫生因素等得到控制。

4. 实例

标准化作业的内容很多，且制定出来的标准须经过不断的实践和修改，才能日趋完善，保持长久的生命力。在此列举起重机械兑铁标准化操作表，仅做参考。

起重机械（下称行车）标准化操作表

操作内容：炼钢作业

单位作业：行车兑铁

准备

(1) 明确指吊铁水信号后，先观察周围情况，按响喇叭，送上行车工作电源，慢速启动大车运行，并松下大钩龙门架。

(2) 校正大车位置，大钩龙门吊架高低适度后，启动小车慢速向前行驶，使大钩龙门吊正确地挂进铁水包耳轴（防止顶铁水包耳轴）。

(3) 判断指挥信号是与否（即同意起升或否定起升）。按响喇叭，再次征求指挥信号。

(4) 确证起升信号后，采用点动操作法：慢速起升→停止→慢速起升，直至吊钩与铁水包呈垂直状态再停止（严禁铁水包离开地面）。

(5) 按响喇叭,待指挥起吊信号明确无疑,方可操纵控制器,逐挡加速到 6 挡,使铁水包稍离地面时(约半市尺)即停止继续起升;慢速启动大车(向左或向右),让铁水包缓慢偏离并开出铁槽跷跷板座墩;慢速启动小车向后,使铁水包安全平稳地离开出铁处。

(6) 如铁水包暂放地面,应选择地面平坦处,用主令控制器反接制动操作方法(即下降 2~3 挡,反复多次动作),将铁水包缓慢平稳地降落至地面(注意主钩制动器的制动效果)。

如炉前需兑铁水,则用主令控制器使铁水包上升,逐挡加速到 6 挡,要求高度集中思想,做到眼不离钩,同时观察大钩起升速度、左右行车动态和地面情况,并慢速启动大车,向炉前平台行驶。当铁水包包底超过炉前平台地面 2 m 以上方可进炉前平台(严禁从人头上超过)。

兑铁

(1) 如暂不需兑铁,行车停留位置应在炉座与炉座之间,并切断工作电源(谨防转炉突发大喷造成伤害)。

(2) 如需及时兑铁,待转炉放完钢、倒净渣、炉口摇到兑铁位置后,慢速启动大车,使铁水包对准炉座。

(3) 将铁水包与小钩松开(铁水包包底距平台地面约 1 m,小钩链条钩头与包环中心齐平),即停止操作。

(4) 操纵小钩控制器采用点动操作法,在指挥人员手已离开包环的前提下,逐步将小钩与包环适度挂紧(切忌过紧,防止铁水溢出)。

(5) 起吊信号明确,按响喇叭,以示警告,同时起升大、小钩。特别要注意小钩链条既不能太松又不能太紧(防脱环,防铁水溢出)。当铁水包上升高度适中时,停止操作(防止铁水倒出)。

(6) 启动小车慢速运行,平稳地将铁水包移送到炉口前按响喇叭,表示是否需兑铁水。

(7) 在明确可兑铁水的信号后,对准炉口,采用点动操作法,使小钩逐步起升,让铁水包缓慢地倾斜。当铁水似流而非流时,停止小钩操作。

松下

(1) 密切注意指挥信号及炉口动态,不断校正兑铁位置。

(2) 在兑铁过程中,要做到稳、准,使之安全顺利进行(大钩不可下降,防止液态金属溢出、倾翻)。

(3) 兑铁完毕信号发出后,先将小车朝后拉离炉口处,然后松下小钩,待小钩链条钩头自行脱出包环、铁水包恢复竖直状态后再启动大车离开炉座(严禁从人头上越过)。

(4) 待倒废钢完毕后,启动大车向化铁炉处运行。

(5) 离开炼钢平台后,将铁水包松下,接近地面平坦处时,仍应采用点动操作法,使铁水包平稳着地。

(6) 将铁水包起升离地少许,启动大、小车,安全、准确、可靠地将铁水包移送到化铁炉出铁槽下。

5. 宣传、推广标准化作业

标准化作业制定的难度较大,推行涉及面较广,因此,在开展标准化作业前,各级领导必须统一认识,主要领导要亲自抓。各有关部门必须共同参加,紧密配合。

开展标准化作业就是研究、制定操作者在生产活动全过程中的程序和规范,以统一和优化作业的程序和标准;求得最佳操作质量、操作条件、生产效益。标准化作业是从根本上解决劳动者安全和健康的重要措施。我们在宣传标准化作业时,应使广大职工都认识到这一点。

标准化作业要求全员共同贯彻执行,因此,必须抓好教育培训工作。要实现标准化作业,首先要开展好标准作业训练工作。按作业标准规定,一个人一个人地练,一个动作一个动作地练,使"我要安全"变为"我会安全",使标准化作业的制定过程和执行过程成为一个发动群众和操作者接受安全教育的过程。在这一工作中,班组长必须身体力行,积极学习、宣传、推广标准化作业。

要推行标准化作业,势必要改变以往的习惯性作业,这就需要严字当头,严格考核,奖罚分明。实行按岗位定职责,按职责定标准,按标准进行考核,按考核结果计分,按分数计奖。做到一级考核一级,实行日考核、月总结、年进档,考核与奖励、工资、晋升密切挂钩。

在这项工作中,班组长不但要对自己高标准、严要求,还应与有关部门积极配合。

二、合格安全班组活动

1. 创安全合格班组活动的重要意义

班组是企业最基层的组织单元,也是安全生产的基础。据资料统计,90%的事故发生在班组。因此,搞好班组建设,开展创安全合格班组活动,对搞好安全生产,具有十分重要的意义。

创安全合格班组是科学技术发展对安全生产提出的必然要求。因此,企业的机械化、自动化生产要求工人在一定的时间、按一定的程序和一系列的规定动作进行作业。不这样的话,工厂不是停产,就是事故接连不断。生产的自动化、机械化程度越高,就越要求操作者的行为标准化、规范化。只有这样才能最大限度地保障职工的安全和健康,生产才能正常进行。

创安全合格班组也是现代安全管理的需要。现代安全管理不仅需要我们运用现代的科学技术方法,还要求人人参加管理。全面安全管理的要求是全员、全面、全过程的安全管理。创安全合格班组就是要向这个方向努力,通过这个活动,提高职工安全工作素质,尤其是班组长的安全管理能力,提高班组安全生产水平。

2. 开展创安全合格班组活动的方法

各级领导应大张旗鼓地宣传、推广安全合格班组,党政工团各个部门都应利用自己掌握的宣传工具,利用一切可以利用的场合,广泛地宣传搞好安全合格班组的重要性和安全合格班组的要求，介绍搞得好的班组，同时对碰到的一些具体问题进行指导、解决。

宣传切忌空洞说教，应从职工的切身利益说起，使他们切实感到这样做对国家、对自己有百利而无一害，从而使他们由被动的要我这样做转变为自觉的我要这样做。我们既可以从安全与职工的生命健康的关系进行宣传，还可以从安全与职工的经济利益、与国家的发展、对后代的影响，从安全与家庭幸福，从职业道德，从安全法规对人的要求等方面进行宣传。总之，要形成一种氛围，使人人了解创安全合格班组的意义和要求，并按照要求去做。

当然，创安全合格班组光靠宣传还不够，还必须有一个负责实施的部门。

首先应根据本地区的社会环境、本单位的安全生产状况、班组安全工作状况等，制定"安全合格班组条件"，发到下一级的负责机构及班组，组织他们进行充分的研究，根据研究情况，进行综合整理分析，从而制定出完整、切合实际的"安全合格班组条件"。在"条件"试行一段时期后，可根据反馈上来的情况，再做一次修订。

需要注意的是，我们所指的"切合实际"，并不是降低条件，条件应是需要经过努力才能达到的，因此，它必须高于目前的安全管理水平，并努力向作业程序标准化、生产操作标准化、安全标志标准化靠拢。至少应反映出本企业安全管理先进班组的水平，按这个条件实行一段时间，整个企业的班组管理水平得到提高后，即可修订条件，将其提高到一个新的水平。这样经过几次反复，班组安全管理水平就会大大提高，企业的安全生产水平也会随之不断提高。

有了基础条件，形成了氛围，我们就可以开始建设合格班组。由于条件的水准较高，符合条件的班组相对来说不会很多，但一定会有很多班组来竞争。组织者一定要善于利用这种情况，运用各种方法鼓励大家竞争，在企业内掀起争当"安全合格班组"的竞赛潮。应及时将竞赛的情况传达给每一个职工，及时报道竞赛中涌现出的先进事迹，使他们始终感受到竞赛浪潮的冲击，激励他们投入竞赛，开展争创安全合格班组活动。

竞赛热潮掀起来了，组织者在评选安全合格班组时，应抱着宁缺毋滥的态度，严格把关。因为一滥就会使创建活动形式化，失去意义。对被评上安全合格班组的，要经常加以关心帮助，使他们再接再厉，不断前进。奖励方式要物质奖励和精神奖励并行。

在创建安全合格班组活动中，要防止按比例分配现象。因为这样做不是使达到条件的班组评不上"安全合格班组"，就是使不合格的班组评上"安全合格班组"。这两种情况都不利于创建安全合格班组的正常开展。同样，对已评选上安全合格班组的，若发生了不符合安全条件的情况，也应毫不留情地取消其安全合格班组称号。

为了使活动搞得生动活泼，同时又使被评上的班组有较高的水准，评选安全合格班组活动应作为一项经常性的工作，可半年或一年进行一次。

3. 安全合格班组的条件

（1）认真学习并贯彻执行安全生产方针政策

1）所有班组成员都必须认真学习安全生产方针、政策、法律、法规和上级的有关规定。

2）所有班组成员都必须具有明确的"安全第一"的思想，当安全与生产发生矛盾时，生产应服从安全。

（2）实行目标管理

1）必须有明确、先进并切实可行的安全生产目标（无违章违纪、无险肇事故、无事故苗子、无人员伤亡事故、无人为的设备或工具事故，尘毒治理达到国家规定的标准）。

2）每个班组成员了解本企业的安全生产目标及实现目标的主要措施。

3）每个班组成员都能从自身做起，实现目标。

（3）严格执行安全生产规章制度

1）班组内的各工种的技术规程、安全操作规程、设备维护检修规程、岗位责任制、交接班制度齐全，并认真执行。

2）每个班组成员都能熟背本岗位的安全操作规程及规章制度，都知道班组工作范围内的危险源、防范措施及应急措施。不盲目指挥，不冒险作业。

3）特种作业人员经过培训考核，持证上岗作业。

4）班组要制定联保互保制，三人外出工作，要指定一人负责安全；二人外出工作，要指定安全监护人。在工作中要加强上下、左右的联系，密切配合。

5）班组长与安全员要对新职工或由他处新调入的工人进行安全教育。

6）上岗作业前必须正确穿戴劳动保护用品。

7）接触尘毒的班组，要有专人负责有关设备的维护保养，并应建立专门的管理制度，使防尘毒效果达到要求。

8）要推行安全检查表制度，安全检查要做到规范化、制度化、标准化。

9）要开展班前 5 min 讲话，班前查、班中查、班后查的"一讲三查"活动。

10）对工伤事故、设备事故、险肇事故均应严格执行"四不放过"的原则，进行及时、认真的分析、处理。

11）要建立违章违纪、险肇事故、事故苗子、工伤事故等的登记簿。并应实事求是地进行认真登记，不弄虚作假。

(4) 搞好文明生产

1）作业场所清洁，物料堆放整齐，安全通道符合要求，设备保养完好。

2）各种安全防护装置、设施齐全有效，灵敏可靠。

3）班组范围内的各类设备、工具、车辆、工作现场、休息室、更衣室等都必须做到安全无隐患，卫生整洁。

4)人人遵守劳动纪律,不脱岗、不串岗、不饮酒上班。

(5)有正常的安全活动,生产任务完好

1)班组要有正常的班前、班后会活动,班组长在主持这一活动时,要严格按"五同时"办,每一个班组成员都必须在现场与上班人员进行对口交接班。

2)班组安全活动每周一次,每次不少于 40 min。活动要有具体的内容,要能联系班组安全生产实际。每次活动要认真做好活动内容、参加人员等记录。

3)每月要有一次查隐患抓整改活动。从思想上、班组安全生产的现状、过去发生的事故教训、兄弟部门发生的事故等方面进行系统的检查分析,举一反三,消灭事故隐患。

第六节 安全生产检查和教育培训相关法律规定

一、《安全生产法》相关规定

第十二条 依法设立的为安全生产提供技术服务的中介机构,依照法律、行政法规和执业准则,接受生产经营单位的委托为其安全生产工作提供技术服务。

第十三条 国家实行生产安全事故责任追究制度,依照本法和有关法律、法规的规定,追究生产安全事故责任人员的法律责任。

第二十条 生产经营单位的主要负责人和安全生产管理人员必须具备与本单位所从事的生产经营活动相应的安全生产知识和管理能力。

危险物品的生产、经营、储存单位以及矿山、建筑施工单位的主要负责人和安全生产管理人员,应当由有关主管部门对其安全生产知识和管理能力考核合格后方可任职。考核不得收费。

第二十一条 生产经营单位应当对从业人员进行安全生产教育和培训,保证从业人员具备必要的安全生产知识,熟悉有关的安全生产规章制度和安全操作规程,掌握本岗位的安全操作技能。未经安全生产教育和培训合格的从业人员,不得上岗作业。

第二十二条 生产经营单位采用新工艺、新技术、新材料或者使用新设备,必须了解、掌握其安全技术特性,采取有效的安全防护措施,并对从业人员进行专门的安全生产教育和培训。

第二十三条 生产经营单位的特种作业人员必须按照国家有关规定经专门的安全作业培训,取得特种作业操作资格证书,方可上岗作业。

特种作业人员的范围由国务院负责安全生产监督管理的部门会同国务院有关部门确定。

第三十三条 生产经营单位对重大危险源应当登记建档,进行定期检测、评估、监控,并制定应急预案,告知从业人员和相关人员在紧急情况下应当采取的应急措施。

生产经营单位应当按照国家有关规定将本单位重大危险源及有关安全措施、应急措施报有关地方人民政府负责安全生产监督管理的部门和有关部门备案。

第三十八条 生产经营单位的安全生产管理人员应当根据本单位的生产经营特点,对安全生产状况进行经常性检查;对检查中发现的安全问题,应当立即处理;不能处理的,应当及时报告本单位有关负责人。检查及处理情况应当记录在案。

第三十九条 生产经营单位应当安排用于配备劳动防护用品、进行安全生产培训的经费。

第四十条 两个以上生产经营单位在同一作业区域内进行生产经营活动,可能危及对方生产安全的,应当签订安全生产管理协议,明确各自的安全生产管理职责和应当采取的安全措施,并指定专职安全生产管理人员进行安全检查与协调。

第五十条　从业人员应当接受安全生产教育和培训,掌握本职工作所需的安全生产知识,提高安全生产技能,增强事故预防和应急处理能力。

第五十三条　县级以上地方各级人民政府应当根据本行政区域内的安全生产状况,组织有关部门按照职责分工,对本行政区域内容易发生重大生产安全事故的生产经营单位进行严格检查;发现事故隐患,应当及时处理。

第五十六条　负有安全生产监督管理职责的部门依法对生产经营单位执行有关安全生产的法律、法规和国家标准或者行业标准的情况进行监督检查,行使以下职权:

(一)进入生产经营单位进行检查,调阅有关资料,向有关单位和人员了解情况。

(二)对检查中发现的安全生产违法行为,当场予以纠正或者要求限期改正;对依法应当给予行政处罚的行为,依照本法和其他有关法律、行政法规的规定做出行政处罚决定。

(三)对检查中发现的事故隐患,应当责令立即排除;重大事故隐患排除前或者排除过程中无法保证安全的,应当责令从危险区域内撤出作业人员,责令暂时停产、停业或者停止使用;重大事故隐患排除后,经审查同意,方可恢复生产经营和使用。

(四)对有根据认为不符合保障安全生产的国家标准或者行业标准的设施、设备、器材予以查封或者扣押,并应当在15日内依法做出处理决定。

监督检查不得影响被检查单位的正常生产经营活动。

第五十七条　生产经营单位对负有安全生产监督管理职责的部门的监督检查人员(以下统称安全生产监督检查人员)依法履行监督检查职责,应当予以配合,不得拒绝、阻挠。

第五十九条　安全生产监督检查人员应当将检查的时间、地点、内容、发现的问题及其处理情况,做出书面记录,并由检查人员和被检查单位的负责人签字；被检查单位的负责人拒绝签字的，检查人员应当将情况记录在案，并向负有安全生产监督管理职责的部门报告。

第六十条　负有安全生产监督管理职责的部门在监督检查中，应当互相配合，实行联合检查；确需分别进行检查的，应当互通情况，发现存在的安全问题应当由其他有关部门进行处理的，应当及时移送其他有关部门并形成记录备查，接受移送的部门应当及时进行处理。

第六十二条　承担安全评价、认证、检测、检验的机构应当具备国家规定的资质条件，并对其做出的安全评价、认证、检测、检验的结果负责。

第八十二条　生产经营单位有下列行为之一的，责令限期改正；逾期未改正的，责令停产、停业整顿，可以并处2万元以下的罚款：

（一）未按照规定设立安全生产管理机构或者配备安全生产管理人员的；

（二）危险物品的生产、经营、储存单位以及矿山、建筑施工单位的主要负责人和安全生产管理人员未按照规定经考核合格的；

（三）未按照本法第二十一条、第二十二条的规定对从业人员进行安全生产教育和培训，或者未按照本法第三十六条的规定如实告知从业人员有关的安全生产事项的；

（四）特种作业人员未按照规定经专门的安全作业培训并取得特种作业操作资格证书，上岗作业的。

第八十三条　生产经营单位未对安全设备进行经常性维护、保养和定期检测，责令限期改正；逾期未改正的，责令停止建设或者停产、停业整顿，可以并处5万元以下的罚款；造成严重后果，构成犯罪的，依照刑法有关规定追究刑事责任。

第八十七条　两个以上生产经营单位在同一作业区域内进行可能危及对方安全生产的生产经营活动，未签订安全生产管理协议或者未指定专职安全生产管理人员进行安全检查与协调的,责令限期改正;逾期未改正的,责令停产、停业。

二、《职业病防治法》相关规定

第十一条 县级以上人民政府职业卫生监督管理部门应当加强对职业病防治的宣传教育,普及职业病防治的知识,增强用人单位的职业病防治观念,提高劳动者的职业健康意识、自我保护意识和行使职业卫生保护权利的能力。

第十二条 有关防治职业病的国家职业卫生标准,由国务院卫生行政部门组织制定并公布。

国务院卫生行政部门应当组织开展重点职业病监测和专项调查,对职业健康风险进行评估,为制定职业卫生标准和职业病防治政策提供科学依据。

县级以上地方人民政府卫生行政部门应当定期对本行政区域的职业病防治情况进行统计和调查分析。

第二十一条 用人单位应当采取下列职业病防治管理措施:

(一)设置或者指定职业卫生管理机构或者组织,配备专职或者兼职的职业卫生管理人员,负责本单位的职业病防治工作;

(二)制定职业病防治计划和实施方案;

(三)建立、健全职业卫生管理制度和操作规程;

(四)建立、健全职业卫生档案和劳动者健康监护档案;

(五)建立、健全工作场所职业病危害因素监测及评价制度;

(六)建立、健全职业病危害事故应急救援预案。

第二十六条 对可能发生急性职业损伤的有毒、有害工作场所,用人单位应当设置报警装置,配置现场急救用品、冲洗设备、应急撤离通道和必要的泄险区。

对放射工作场所和放射性同位素的运输、储存,用人单位必须配置防护设备和报警装置,保证接触放射线的工作人员佩戴个人剂量计。

对职业病防护设备、应急救援设施和个人使用的职业病防护用品，用人单位应当进行经常性的维护、检修，定期检测其性能和效果，确保其处于正常状态，不得擅自拆除或者停止使用。

第二十七条 用人单位应当实施由专人负责的职业病危害因素日常监测，并确保监测系统处于正常运行状态。

用人单位应当按照国务院安全生产监督管理部门的规定，定期对工作场所进行职业病危害因素检测、评价。检测、评价结果存入用人单位职业卫生档案，定期向所在地安全生产监督管理部门报告并向劳动者公布。

职业病危害因素检测、评价由依法设立的取得国务院安全生产监督管理部门或者设区的市级以上地方人民政府安全生产监督管理部门按照职责分工给予资质认可的职业卫生技术服务机构进行。职业卫生技术服务机构所做检测、评价应当客观、真实。

发现工作场所职业病危害因素不符合国家职业卫生标准和卫生要求时，用人单位应当立即采取相应治理措施，仍然达不到国家职业卫生标准和卫生要求的，必须停止存在职业病危害因素的作业；职业病危害因素经治理后，符合国家职业卫生标准和卫生要求的，方可重新作业。

第三十五条 用人单位的主要负责人和职业卫生管理人员应当接受职业卫生培训，遵守职业病防治法律、法规，依法组织本单位的职业病防治工作。

用人单位应当对劳动者进行上岗前的职业卫生培训和在岗期间的定期职业卫生培训，普及职业卫生知识，督促劳动者遵守职业病防治法律、法规、规章和操作规程，指导劳动者正确使用职业病防护设备和个人使用的职业病防护用品。

劳动者应当学习和掌握相关的职业卫生知识，增强职业病防范意识，遵守职业病防治法律、法规、规章和操作规程，正确使用、维护职业病防护设备和个人使用的职业病防护用品，发现职业病危害事故隐患应当及时报告。

劳动者不履行前款规定义务的，用人单位应当对其进行教育。

第四十条　劳动者享有下列职业卫生保护权利：

（一）获得职业卫生教育、培训；

（二）获得职业健康检查、职业病诊疗、康复等职业病防治服务；

（三）了解工作场所产生或者可能产生的职业病危害因素、危害后果和应当采取的职业病防护措施；

（四）要求用人单位提供符合防治职业病要求的职业病防护设施和个人使用的职业病防护用品，改善工作条件；

（五）对违反职业病防治法律、法规以及危及生命健康的行为提出批评、检举和控告；

（六）拒绝违章指挥和强令进行没有职业病防护措施的作业；

（七）参与用人单位职业卫生工作的民主管理，对职业病防治工作提出意见和建议。

用人单位应当保障劳动者行使前款所列权利。因劳动者依法行使正当权利而降低其工资、福利等待遇或者解除、终止与其订立的劳动合同的，其行为无效。

第四十一条　工会组织应当督促并协助用人单位开展职业卫生宣传教育和培训，有权对用人单位的职业病防治工作提出意见和建议，依法代表劳动者与用人单位签订劳动安全卫生专项集体合同，与用人单位就劳动者反映的有关职业病防治的问题进行协调并督促解决。

第四十二条　用人单位按照职业病防治要求，用于预防和治理职业病危害、工作场所卫生检测、健康监护和职业卫生培训等费用，按照国家有关规定，在生产成本中据实列支。

第四十三条　职业卫生监督管理部门应当按照职责分工，加强对用人单位落实职业病防护管理措施情况的监督检查,依法行使职权,承担责任。

第六十四条 安全生产监督管理部门履行监督检查职责时,有权采取下列措施:

(一)进入被检查单位和职业病危害现场,了解情况,调查取证;

(二)查阅或者复制与违反职业病防治法律、法规的行为有关的资料和采集样品;

(三)责令违反职业病防治法律、法规的单位和个人停止违法行为。

第六十七条 职业卫生监督执法人员依法执行职务时,被检查单位应当接受检查并予以支持配合,不得拒绝和阻碍。

第七十一条 违反本法规定,有下列行为之一的,由安全生产监督管理部门给予警告,责令限期改正;逾期不改正的,处10万元以下的罚款:

(一)工作场所职业病危害因素检测、评价结果没有存档、上报、公布的;

(二)未采取本法第二十一条规定的职业病防治管理措施的;

(三)未按照规定公布有关职业病防治的规章制度、操作规程、职业病危害事故应急救援措施的;

(四)未按照规定组织劳动者进行职业卫生培训,或者未对劳动者个人职业病防护采取指导、督促措施的;

(五)国内首次使用或者首次进口与职业病危害有关的化学材料,未按照规定报送毒性鉴定资料以及经有关部门登记注册或者批准进口的文件的。

第七十三条 用人单位违反本法规定,有下列行为之一的,由安全生产监督管理部门给予警告,责令限期改正,逾期不改正的,处5万元以上20万元以下的罚款;情节严重的,责令停止产生职业病危害的作业，或者提请有关人民政府按照国务院规定的权限责令关闭：

（一）工作场所职业病危害因素的强度或者浓度超过国家职业卫生标准的；

（二）未提供职业病防护设施和个人使用的职业病防护用品，或者提供的职业病防护设施和个人使用的职业病防护用品不符合国家职业卫生标准和卫生要求的；

（三）对职业病防护设备、应急救援设施和个人使用的职业病防护用品未按照规定进行维护、检修、检测，或者不能保持正常运行、使用状态的；

（四）未按照规定对工作场所职业病危害因素进行检测、评价的；

（五）工作场所职业病危害因素经治理仍然达不到国家职业卫生标准和卫生要求时，未停止存在职业病危害因素的作业的；

（六）未按照规定安排职业病病人、疑似职业病病人进行诊治的；

（七）发生或者可能发生急性职业病危害事故时，未立即采取应急救援和控制措施或者未按照规定及时报告的；

（八）未按照规定在产生严重职业病危害的作业岗位醒目位置设置警示标志和中文警示说明的；

（九）拒绝职业卫生监督管理部门监督检查的；

（十）隐瞒、伪造、篡改、毁损职业健康监护档案、工作场所职业病危害因素检测评价结果等相关资料，或者拒不提供职业病诊断、鉴定所需资料的；

（十一）未按照规定承担职业病诊断、鉴定费用和职业病病人的医疗、生活保障费用的。

第八十六条　违反本法规定，构成犯罪的，依法追究刑事责任。

三、《特种设备安全监察条例》相关规定

第三条 特种设备的生产（含设计、制造、安装、改造、维修，下同）、使用、检验检测及其监督检查，应当遵守本条例，但本条例另有规定的除外。

第五条 特种设备生产、使用单位应当建立健全特种设备安全、节能管理制度和岗位安全、节能责任制度。

特种设备生产、使用单位的主要负责人应当对本单位特种设备的安全和节能全面负责。

第八条 国家鼓励推行科学的管理方法，采用先进技术，提高特种设备安全性能和管理水平，增强特种设备生产、使用单位防范事故的能力，对取得显著成绩的单位和个人，给予奖励。

第十四条 锅炉、压力容器、电梯、起重机械、客运索道、大型游乐设施及其安全附件、安全保护装置的制造、安装、改造单位，以及压力管道用管子、管件、阀门、法兰、补偿器、安全保护装置等（以下简称压力管道元件）的制造单位和场（厂）内专用机动车辆的制造、改造单位，应当经国务院特种设备安全监督管理部门许可，方可从事相应的活动。

前款特种设备的制造、安装、改造单位应当具备下列条件：

（一）有与特种设备制造、安装、改造相适应的专业技术人员和技术工人；

（二）有与特种设备制造、安装、改造相适应的生产条件和检测手段；

（三）有健全的质量管理制度和责任制度。

第十六条 锅炉、压力容器、电梯、起重机械、客运索道、大型游乐设施、场（厂）内专用机动车辆的维修单位，应当有与特种设备维修相适应的专业技术人员和技术工人以及必要的检测手段，并经省、自治区、直辖市特种设备安全监督管理部门许可，方可从

事相应的维修活动。

第十七条 锅炉、压力容器、起重机械、客运索道、大型游乐设施的安装、改造、维修以及场（厂）内专用机动车辆的改造、维修，必须由依照本条例取得许可的单位进行。

第二十二条 移动式压力容器、气瓶充装单位应当经省、自治区、直辖市的特种设备安全监督管理部门许可，方可从事充装活动。

充装单位应当具备下列条件：

（一）有与充装和管理相适应的管理人员和技术人员；

（二）有与充装和管理相适应的充装设备、检测手段、场地厂房、器具、安全设施；

（三）有健全的充装管理制度、责任制度、紧急处理措施。

气瓶充装单位应当向气体使用者提供符合安全技术规范要求的气瓶，对使用者进行气瓶安全使用指导，并按照安全技术规范的要求办理气瓶使用登记，提出气瓶的定期检验要求。

第二十六条 特种设备使用单位应当建立特种设备安全技术档案。安全技术档案应当包括以下内容：

（一）特种设备的设计文件、制造单位、产品质量合格证明、使用维护说明等文件以及安装技术文件和资料；

（二）特种设备的定期检验和定期自行检查的记录；

（三）特种设备的日常使用状况记录；

（四）特种设备及其安全附件、安全保护装置、测量调控装置及有关附属仪器仪表的日常维护保养记录；

（五）特种设备运行故障和事故记录；

（六）高耗能特种设备的能效测试报告、能耗状况记录以及节能改造技术资料。

第二十七条 特种设备使用单位应当对在用特种设备进行经常性日常维护保养，并定期自行检查。

特种设备使用单位对在用特种设备应当至少每月进行一次自行

检查,并做出记录。特种设备使用单位在对在用特种设备进行自行检查和日常维护保养时发现异常情况的,应当及时处理。

特种设备使用单位应当对在用特种设备的安全附件、安全保护装置、测量调控装置及有关附属仪器仪表进行定期校验、检修,并做出记录。

锅炉使用单位应当按照安全技术规范的要求进行锅炉水(介)质处理,并接受特种设备检验检测机构实施的水(介)质处理定期检验。

从事锅炉清洗的单位,应当按照安全技术规范的要求进行锅炉清洗,并接受特种设备检验检测机构实施的锅炉清洗过程监督检验。

第二十八条 特种设备使用单位应当按照安全技术规范的定期检验要求,在安全检验合格有效期届满前1个月向特种设备检验检测机构提出定期检验要求。

检验检测机构接到定期检验要求后,应当按照安全技术规范的要求及时进行安全性能检验和能效测试。

未经定期检验或者检验不合格的特种设备,不得继续使用。

第二十九条 特种设备出现故障或者发生异常情况,使用单位应当对其进行全面检查,消除事故隐患后,方可重新投入使用。

特种设备不符合能效指标的,特种设备使用单位应当采取相应措施进行整改。

第三十条 特种设备存在严重事故隐患,无改造、维修价值,或者超过安全技术规范规定使用年限,特种设备使用单位应当及时予以报废,并应当向原登记的特种设备安全监督管理部门办理注销。

第三十一条 电梯的日常维护保养必须由依照本条例取得许可的安装、改造、维修单位或者电梯制造单位进行。

电梯应当至少每15日进行一次清洁、润滑、调整和检查。

第三十二条 电梯的日常维护保养单位应当在维护保养中严格执行国家安全技术规范的要求,保证其维护保养的电梯的安全技术性能，并负责落实现场安全防护措施，保证施工安全。

电梯的日常维护保养单位，应当对其维护保养的电梯的安全性能负责。接到故障通知后，应当立即赶赴现场，并采取必要的应急救援措施。

第三十三条　电梯、客运索道、大型游乐设施等为公众提供服务的特种设备运营使用单位，应当设置特种设备安全管理机构或者配备专职的安全管理人员；其他特种设备使用单位，应当根据情况设置特种设备安全管理机构或者配备专职、兼职的安全管理人员。

特种设备的安全管理人员应当对特种设备使用状况进行经常性检查，发现问题的应当立即处理；情况紧急时，可以决定停止使用特种设备并及时报告本单位有关负责人。

第三十四条　客运索道、大型游乐设施的运营使用单位在客运索道、大型游乐设施每日投入使用前，应当进行试运行和例行安全检查，并对安全装置进行检查确认。

电梯、客运索道、大型游乐设施的运营使用单位应当将电梯、客运索道、大型游乐设施的安全注意事项和警示标志置于易于为乘客注意的显著位置。

第三十五条　客运索道、大型游乐设施的运营使用单位的主要负责人应当熟悉客运索道、大型游乐设施的相关安全知识，并全面负责客运索道、大型游乐设施的安全使用。

客运索道、大型游乐设施的运营使用单位的主要负责人至少应当每月召开一次会议，督促、检查客运索道、大型游乐设施的安全使用工作。

客运索道、大型游乐设施的运营使用单位应当结合本单位的实际情况，配备相应数量的营救装备和急救物品。

第三十八条　锅炉、压力容器、电梯、起重机械、客运索道、大型游乐设施、场（厂）内专用机动车辆的作业人员及其相关管理人员（以下统称特种设备作业人员），应当按照国家有关规定经特种设备安全监督管理部门考核合格,取得国家统一格式的特种作业人员证书,方可从事相应的作业或者管理工作。

第三十九条 特种设备使用单位应当对特种设备作业人员进行特种设备安全、节能教育和培训,保证特种设备作业人员具备必要的特种设备安全、节能知识。

特种设备作业人员在作业中应当严格执行特种设备的操作规程和有关的安全规章制度。

第六十五条 特种设备安全监督管理部门应当制定特种设备应急预案。特种设备使用单位应当制定事故应急专项预案,并定期进行事故应急演练。

压力容器、压力管道发生爆炸或者泄漏,在抢险救援时应当区分介质特性,严格按照相关预案规定程序处理,防止二次爆炸。

第六十六条 特种设备事故发生后,事故发生单位应当立即启动事故应急预案,组织抢救,防止事故扩大,减少人员伤亡和财产损失,并及时向事故发生地县以上特种设备安全监督管理部门和有关部门报告。

第七十七条 未经许可,擅自从事锅炉、压力容器、电梯、起重机械、客运索道、大型游乐设施、场(厂)内专用机动车辆的维修或者日常维护保养的,由特种设备安全监督管理部门予以取缔,处1万元以上5万元以下罚款;有违法所得的,没收违法所得;触犯刑律的,对负有责任的主管人员和其他直接责任人员依照刑法关于非法经营罪、重大责任事故罪或者其他罪的规定,依法追究刑事责任。

第八十三条 特种设备使用单位有下列情形之一的,由特种设备安全监督管理部门责令限期改正;逾期未改正的,处2 000元以上2万元以下罚款;情节严重的,责令停止使用或者停产停业整顿:

(一)特种设备投入使用前或者投入使用后30日内,未向特种设备安全监督管理部门登记,擅自将其投入使用的;

(二)未依照本条例第二十六条的规定,建立特种设备安全技术档案的;

(三)未依照本条例第二十七条的规定,对在用特种设备进行经常性日常维护保养和定期自行检查的,或者对在用特种设备的安全附件、安全保护装置、测量调控装置及有关附属仪器仪表进行定期校验、检修,并做出记录的;

(四)未按照安全技术规范的定期检验要求,在安全检验合格有效期届满前1个月向特种设备检验检测机构提出定期检验要求的;

(五)使用未经定期检验或者检验不合格的特种设备的;

(六)特种设备出现故障或者发生异常情况,未对其进行全面检查、消除事故隐患,继续投入使用的;

(七)未制定特种设备事故应急专项预案的;

(八)未依照本条例第三十一条第二款的规定,对电梯进行清洁、润滑、调整和检查的;

(九)未按照安全技术规范要求进行锅炉水(介)质处理的;

(十)特种设备不符合能效指标,未及时采取相应措施进行整改的。

特种设备使用单位使用未取得生产许可的单位生产的特种设备或者将非承压锅炉、非压力容器作为承压锅炉、压力容器使用的,由特种设备安全监督管理部门责令停止使用,予以没收,处2万元以上10万元以下罚款。

第八十四条 特种设备存在严重事故隐患,无改造、维修价值,或者超过安全技术规范规定的使用年限,特种设备使用单位未予以报废,并向原登记的特种设备安全监督管理部门办理注销的,由特种设备安全监督管理部门责令限期改正;逾期未改正的,处5万元以上20万元以下罚款。

第八十五条 电梯、客运索道、大型游乐设施的运营使用单位有下列情形之一的,由特种设备安全监督管理部门责令限期改正;

逾期未改正的,责令停止使用或者停产停业整顿,处1万元以上5万元以下罚款:

(一)客运索道、大型游乐设施每日投入使用前,未进行试运行和例行安全检查,并对安全装置进行检查确认的;

(二)未将电梯、客运索道、大型游乐设施的安全注意事项和警示标志置于易于为乘客注意的显著位置的。

第八十六条 特种设备使用单位有下列情形之一的,由特种设备安全监督管理部门责令限期改正;逾期未改正的,责令停止使用或者停产停业整顿,处2 000元以上2万元以下罚款:

(一)未依照本条例规定设置特种设备安全管理机构或者配备专职、兼职的安全管理人员的;

(二)从事特种设备作业的人员,未取得相应特种作业人员证书,上岗作业的;

(三)未对特种设备作业人员进行特种设备安全教育和培训的。

四、《国务院关于进一步加强企业安全生产工作的通知》相关规定

3. 进一步规范企业生产经营行为。企业要健全完善严格的安全生产规章制度,坚持不安全不生产。加强对生产现场监督检查,严格查处违章指挥、违规作业、违反劳动纪律的"三违"行为。凡超能力、超强度、超定员组织生产的,要责令停产停工整顿,并对企业和企业主要负责人依法给予规定上限的经济处罚。对以整合、技改名义违规组织生产,以及规定期限内未实施改造或故意拖延工期的矿井,由地方政府依法予以关闭。要加强对境外中资企业安全生产工作的指导和管理,严格落实境内投资主体和派出企业的安全生产监督责任。

4. 及时排查治理安全隐患。企业要经常性开展安全隐患排查,并切实做到整改措施、责任、资金、时限和预案"五到位"。建立以

安全生产专业人员为主导的隐患整改效果评价制度,确保整改到位。对隐患整改不力造成事故的,要依法追究企业和企业相关负责人的责任。对停产整改逾期未完成的不得复产。

5. 强化生产过程管理的领导责任。企业主要负责人和领导班子成员要轮流现场带班。煤矿、非煤矿山要有矿领导带班并与工人同时下井、同时升井,对无企业负责人带班下井或该带班而未带班的,对有关责任人按擅离职守处理,同时给予规定上限的经济处罚。发生事故而没有领导现场带班的,对企业给予规定上限的经济处罚,并依法从重追究企业主要负责人的责任。

6. 强化职工安全培训。企业主要负责人和安全生产管理人员、特殊工种人员一律严格考核,按国家有关规定持职业资格证书上岗;职工必须全部经过培训合格后上岗。企业用工要严格依照劳动合同法与职工签订劳动合同。凡存在不经培训上岗、无证上岗的企业,依法停产整顿。没有对井下作业人员进行安全培训教育,或存在特种作业人员无证上岗的企业,情节严重的要依法予以关闭。

7. 全面开展安全达标。深入开展以岗位达标、专业达标和企业达标为内容的安全生产标准化建设,凡在规定时间内未实现达标的企业要依法暂扣其生产许可证、安全生产许可证,责令停产整顿;对整改逾期未达标的,地方政府要依法予以关闭。

8. 加强企业生产技术管理。强化企业技术管理机构的安全职能,按规定配备安全技术人员,切实落实企业负责人安全生产技术管理负责制,强化企业主要技术负责人技术决策和指挥权。因安全生产技术问题不解决产生重大隐患的,要对企业主要负责人、主要技术负责人和有关人员给予处罚;发生事故的,依法追究责任。

13. 加强建设项目安全管理。强化项目安全设施核准审批,加强建设项目的日常安全监管,严格落实审批、监管的责任。企业新建、改建、扩建工程项目的安全设施,要包括安全监控设施和防瓦斯等有害气体、防尘、排水、防火、防爆等设施,并与主体工程同时设计、同时施工、同时投入生产和使用。安全设施与建设项目主体工程未做到同时设计的一律不予审批,未做到同时施工的责令立即停止施工,未同时投入使用的不得颁发安全生产许可证,并视情节追究有关单位负责人的责任。严格落实建设、设计、施工、监理、监管等各方安全责任。对项目建设生产经营单位存在违法分包、转包等行为的,立即依法停工停产整顿,并追究项目业主、承包方等各方责任。

18. 加快完善安全生产技术标准。各行业管理部门和负有安全生产监管职责的有关部门要根据行业技术进步和产业升级的要求,加快制定修订生产、安全技术标准,制定和实施高危行业从业人员资格标准。对实施许可证管理制度的危险性作业要制定落实专项安全技术作业规程和岗位安全操作规程。

19. 严格安全生产准入前置条件。把符合安全生产标准作为高危行业企业准入的前置条件,实行严格的安全标准核准制度。矿山建设项目和用于生产、储存危险物品的建设项目,应当分别按照国家有关规定进行安全条件论证和安全评价,严把安全生产准入关。凡不符合安全生产条件违规建设的,要立即停止建设,情节严重的由本级人民政府或主管部门实施关闭取缔。降低标准造成隐患的,要追究相关人员和负责人的责任。

五、《关于生产经营单位主要负责人、安全生产管理人员及其他从业人员安全生产培训考核工作的意见》

各省、自治区、直辖市及新疆生产建设兵团安全生产监督管理部门,各煤矿安全监察局及北京、新疆生产建设兵团煤矿安全监察办事处:

为规范生产经营单位主要负责人、安全生产管理人员及其他从业人员的安全生产培训、考核及安全资格认证工作,提高生产经营单位主要负责人、安全生产管理人员及其他从业人员的安全生产素质，促进安全生产，依据《安全生产法》的有关规定，现就生产经营单位主要负责人、安全生产管理人员及其他从业人员的安全生产培训考核工作提出如下意见：

一、生产经营单位主要负责人、安全生产管理人员及其他从业人员的安全生产培训考核工作实行统一规划、分类指导、分级实施。

国家安全生产监督管理局（国家煤矿安全监察局）（以下简称国家局）依法组织、指导、监督全国生产经营单位主要负责人和安全生产管理人员的安全生产培训、考核及安全资格认证工作；指导并监督检查生产经营单位其他从业人员安全生产教育培训工作。

县级以上各级地方人民政府安全生产监督管理部门依法组织、监督所辖区域内生产经营单位主要负责人和安全生产管理人员的安全生产培训、考核及安全资格认证工作；指导并监督检查辖区内生产经营单位其他从业人员安全生产教育培训工作。

设煤矿安全监察机构的省（区、市），各级煤矿安全监察机构负责所辖区域煤炭生产经营单位主要负责人和安全生产管理人员的安全生产培训、考核和安全资格认证工作；指导并监督检查辖区内煤炭生产经营单位其他从业人员安全生产教育培训工作。

二、生产经营单位主要负责人是指对本单位生产经营负全面责任，有生产经营决策权的人员。具体指有限责任公司或股份有限公司的董事长、总经理，其他生产经营单位的厂长、经理、矿长、投资人等。

生产经营单位安全生产管理人员是指在生产经营单位从事安全生产管理工作的人员。具体指生产经营单位安全生产管理机构负责人及其工作人员，以及未设安全生产管理机构的专兼职安全生产管理人员等。

生产经营单位其他从业人员是指除主要负责人和安全生产管理人员以外，该单位从事生产经营各项活动的所有人员，包括其他负责人、管理人员、技术人员和各岗位的工人，以及临时聘用的人员。

生产经营单位特种作业人员的培训考核工作另行规定。

三、生产经营单位主要负责人和安全生产管理人员必须按国家有关规定，经过安全生产培训，具备与本单位所从事的生产经营活动相应的安全生产知识和管理能力。

危险物品的生产、经营、储存单位以及矿山、建筑施工单位的主要负责人和安全生产管理人员，必须经过安全生产培训，由安全生产监督管理部门或法律、法规规定的有关主管部门考核合格并取得安全资格证书后，方可任职。

四、生产经营单位主要负责人安全生产培训和安全资格培训的主要内容包括：

（一）国家有关安全生产的方针、政策、法律和法规及有关行业的规章、规程、规范和标准；

（二）安全生产管理的基本知识、方法与安全生产技术，有关行业安全生产管理专业知识；

（三）重大事故防范、应急救援措施及调查处理方法，重大危险源管理与应急救援预案编制原则；

（四）国内外先进的安全生产管理经验；

（五）典型事故案例分析。

五、生产经营单位安全生产管理人员安全生产培训和安全资格培训的主要内容包括：

（一）国家有关安全生产的法律、法规、政策及有关行业安全生产的规章、规程、规范和标准；

（二）安全生产管理知识、安全生产技术、劳动卫生知识和安全文化知识，有关行业安全生产管理专业知识；

（三）工伤保险的法律、法规、政策；

（四）伤亡事故和职业病统计、报告及调查处理方法；

（五）事故现场勘验技术，以及应急处理措施；

（六）重大危险源管理与应急救援预案编制方法；

（七）国内外先进的安全生产管理经验；

（八）典型事故案例。

六、生产经营单位主要负责人和安全生产管理人员每年应进行安全生产再培训。

再培训的主要内容是新知识、新技能和新本领，包括：

（一）有关安全生产的法律、法规、规章、规程、标准和政策；

（二）安全生产的新技术、新知识；

（三）安全生产管理经验；

（四）典型事故案例。

七、生产经营单位主要负责人和安全生产管理人员安全生产管理培训时间不得少于24学时；每年再培训时间不得少于8学时。

危险物品的生产、经营、储存单位及矿山、建筑施工单位的主要负责人和安全生产管理人员安全资格培训时间不得少于48学时；每年再培训时间不得少于16学时。

八、生产经营单位对新从业人员，应进行厂（矿）、车间（工段、区、队）、班组三级安全生产教育培训。

（一）厂（矿）级安全生产教育培训内容主要是：安全生产基本知识；本单位安全生产规章制度；劳动纪律；作业场所和工作岗位存在的危险因素、防范措施及事故应急措施；有关事故案例等。

（二）车间（工段、区、队）级安全生产教育培训内容主要是：本车间（工段、区、队）安全生产状况和规章制度；作业场所和工作岗位存在的危险因素、防范措施及事故应急措施；事故案例等。

（三）班组级安全生产教育培训内容主要是：岗位安全操作规程；生产设备、安全装置、劳动防护用品（用具）的性能及正确使用方法；事故案例等。

九、新从业人员安全生产教育培训时间不得少于24学时。危险性较大的行业和岗位，教育培训时间不得少于48学时。

十、从业人员调整工作岗位或离岗一年以上重新上岗时，应进行相应的车间（工段、区、队）安全生产教育培训。

生产经营单位实施新工艺、新技术或使用新设备、新材料时应对从业人员进行有针对性的安全生产教育培训。

十一、生产经营单位要确立终身教育的观念和全员培训的目标，对在岗的从业人员应进行经常性安全生产教育培训。

经常性安全生产教育培训内容主要是：安全生产新知识、新技术；安全生产法律、法规；作业场所和工作岗位存在的危险因素、防范措施及事故应急措施；事故案例等。

十二、负责生产经营单位主要负责人和安全生产管理人员安全生产培训的机构必须具备相应的资质条件，并经国家局或省（区、市）安全生产监督管理部门审查认定。培训工作严格按照国家局统一制定的生产经营单位主要负责人和安全生产管理人员安全生产培训大纲组织实施。

从事安全生产培训的教师须经培训并考核合格后，方可上岗。

十三、生产经营单位从业人员安全生产教育培训以生产经营单位自主培训为主，可以多层次、多渠道、多形式。没有培训能力的单位可委托有资质的安全生产培训机构进行培训，或利用广播、电视和网络等实行远程培训和社会化教学。

未经安全生产教育培训的从业人员，或培训考核不合格者，不得上岗。

十四、生产经营单位主要负责人和安全生产管理人员的培训考核与发证按照以下规定办理：

（一）国家局或国家局委托有关行业主管部门，负责中央管理的生产经营单位主要负责人和安全生产管理人员的培训、考核和发证；各省（区、市）安全生产监督管理部门或其委托的部门负责本行政区域内生产经营单位主要负责人和安全生产管理人员的培训、考核和发证。

（二）生产经营单位主要负责人和安全生产管理人员经安全生产

培训合格者，由培训机构发给培训证书，并报安全生产监督管理部门备案。

危险物品的生产、经营、储存单位及矿山、建筑施工单位的主要负责人和安全生产管理人员，经安全资格培训并考核合格，由安全生产监督管理部门或法律、法规规定的有关主管部门发给安全资格证书。

（三）负责考核发证的部门自考核开始之日起，对考核合格的，15日内核发证书。对不合格的，及时通知申请单位或本人。

十五、生产经营单位主要负责人、安全生产管理人员安全资格证书由国家局提供统一式样。

十六、承担培训任务的培训机构，要建立、健全生产经营单位主要负责人、安全生产管理人员及其他从业人员的安全生产培训档案。各省（区、市）安全生产监督管理部门和省级煤矿安全监察机构要制定生产经营单位主要负责人和安全生产管理人员的考核制度，建立证书管理档案。

十七、生产经营单位应建立、健全从业人员安全生产教育培训制度，建立从业人员的安全生产教育培训档案，保证安全生产教育培训所需人员、资金和设施。

十八、县级以上各级地方人民政府安全生产监督管理部门，要加强生产经营单位主要负责人、安全生产管理人员及其他从业人员的培训工作，依法对生产经营单位主要负责人、安全生产管理人员及其他从业人员的安全生产培训工作情况进行监督检查。对未组织参加安全生产培训、考核工作的生产经营单位和个人，可依据《安全生产法》有关条款进行行政处罚；对认真开展安全生产培训考核工作并做出成绩的单位和个人，予以表彰和奖励。

十九、生产经营单位主要负责人和安全生产管理人员有下列行为的由考核发证部门吊销其安全资格证书：

（一）弄虚作假，骗取安全资格证书的；

(二)未按期参加培训、再培训或考核不合格的。

二十、各省（区、市）安全生产监督管理部门和省级煤矿安全监察机构可根据辖区内实际工作情况制定实施意见。

六、《生产经营单位安全培训规定》

第一章 总则

第一条 为加强和规范生产经营单位安全培训工作，提高从业人员安全素质，防范伤亡事故，减轻职业危害，根据安全生产法和有关法律、行政法规，制定本规定。

第二条 工矿商贸生产经营单位（以下简称生产经营单位）从业人员的安全培训，适用本规定。

第三条 生产经营单位负责本单位从业人员安全培训工作。

生产经营单位应当按照安全生产法和有关法律、行政法规和本规定，建立、健全安全培训工作制度。

第四条 生产经营单位应当进行安全培训的从业人员包括主要负责人、安全生产管理人员、特种作业人员和其他从业人员。

生产经营单位从业人员应当接受安全培训，熟悉有关安全生产规章制度和安全操作规程，具备必要的安全生产知识，掌握本岗位的安全操作技能，增强预防事故、控制职业危害和应急处理的能力。

未经安全生产培训合格的从业人员，不得上岗作业。

第五条 国家安全生产监督管理总局指导全国安全培训工作，依法对全国的安全培训工作实施监督管理。

国务院有关主管部门按照各自职责指导监督本行业安全培训工作，并按照本规定制定实施办法。

国家煤矿安全监察局指导监督检查全国煤矿安全培训工作。

各级安全生产监督管理部门和煤矿安全监察机构（以下简称安全生产监管监察部门）按照各自的职责，依法对生产经营单位的安全培训工作实施监督管理。

第二章　主要负责人、安全生产管理人员的安全培训

第六条　生产经营单位主要负责人和安全生产管理人员应当接受安全培训，具备与所从事的生产经营活动相适应的安全生产知识和管理能力。

煤矿、非煤矿山、危险化学品、烟花爆竹等生产经营单位主要负责人和安全生产管理人员，必须接受专门的安全培训，经安全生产监管监察部门对其安全生产知识和管理能力考核合格，取得安全资格证书后，方可任职。

第七条　生产经营单位主要负责人安全培训应当包括下列内容：

（一）国家安全生产方针、政策和有关安全生产的法律、法规、规章及标准；

（二）安全生产管理基本知识、安全生产技术、安全生产专业知识；

（三）重大危险源管理、重大事故防范、应急管理和救援组织以及事故调查处理的有关规定；

（四）职业危害及其预防措施；

（五）国内外先进的安全生产管理经验；

（六）典型事故和应急救援案例分析；

（七）其他需要培训的内容。

第八条　生产经营单位安全生产管理人员安全培训应当包括下列内容：

（一）国家安全生产方针、政策和有关安全生产的法律、法规、规章及标准；

（二）安全生产管理、安全生产技术、职业卫生等知识；

（三）伤亡事故统计、报告及职业危害的调查处理方法；

（四）应急管理、应急预案编制以及应急处置的内容和要求；

（五）国内外先进的安全生产管理经验；

（六）典型事故和应急救援案例分析；

（七）其他需要培训的内容。

第九条 生产经营单位主要负责人和安全生产管理人员初次安全培训时间不得少于32学时。每年再培训时间不得少于12学时。

煤矿、非煤矿山、危险化学品、烟花爆竹等生产经营单位主要负责人和安全生产管理人员安全资格培训时间不得少于48学时；每年再培训时间不得少于16学时。

第十条 生产经营单位主要负责人和安全生产管理人员的安全培训必须依照安全生产监管监察部门制定的安全培训大纲实施。

非煤矿山、危险化学品、烟花爆竹等生产经营单位主要负责人和安全生产管理人员的安全培训大纲及考核标准由国家安全生产监督管理总局统一制定。

煤矿主要负责人和安全生产管理人员的安全培训大纲及考核标准由国家煤矿安全监察局制定。

煤矿、非煤矿山、危险化学品、烟花爆竹以外的其他生产经营单位主要负责人和安全管理人员的安全培训大纲及考核标准，由省、自治区、直辖市安全生产监督管理部门制定。

第十一条 煤矿、非煤矿山、危险化学品、烟花爆竹等生产经营单位主要负责人和安全生产管理人员安全资格培训，必须由安全生产监管监察部门认定的具备相应资质的安全培训机构实施。

第十二条 煤矿、非煤矿山、危险化学品、烟花爆竹等生产经营单位主要负责人和安全生产管理人员，经安全资格培训考核合格，由安全生产监管监察部门发给安全资格证书。

其他生产经营单位主要负责人和安全生产管理人员经安全生产监管监察部门认定的具备相应资质的培训机构培训合格后，由培训机构发给相应的培训合格证书。

第三章 其他从业人员的安全培训

第十三条 煤矿、非煤矿山、危险化学品、烟花爆竹等生产经营单位必须对新上岗的临时工、合同工、劳务工、轮换工、协议工等进行强制性安全培训，保证其具备本岗位安全操作、自救互救以及应急处置所需的知识和技能后，方能安排上岗作业。

第十四条　加工、制造业等生产单位的其他从业人员，在上岗前必须经过厂（矿）、车间（工段、区、队）、班组三级安全培训教育。

生产经营单位可以根据工作性质对其他从业人员进行安全培训，保证其具备本岗位安全操作、应急处置等知识和技能。

第十五条　生产经营单位新上岗的从业人员，岗前培训时间不得少于24学时。

煤矿、非煤矿山、危险化学品、烟花爆竹等生产经营单位新上岗的从业人员安全培训时间不得少于72学时，每年接受再培训的时间不得少于20学时。

第十六条　厂（矿）级岗前安全培训内容应当包括：

（一）本单位安全生产情况及安全生产基本知识；

（二）本单位安全生产规章制度和劳动纪律；

（三）从业人员安全生产权利和义务；

（四）有关事故案例等。

煤矿、非煤矿山、危险化学品、烟花爆竹等生产经营单位厂（矿）级安全培训除包括上述内容外，应当增加事故应急救援、事故应急预案演练及防范措施等内容。

第十七条　车间（工段、区、队）级岗前安全培训内容应当包括：

（一）工作环境及危险因素；

（二）所从事工种可能遭受的职业伤害和伤亡事故；

（三）所从事工种的安全职责、操作技能及强制性标准；

（四）自救互救、急救方法、疏散和现场紧急情况的处理；

（五）安全设备设施、个人防护用品的使用和维护；

（六）本车间（工段、区、队）安全生产状况及规章制度；

（七）预防事故和职业危害的措施及应注意的安全事项；

（八）有关事故案例；

（九）其他需要培训的内容。

第十八条　班组级岗前安全培训内容应当包括：

（一）岗位安全操作规程；

（二）岗位之间工作衔接配合的安全与职业卫生事项；

（三）有关事故案例；

（四）其他需要培训的内容。

第十九条　从业人员在本生产经营单位内调整工作岗位或离岗一年以上重新上岗时，应当重新接受车间（工段、区、队）和班组级的安全培训。

生产经营单位实施新工艺、新技术或者使用新设备、新材料时，应当对有关从业人员重新进行有针对性的安全培训。

第二十条　生产经营单位的特种作业人员，必须按照国家有关法律、法规的规定接受专门的安全培训，经考核合格，取得特种作业操作资格证书后，方可上岗作业。

特种作业人员的范围和培训考核管理办法，另行规定。

第四章　安全培训的组织实施

第二十一条　国家安全生产监督管理总局组织、指导和监督中央管理的生产经营单位的总公司（集团公司、总厂）的主要负责人和安全生产管理人员的安全培训工作。

国家煤矿安全监察局组织、指导和监督中央管理的煤矿企业集团公司（总公司）的主要负责人和安全生产管理人员的安全培训工作。

省级安全生产监督管理部门组织、指导和监督省属生产经营单位及所辖区域内中央管理的工矿商贸生产经营单位的分公司、子公司主要负责人和安全生产管理人员的培训工作；组织、指导和监督特种作业人员的培训工作。

省级煤矿安全监察机构组织、指导和监督所辖区域内煤矿企业的主要负责人、安全生产管理人员和特种作业人员（含煤矿矿井使用的特种设备作业人员）的安全培训工作。

市级、县级安全生产监督管理部门组织、指导和监督本行政区域内除中央企业、省属生产经营单位以外的其他生产经营单位的主要负责人和安全生产管理人员的安全培训工作。

生产经营单位除主要负责人、安全生产管理人员、特种作业人员以外的从业人员的安全培训工作，由生产经营单位组织实施。

第二十二条 具备安全培训条件的生产经营单位，应当以自主培训为主；可以委托具有相应资质的安全培训机构，对从业人员进行安全培训。

不具备安全培训条件的生产经营单位，应当委托具有相应资质的安全培训机构，对从业人员进行安全培训。

第二十三条 生产经营单位应当将安全培训工作纳入本单位年度工作计划。保证本单位安全培训工作所需资金。

第二十四条 生产经营单位应建立、健全从业人员安全培训档案，详细、准确记录培训考核情况。

第二十五条 生产经营单位安排从业人员进行安全培训期间，应当支付工资和必要的费用。

第五章 监督管理

第二十六条 安全生产监管监察部门依法对生产经营单位安全培训情况进行监督检查，督促生产经营单位按照国家有关法律、法规和本规定开展安全培训工作。

县级以上地方人民政府负责煤矿安全生产监督管理的部门对煤矿井下作业人员的安全培训情况进行监督检查。煤矿安全监察机构对煤矿特种作业人员安全培训及其持证上岗的情况进行监督检查。

第二十七条 各级安全生产监管监察部门对生产经营单位安全培训及其持证上岗的情况进行监督检查，主要包括以下内容：

（一）安全培训制度、计划的制定及其实施的情况；

（二）煤矿、非煤矿山、危险化学品、烟花爆竹等生产经营单位主要负责人和安全生产管理人员安全资格证持证上岗的情况；其他生产经营单位主要负责人和安全生产管理人员培训的情况；

（三）特种作业人员操作资格证持证上岗的情况；

（四）建立安全培训档案的情况；

（五）其他需要检查的内容。

第二十八条 安全生产监管监察部门对煤矿、非煤矿山、危险化学品、烟花爆竹等生产经营单位的主要负责人、安全管理人员应当按照本规定严格考核和颁发安全资格证书。考核不得收费。

安全生产监管监察部门负责考核、发证的有关人员不得玩忽职守和滥用职权。

第六章 罚则

第二十九条 生产经营单位有下列行为之一的，由安全生产监管监察部门责令其限期改正，并处2万元以下的罚款：

（一）未将安全培训工作纳入本单位工作计划并保证安全培训工作所需资金的；

（二）未建立、健全从业人员安全培训档案的；

（三）从业人员进行安全培训期间未支付工资并承担安全培训费用的。

第三十条 生产经营单位有下列行为之一的，由安全生产监管监察部门责令其限期改正；逾期未改正的，责令停产、停业整顿，并处2万元以下的罚款：

（一）煤矿、非煤矿山、危险化学品、烟花爆竹等生产经营单位主要负责人和安全管理人员未按本规定经考核合格的；

（二）非煤矿山、危险化学品、烟花爆竹等生产经营单位未按照本规定对其他从业人员进行安全培训的；

（三）非煤矿山、危险化学品、烟花爆竹等生产经营单位未如实

告知从业人员有关安全生产事项的;

（四）生产经营单位特种作业人员未按照规定经专门的安全培训机构培训并取得特种作业人员操作资格证书，上岗作业的。

县级以上地方人民政府负责煤矿安全生产监督管理的部门发现煤矿未按照本规定对井下作业人员进行安全培训的，责令限期改正，处10万元以上50万元以下的罚款；逾期未改正的，责令停产、停业整顿。

煤矿安全监察机构发现煤矿特种作业人员无证上岗作业的，责令限期改正，处10万元以上50万元以下的罚款；逾期未改正的，责令停产、停业整顿。

第三十一条 生产经营单位有下列行为之一的，由安全生产监管监察部门给予警告，吊销安全资格证书，并处3万元以下的罚款：

（一）编造安全培训记录、档案的；

（二）骗取安全资格证书的。

第三十二条 安全生产监管监察部门有关人员在考核、发证工作中玩忽职守、滥用职权的，由上级安全生产监管监察部门或者行政监察部门给予记过、记大过的行政处分。

第七章 附则

第三十三条 生产经营单位主要负责人是指有限责任公司或者股份有限公司的董事长、总经理，其他生产经营单位的厂长、经理、（矿务局）局长、矿长（含实际控制人）等。

生产经营单位安全生产管理人员是指生产经营单位分管安全生产的负责人、安全生产管理机构负责人及其管理人员，以及未设安全生产管理机构的生产经营单位专、兼职安全生产管理人员等。

生产经营单位其他从业人员是指除主要负责人、安全生产管理人员和特种作业人员以外，该单位从事生产经营活动的所有人员，包括其他负责人、其他管理人员、技术人员和各岗位的工人以及临时聘用的人员。

第三十四条 省、自治区、直辖市安全生产监督管理部门和省级煤矿安全监察机构可以根据本规定制定实施细则，报国家安全生产监督管理总局和国家煤矿安全监察局备案。

第三十五条 本规定自2006年3月1日起施行。

第四章 消防安全管理的责任

第一节 消防安全基础知识

一、火灾基础知识

1. 火灾及其分类

火灾是火失去控制蔓延而形成的一种灾害性燃烧现象,它通常造成人或物的损失。

(1) 火灾发生的必要条件

火三角是助燃剂、可燃物和引火源的简称,也叫火灾三要素。这三个条件缺少任何一个,火灾燃烧都不能发生和维持,因此,火三角是火灾燃烧的必要条件。

(2) 火灾的分类

按发生地点,火灾通常分为森林火灾、建筑火灾、工业火灾、城市火灾等。森林火灾是指在森林和草原发生的火灾,它包括地下火、地表火、树冠火等形式,具有大尺度、开放性等特点;建筑火灾是指建筑物内发生的火灾,往往在受限空间中蔓延,具有多种发展方式和火行为;工业火灾是指工业场所,尤其是油类生产、加工和储存场所发生的火灾,这类火灾往往蔓延迅速、强度大;城市火灾是指城市中发生的火灾,由于城市中建筑和植被邻接、混杂在一起,城市火灾既有建筑火灾的特点,又有森林火灾的特点。

按燃料性质,火灾又可分为 A 类、B 类、C 类和 D 类火灾。A 类火灾为固体物质火灾;B 类火灾为液体或可熔化的固体火灾;C 类火灾为气体火灾;D 类火灾为金属火灾。

(3) 不同可燃物燃烧的过程

火灾中气态可燃物通常为扩散燃烧,即可燃物和氧气边混合边燃烧;液态可燃物(包括受热后先液化后燃烧的固态可燃物)通常先是蒸发为可燃蒸气,可燃蒸气与氧化剂再发生燃烧;固态可燃物先是通过热解等过程产生可燃气体,可燃气体与氧化剂再发生燃烧。

(4) 火灾发生的特点

1) 火旋风。由于风向、地理形态、建筑物的影响,火灾在蔓延的过程中会形成旋转火焰,即火旋风。它通常分为垂直火旋风和水平火旋风,它的出现使得火蔓延速度和火强度大大增加。

2) 轰燃。轰燃的常见定义有:室内火灾由局部火向大火的转变,转变完成后室内所有可燃物表面都开始燃烧;室内燃烧由燃料控制向通风控制转变,转变使得火灾由发展期进入最盛期;在室内顶棚下方积聚的未燃气体或蒸气突然着火而造成火焰迅速扩展。

在工程上应用最广的两个轰燃判据为:上层热烟气平均温度达到 600℃;地面处接受的热流密度达到 20 kW/m^2。满足这两个条件时,通常可燃物可以发生轰燃。影响轰燃发生最重要的两个因素是辐射和对流情况,也就是上层烟气的热量得失关系,如果接收的热量大于损失的热量,则轰燃可以发生。轰燃的其他影响因素有通风条件、房间尺寸和烟气层的化学性质等。

3) 回燃。由于开始时的燃烧过程以及燃烧结束后的高温环境,使室内可燃物仍然进行着热解反应,室内会逐渐积聚大量的可燃气体,此时一旦通风条件改善,空气会以重力流的形式补充进来与室内的可燃气体混合。当混合气被灰烬点燃后,就会形成大强度、快速的火焰传播,在室内燃烧的同时,在通风口外形成巨大的火球,同时对室内和室外造成危害,这种"死灰复燃"现象就称为回燃。回燃具有隐蔽性和突发性,因此,对生命财产安全危害极大。

2. 常见燃烧相关概念的定义

(1) 闪点

在规定条件下,材料或制品加热到释放出的气体瞬间着火并出现火焰的最低温度。

(2) 燃点

在规定条件下，用标准火焰使材料引燃并继续燃烧一段时间所需的最低温度。

(3) 自燃点

在规定条件下，不用任何辅助引燃能源而达到引燃的最低温度。

(4) 闪燃

可燃物表面或上方在很短时间内（0~1 s）重复出现火焰一闪即灭的现象。

(5) 阴燃

没有火焰和可见光的燃烧。

(6) 爆燃

伴随爆炸的燃烧波，以亚音速传播。

(7) 自燃

由于自加热引起的自发引燃。自加热可以是内部发热反应引起的温度升高，也可以是由于通电发热而产生的温度升高。

3. 火灾的发展变化及其防治途径

火灾的发展变化一般有初起期、发展期、最盛期和熄灭期四个阶段。

火灾防治途径一般分为设计与评估、阻燃、火灾探测、灭火等。在建筑及工程的设计阶段就要考虑到火灾安全，进行安全设计，对已有的建筑和工程可以进行危险性评估，从而确定人员和财产的火灾安全性能；对于建筑材料和结构可以进行阻燃处理，降低火灾发生的概率和发展的速率；一旦火灾发生，要准确、及时地发现它，并克服误报警因素；发现火灾之后，要合理配置资源，迅速、安全地扑灭火灾。目前，火灾防治的趋势是"清洁阻燃、智能探测、清洁高效灭火、性能化设计与评估"。火灾防治途径环环相扣，构成了火灾防治系统。

(1) 阻燃

对于材料和结构可以进行阻燃处理,降低火灾发生的概率和发展的速率。阻燃剂按其使用方法分为反应型和添加型两种。

反应型阻燃剂是作为一种反应单体参加反应,使聚合物本身含有阻燃成分。多用于缩聚反应,如聚氨酯、不饱和聚酯、环氧树脂、聚碳酸酯等。反应型阻燃剂具有赋予组成物或聚合物永久阻燃性的优点。

添加型阻燃剂可分为有机阻燃剂和无机阻燃剂,它们和树脂进行机械混合后赋予树脂一定的阻燃性能,主要用于聚烯烃、聚氯乙烯、聚苯乙烯等树脂中。它的优点是使用方便、适应面广,但对聚合物的使用性能有较大的影响。

(2) 火灾探测

在火灾的孕育与初期阶段,建筑物内会出现特殊现象或征兆:发热、发光、发声及散发烟尘、可燃气体、特殊气味等,分析研究这些特征,用探测器探测这些特征,用于火灾报警或预报。

按照探测元件与探测对象的关系,火灾探测原理可分为接触式和非接触式两种基本类型。

1) 接触式探测。在火灾的初期阶段,烟气是反映火灾特征的主要方面。接触式探测就是利用某种装置直接接触烟气来实现火灾探测的,只有当烟气到达该装置所安装的位置时感受元件方可发生响应。烟气的浓度、温度、特殊产物的含量等都是探测火灾的常用参数。

2) 非接触式探测。非接触式火灾探测器主要是根据火焰或烟气的光学效果进行探测的。由于探测元件不必触及烟气,可以在离起火点较远的位置进行探测,所以探测速度较快,适宜探测那些发展较快的火灾。这类探测器主要有光束对射式探测器、感光(火焰)式探测器和图像式探测器。

二、灭火

1. 灭火的基本概念

灭火一般是使着火物降到着火点以下，或者阻止其与空气的化学反应。按照燃烧原理，一切灭火方法的原理是将灭火剂直接喷射到燃烧的物体上或者将灭火剂喷洒在火源附近的物质上，使其不因火焰热辐射作用而形成新的火点。

2. 灭火方法

发生了火灾，要运用正确的方法进行灭火。灭火的基本原理主要是破坏燃烧过程及维持物质燃烧的条件。通常采用以下四种方法，见表4—1。

表4—1　　　　　　　　　灭火方法分类

灭火方法	原理
隔离法	隔离灭火法是将正在燃烧的物质和周围未燃烧的可燃物质隔离或移开，中断可燃物质的供给，使燃烧因缺少可燃物而停止
窒息法	窒息灭火法是阻止空气流入燃烧区或用不燃烧区或用不燃物质冲淡空气，使燃烧物得不到足够的氧气而熄灭的灭火方法
冷却法	冷却灭火法是将灭火剂直接喷射到燃烧的物体上，以降低燃烧的温度于燃点之下，使燃烧停止。或者将灭火剂喷洒在火源附近的物质上，使其不因火焰热辐射作用而形成新的火点
化学抑制法	化学抑制灭火法用含氟、氯、溴的化学灭火剂（如1211等）喷向火焰，让灭火剂参与燃烧反应，从而抑制燃烧过程，使火迅速熄灭

上述四种方法有时是可以同时采用的。例如，用水或灭火器扑救火灾，就同时具有上述两个方面灭火的作用，但是，在选择灭火方法时，还要视火灾的原因采取适当的方法，不然，就可能适得其反，扩大灾害，如对电器火灾，就不能用水浇的方法，而宜用窒息法；对油火，宜用化学灭火剂等。

3. 烟气控制

烟气控制是指所有可以单独或组合起来使用以减轻或消除火灾烟气危害的方法。烟气控制方法见表4—2。

表4—2　　　　　　　　　烟气控制方法

烟气控制方法	原理
挡烟	用某些耐火性能好的物体或材料把烟气阻挡在某些限定区域，不让它流到可对人和物产生危害的地方。这种方法适用于建筑物与起火区没有开口、缝隙或漏洞的区域
排烟	使烟气沿着对人和物没有危害的渠道排到建筑外，从而消除烟气的有害影响。排烟有自然排烟和机械排烟两种形式。排烟囱、排烟井是建筑物中常见的自然排烟形式，它们主要适用于烟气具有足够大的浮力、可能克服其他阻碍烟气流动的驱动力的区域。机械排烟可克服自然排烟的局限，有效地排出烟气

4. 点火源

点火源是指能够使可燃物与助燃物发生燃烧反应的能量来源。这种能量既可以是热能、光能、电能、化学能，也可以是机械能。根据点火源产生能量的来源不同，点火源可分为火焰、火星、高热物体、电火花、静电火花、撞击、摩擦化学反应热、光线聚焦等。常见点火源见表4—3。

表4—3　　　　　　　　　常见点火源

常见点火源		特点
化学点火源	化学自热着火	化学自热着火是指在常温常压下，可燃物不需要外界加热，而是依靠特定条件下自身的反应放出的热量着火。这里讲的特定条件包括与水作用、与空气作用、性质相抵触的物品相互作用等
	蓄热自热着火	煤、植物、涂油等可燃物质都有蓄热自热的特点，长期堆积在一起，会发生蓄热自热着火
电气点火源		电气点火源是指电器短路或者负荷过载引起的点火源
机械点火源		机械点火源是指由撞击和摩擦等机械作用形成的点火源

三、消防设施

1. 火灾自动报警系统

火灾自动报警系统一般由触发元件、火灾报警装置、火灾警报装置和电源四部分组成。复杂系统还包括消防控制设备。

适用于工业与民用建筑和场所内设置的火灾自动报警系统,不适用于生产和储存火药、炸药、弹药、火工品等场所。

2. 灭火系统

灭火系统分为水灭火系统、泡沫灭火系统、气体灭火系统。

(1) 水灭火原理

冷却、窒息。

适用范围:不适宜用水扑救的火灾有过氧化物、轻金属、高温黏稠的可燃液体和其他用水扑救会使对象遭受严重破坏的火灾。

(2) 泡沫灭火原理

冷却、窒息。

适用范围:低倍数泡沫灭火系统适用于开采、提炼加工、储存运输、装卸和使用甲、乙、丙类液体的场所;不适用于船舶、海上石油平台以及储存液化烃的场所。中、高倍数泡沫灭火系统适用于汽油、煤油、柴油、工业苯等B类火灾,木材、纸张、橡胶、纺织品等A类火灾,封闭带电设备场所的火灾,液化石油气流淌火灾。

(3) 气体灭火原理

卤代烷灭火机理主要是通过溴和氟等卤素氢化物的化学催化作用和化学净化作用大量捕捉、消耗火焰中的自由基,抑制燃烧的链式反应,迅速将火焰扑灭。二氧化碳灭火剂主要是利用稀释氧浓度、窒息燃烧和冷却等物理机理。

适用范围:卤代烷和二氧化碳都适用于扑救A类火灾中一般固体物质的表面火灾。二氧化碳灭火系统还适用于扑救棉、毛、织物、纸张等部分固体的深位火灾。

3. 建筑灭火器配置

(1) 建筑灭火器适用范围及危险场所划分

扑救 A 类火灾应选用水型、泡沫、磷酸铵盐干粉、卤代烷型灭火器。扑救 B 类火灾应选用干粉、泡沫、卤代烷、二氧化碳型灭火器。扑救极性溶剂 B 类火灾不得选用化学泡沫灭火器。扑救 C 类火灾应选用干粉、卤代烷、二氧化碳、干粉型灭火器。扑救 A、B、C 类和带电火灾应选用磷酸铵盐干粉、卤代烷型灭火器。扑救 D 类火灾的灭火器材应由设计部门和当地公安消防监督部门协商解决。危险场所分为严重危险级、中危险级、轻危险级。

(2) 建筑灭火器的配置基准与设置

建筑灭火器的配置基准与设置应考虑到灭火器配置场所的火灾种类；灭火的有效程度；对保护物品的污损程度；设置点的环境温度；使用灭火器人员的素质。

(3) 建筑灭火器的灭火级别与选择

灭火器的灭火级别由数字和字母组成，数字表示灭火级别的大小，字母（A 或 B）表示灭火级别的单位及适用扑救火灾的种类。

(4) 建筑灭火器的使用与维护

灭火器应设置在明显和便于取用的地点，且不得影响安全疏散。灭火器应设置稳固，其铭牌必须朝外。手提式灭火器宜设置在挂钩、托架上或灭火器箱内，其顶部离地面高度应小于 1.5 m；底部离地面高度不宜小于 0.15 m。灭火器不应设置在潮湿或强腐蚀性的地点，当必须设置时，应有相应的保护措施。设置在室外的灭火器，应有保护措施。灭火器不得设置在超出其使用温度范围外的地点。灭火器的使用温度范围应符合规范规定。

在卤代烷灭火器定期维修、水压试验或做报废处理时，必须使用经国家认可的卤代烷回收卤代烷灭火剂。已配置在工业与民用建筑及人防工程内的所有卤代烷灭火器，除用于扑灭火灾外，不得随意向大气中排放。在非必要配置卤代烷灭火器的场所已配置的卤代烷灭火器，当其超过规定的使用年限或达不到产品质量标准要求时，应将其撤换，并应做报废处理。

第二节　防爆安全技术

一、爆炸及其分类

1. 爆炸的机理及其分类

在自然界中存在各种爆炸现象。广义地讲，爆炸是物质系统的一种极为迅速的物理的或化学的能量释放或转化过程，是系统蕴藏的或瞬间形成的大量能量在有限的体积和极短的时间内，骤然释放或转化的现象。在这种释放和转化的过程中，系统的能量将转化为机械功以及光和热的辐射等。

（1）按能量来源分类

爆炸可以由不同的原因引起，但不管是何种原因引起的爆炸，归根结底必须有一定的能量。按照能量的来源，爆炸可以分为三类，即物理爆炸、化学爆炸和核爆炸。

1）物理爆炸。物理爆炸是由系统释放物理能引起的爆炸。例如，高压蒸汽锅炉当过热蒸汽压力超过锅炉能承受的程度时，锅炉破裂，高压蒸汽骤然释放出来，形成爆炸；物理爆炸是机械能或电能的释放和转化过程，参与爆炸的物质只是发生物理状态或压力的变化，其性质和化学成分不发生改变。

2）化学爆炸。化学爆炸是由于物质的化学变化引起的爆炸，如炸药爆炸，可燃气体（甲烷、乙炔等）爆炸等。悬浮于空气中的粉尘（煤粉、面粉等）以一定的比例与空气混合时，在一定的条件下所产生的爆炸也属于化学爆炸。化学爆炸是通过化学反应，将物质内潜在的化学能，在极短的时间内释放出来，使其化学反应产物处于高温、高压状态的结果。一般气体爆炸和粉尘爆炸的压力可以达

到 2×10^6 Pa，高能炸药爆炸时的爆轰压可达 2×10^{10} Pa 以上，二者爆炸时产物的温度均可达到 $3\times10^3\sim5\times10^3$ K，因而使爆炸产物急剧向周围膨胀，产生强冲击波，造成对周围介质的破坏。化学爆炸时，参与爆炸的物质在瞬间发生分解或化合，变成新的爆炸产物。

3）核爆炸。核爆炸是由核裂变（如原子弹是用铀235、钚239裂变）、核聚变（如氢弹是用氘、氚或锂核的聚变）反应所释放出的巨大核能引起的。核爆炸反应释放的能量比炸药爆炸时放出的化学能大得多，核爆炸中心温度可达数 10^7 K，压力可达 10^{15} Pa 以上，同时产生极强的冲击波、光辐射和粒子的贯穿辐射等，比炸药爆炸具有更大的破坏力。化学爆炸和核爆炸反应都是在微秒量级的时间内完成的。

综上所述，爆炸过程表现为两个阶段，在第一阶段中，物质的（或系统的）潜在能以一定的方式转化为强烈的压缩能；第二阶段，压缩急剧膨胀，对外做功，从而引起周围介质的变形、移动和破坏。不管由何种能源引起的爆炸，它们都同时具备两个特征，即能源具有极大的能量密度和极大的能量释放速度。

(2) 按反应相态分类

按反应相态的不同爆炸可分为以下三类：

1）气相爆炸。它包括可燃性气体和助燃性气体混合物的爆炸、气体的分解爆炸、液体被喷成雾状物在剧烈燃烧时引起的爆炸等。

2）液相爆炸。它包括聚合爆炸、蒸汽爆炸以及不同液体混合所引起的爆炸。

3）固相爆炸。它包括爆炸性化合物和混合危险物质的爆炸。

2. 爆炸反应历程

爆炸性物质或混合物发生爆炸有热反应和链式反应两种不同的历程。按照链式反应理论，爆炸性混合物（如可燃性气体和氧气）与火源接触后，活化分子就会吸收能量而离解为游离基，并与其他分子相互作用形成一系列的链式反应，释放燃烧热。链式反应有直链式反应和支链式反应两种。直链反应是指每一个游离基都进行自己的链锁反应，如氯和氢的链锁反应。支链反应是指在反应中一个游离基能生成一个以上的新的游离基，如氢和氧的链锁反应。

链式反应历程大致分为三个阶段：

（1）链引发，游离基生成。

（2）链传递，游离基作用于其他参与反应的化合物，产生新的游离基。

（3）链终止，即游离基的消耗，使链锁反应终止。

热反应历程是指危险物受热发生化学反应，反应在一定空间内进行时，如果散热不良会使反应温度不断提高，温度的提高又会使反应速度加快，使得热大于失热，导致爆炸发生。至于什么情况下发生热反应，什么情况下发生链式反应，需根据具体情况而定，甚至同一爆炸性混合物在不同条件下有时也会有所不同。

二、爆炸极限

1. 爆炸极限的基本理论及其影响因素

爆炸极限是表征可燃气体和可燃粉尘危险性的主要参数。当可燃性气体、蒸气或可燃粉尘与空气（或氧）在一定浓度范围内均匀混合，遇到火源发生爆炸的浓度范围称为爆炸浓度极限，简称爆炸极限。将这一浓度范围的混合气体（或粉尘）叫做爆炸性混合气体（或粉尘）。可燃性气体、蒸气的爆炸极限一般用可燃气体或蒸气在混合气体中所占的体积分数来表示；可燃粉尘的爆炸极限是以在混合物中的质量浓度（g/m^3）来表示。把能够爆炸的最低浓度叫做爆炸下限，能发生爆炸的最高浓度叫做爆炸上限。

（1）温度的影响

混合爆炸气体的初始温度越高，爆炸极限范围越宽，即爆炸下限降低，上限增高，爆炸危险性增加。这是因为在温度增高的情况下，活化分子增加，分子和原子的动能也增加，使活化分子具有更大的冲击能量,爆炸反应容易进行,使原来含有过量空气(低于爆炸下限)或可燃物(高于爆炸上限)而不能使火焰蔓延的混合物浓度变成可以使火焰蔓延的浓度,从而扩大了爆炸极限范围。

(2) 压力的影响

混合气体的初始压力对爆炸极限的影响较复杂,在 $0.1\sim 2.0$ MPa 的压力下,对爆炸下限影响不大,对爆炸上限影响较大;当大于 2.0 MPa 时,爆炸下限变小,爆炸上限变大,爆炸范围扩大。这是因为在高压下混合气体的分子浓度增大,反应速度加快,放热量增加,且在高压下,热传导性差,热损失小,有利于可燃气体的燃烧或爆炸。

(3) 惰性介质的影响

若在混合气体中加入惰性气体(如氮、二氧化碳、水蒸气、氩等),随着惰性气体含量的增加,爆炸极限范围缩小。当惰性气体的浓度增加到某一数值时,使爆炸上下限趋于一致,混合气体不发生爆炸。这是因为加入惰性气体后,使可燃气体的分子和氧分子隔离,它们之间形成一层不燃烧的屏障,而当氧分子冲击惰性气体时,活化分子失去活化能,使反应链中断。若在某处已经着火,则放出热量被惰性气体吸收,热量不能积聚,火焰不能蔓延到可燃气体分子上去,可起到抑制作用。

(4) 爆炸容器对爆炸极限的影响

爆炸容器的材料和尺寸对爆炸极限有影响,若容器材料的传热性好,管径越细,火焰在其中越难传播,爆炸极限范围变小。当容器直径或火焰通道小到某一数值时,火焰就不能传播下去,这一直径称为临界直径或最大灭火间距。如甲烷的临界直径为 $0.4\sim 0.5$ mm,氢和乙炔为 $0.1\sim 0.2$ mm。目前,一般采用直径为 50 mm 的爆炸管或球形爆炸容器。

(5) 点火源的影响

当点火源的活化能量越大,加热面积越大,作用时间越长,爆炸极限范围也越大。

2. 爆炸反应浓度、爆炸温度和压力的计算

（1）爆炸完全反应浓度的计算

爆炸混合物中的可燃物质和助燃物质完全反应的浓度也就是理论上完全燃烧时在混合物中可燃物的含量，根据化学反应方程式可以计算可燃气体或蒸气的完全反应浓度。

（2）爆炸温度的计算

一般根据燃烧反应方程式与气体的内能计算爆炸温度。可燃气体或蒸气的爆炸温度可利用能量守恒的规律估算，即根据爆炸后各生成物内能之和与爆炸前各种物质内能及物质的燃烧热的总和相等的规律进行计算。用公式表达为：

$$\sum u_2 = \sum Q + \sum u_1 \qquad (4-1)$$

式中　$\sum u_2$——燃烧后产物的内能之总和；

　　　$\sum u_1$——燃烧前物质的内能之总和；

　　　$\sum Q$——燃烧物质的燃烧热之总和。

（3）爆炸压力的计算

可燃性混合物爆炸产生的压力与初始压力、初始温度、浓度、组分以及容器的形状、大小等因素有关。爆炸时产生的最大压力可按压力与温度及摩尔数成正比的规律确定，根据这个规律有下列关系式：

$$\frac{P}{P_0} = \frac{T}{T_0} \times \frac{n}{m} \qquad (4-2)$$

式中　P、T 和 n——爆炸后的最大压力、最高温度和气体摩尔数；

　　　P_0、T_0 和 m——爆炸前的初始压力、初始温度和气体摩尔数。

由此可以得出爆炸压力计算公式：

$$P = \frac{Tn}{T_0 m} \times P_0 \qquad (4-3)$$

3. 粉尘爆炸的特点

(1) 粉尘爆炸的机理和特点

当可燃性固体呈粉体状态，粒度足够细，飞扬、悬浮于空气中，并达到一定浓度，在相对密闭的空间内，遇到足够的点火能量，就能发生粉尘爆炸。具有粉尘爆炸危险性的物质较多，常见的有金属粉尘（如镁粉、铝粉等）、煤粉、粮食粉尘、饲料粉尘、棉麻粉尘、烟草粉尘、纸粉、木粉、火炸药粉尘及大多数含有C、H元素、与空气中氧反应能放热的有机合成材料粉尘等。

粉尘爆炸是一个瞬间的连锁反应，属于不定的气固二相流反应，其爆炸过程比较复杂，它将受诸多因素的制约。所以，有关粉尘爆炸的机理至今还在不断研究和完善之中。日本安全工学协会编的《爆炸》一书阐述了一种比较典型的粉尘爆炸机理。粉尘粒子表面通过热传导和热辐射，从火源获得能量，使表面温度急剧升高，达到粉尘粒子加速分解的温度和蒸发温度，形成粉尘蒸气或分解气体，这种气体与空气混合后就容易引起点火（气相点火）。另外，粉尘粒子本身相继发生熔融气化，迸发出微小火花，成为周围未燃烧粉尘的点火源，使之着火，从而扩大了爆炸范围，这一过程与气体爆炸相比就复杂得多。

从粉尘爆炸过程可以看出粉尘爆炸有如下特点：

1) 粉尘爆炸速度或爆炸压力上升速度比爆炸气体小，但燃烧时间长，产生的能量大，破坏程度大。

2) 爆炸感应期较长，粉尘的爆炸过程比气体的爆炸过程复杂，要经过尘粒的表面分解或蒸发阶段及由表面向中心燃烧的过程，所以感应期比气体长得多。

3) 有产生二次爆炸的可能性。因为粉尘初次爆炸产生的冲击波会将堆积的粉尘扬起，悬浮在空气中，在新的空间形成达到爆炸极限浓度范围内的混合物，而飞散的火花和辐射热成为点火源，引起第二次爆炸，这种连续爆炸会造成严重的破坏。粉尘有不完全燃烧现象，在燃烧后的气体中含有大量的 CO 及粉尘（如塑料粉尘）自身分解的有毒气体，会伴随中毒死亡的事故。

（2）粉尘爆炸的特性及影响因素

评价粉尘爆炸危险性的主要特征参数是爆炸极限、最小点火能量、最低着火温度、粉尘爆炸压力及压力上升速率。

粉尘爆炸极限不是固定不变的，它的影响因素主要有粉尘粒度、分散度、湿度、点火源的性质、可燃气含量、氧含量、惰性粉尘和灰分温度等。一般来说，粉尘粒度越细、分散度越高、可燃气体和氧的含量越大、火源强度、初始温度越高、湿度越低、惰性粉尘及灰分越少，爆炸极限范围越大，粉尘爆炸危险性也就越大。

粉尘爆炸压力及压力上升速率（dp/dt）主要受粉尘粒度、初始压力、粉尘爆炸容器、湍流度等因素的影响。粒度对粉尘爆炸压力上升速率的影响比粉尘爆炸压力大得多。

粉尘粒度越细，比表面越大，反应速度越快，爆炸上升速率就越大。随初始压力的增大对密闭容器的粉尘爆炸压力及压力上升速率也增大，当初始压力低于压力极限时（如数十毫帕），粉尘则不再可能发生爆炸。与可燃气爆炸一样，容器尺寸会对粉尘爆炸压力及压力上升速率有很大的影响。

（3）控制产生粉尘爆炸的技术措施

控制产生粉尘爆炸的主要技术措施是缩小粉尘扩散范围、消除粉尘、控制火源、适当增湿。对于产生可燃粉尘的生产装置，则可以进行惰化防护，即在生产装置中通入惰性气体，使实际氧含量比临界氧含量低 20%。在通入惰性气体时，必须注意把装置里的气体完全混合均匀。在生产过程中，要对惰性气体的气流、压力或对氧气浓度进行测试，应保证不超过临界氧含量。

还可以采用抑爆装置等技术措施。抑爆装置由爆炸压力探测器、信号放大器和抑爆剂发射器组成。

第三节 民用爆破器材、烟花爆竹消防技术

一、民用爆破器材、烟花爆竹的主要危险因素

民用爆破器材、烟花爆竹作为一种燃烧爆炸物品,其生产历来都属于高危险行业,易燃易爆。

1. 原材料的危险性

制造所用的原材料和辅助材料,如硝酸铵、复合蜡(含乳化剂)等都有易燃易爆危险性。

2. 生产过程中的危险性

粉状乳化炸药的生产工艺简单概括为油相制备、水相制备、乳化(冷却敏化)、喷雾制粉、装药包装。

制造过程中可能形成爆炸性粉尘,遇高温、撞击摩擦、电气和静电火花、雷击等可能发生燃烧爆炸。生产过程中需要采用较高温度和压力的蒸汽、乳化设备中有转动摩擦的部件、喷雾制粉过程中需要使用特种运输泵和功率较大的风机等。

3. 运输与储存方面的危险性

成品粉状乳化炸药具有较高的爆轰和殉爆特性。

硝酸铵储存过程中发生自燃分解并放出热量。当环境具备一定的条件且温度达到爆发点时引起硝酸铵燃烧或爆炸。

油状材料都是易燃危险品,储存时遇到高温、氧化剂等,易发生燃烧而引起燃烧事故。

包装后的乳化炸药仍具有较高的温度,炸药中的氧化剂和可燃剂会缓慢反应,当热量得不到及时散发时易发生燃烧而引起爆炸。

危险品运输时可能发生的翻车、撞车、坠落、碰撞及摩擦等险情,可能导致的后果是引起危险品的燃烧或者爆炸。

二、民用爆破器材、烟花爆竹消防安全

1. 火药燃烧的特性，炸药爆炸的三要素

(1) 火药燃烧的特性

1) 能量特征。标志火药做功能力的参量，一般是指 1 kg 火药燃烧时气体产物所做的功。

2) 燃烧特性。标志火药能量释放的能力，主要取决于火药的燃烧速率和燃烧表面积。

3) 力学特性。火药具有的强度，满足在高温下保持不变形、低温下不变脆，能承受在使用和勤务处理时可能出现的各种力的作用，以保证稳定燃烧。

4) 安定性。火药必须在长期储存中保持其物理化学性质的相对稳定。为改善火药的安定性，一般在火药中加入少量的化学安定剂，如二苯胺等。

5) 安全性。在配方设计时必须考虑火药在生产、使用和运输过程中安全可靠，不发生爆炸。

(2) 炸药爆炸的三要素

1) 反应过程的放热性。在炸药的爆炸变化过程中，炸药的化学能转变成热能。热的释放是爆炸变化过程的发生和自行传播的必要条件。爆炸变化过程所放出的热量称为爆炸热（或爆热），一般常用炸药的爆炸热在 3 700~7 500 kJ/kg。

2) 反应过程的高速度。炸药中氧化剂和还原剂事先充分混合和接近，许多炸药的氧化剂和还原剂共存在一个分子内，能够发生快速的逐层传递的化学反应，使爆炸过程以极快的速度进行，通常为每秒几百米或几千米。

3) 反应生成物含有大量的气态物质。

2. 起爆器材、工业炸药和烟花爆竹药料的燃烧爆炸敏感度和爆炸影响因素

(1) 起爆器材、工业炸药和烟花爆竹药料的燃烧爆炸敏感度

火炸药在热、电、光、冲击波、机械摩擦和撞击等外界作用下引起燃烧和爆炸的难易程度称为火炸药的敏感程度，简称火炸药的感度。火炸药有各种不同的感度，一般有火焰感度、热感度、机械感度（撞击感度、摩擦感度、针刺感度）、电感度（交直流电感度、静电感度、射频感度）、光感度（可见光感度、激光感度）、冲击波感度、爆轰感度。

(2) 爆炸影响因素

爆炸的影响因素包括炸药的性质、装药的临界尺寸、炸药层的厚度和密度、杂质及含量、周围介质的气体压力和壳体的密封、环境温度和湿度等。

3. 爆炸冲击波的破坏作用和防护措施

(1) 爆炸冲击波的破坏作用

爆炸所产生的空气冲击波的初始压力（波面压力）可达 100 MPa，其峰值达到一定值时，对建（构）筑物及各种有生力量（动物等）构成一定程度的破坏或损伤。

(2) 防护措施

1) 生产、储存爆炸物品的工厂、仓库的厂址应建在远离城市的独立地带，禁止设立在城市市区和其他居民聚集的地方及风景名胜区。厂库建筑与周围的水利设施、交通枢纽、桥梁、隧道、高压输电线路、通信线路、输油管道等重要设施的安全距离，必须符合国家有关安全规定。

2) 生产爆炸物品的工厂在总体规划和设计时，应严格按照生产性质及功能划分各分区，并使各分区与外部目标、各区之间保持必要的外部距离。

3) 工厂平面布置。

①主厂区内应根据工艺流程、安全距离和各小区的特点，在选定的区域范围内，充分利用有利、安全的自然地形加以区划。

②总仓库区应远离工厂住宅区和城市等目标,有条件时最好布置在单独的山沟或其他有利地形处。

③销毁厂应选择在有利的自然地形,如山沟、丘陵、河滩等地,在满足安全距离的条件下,确定销毁场地和有关建筑的位置。

4) 安全距离。为保证爆炸事故发生后冲击波对建(构)筑物等的破坏不超过预定的破坏等级,危险品生产区、总仓库区、销毁场等区域内的建筑物之间应留有足够的安全距离,称为内部安全距离。

危险品生产区、总仓库区、销毁场等与该区域外的村庄、居民建筑、工厂住宅、城镇、运输线路、输电线路等必须保持足够的安全防护距离,称为外部安全距离。

查阅有关设计安全规范就可找到安全距离的数值。

5) 工艺布置。

①在生产工艺方面应尽量采用新技术、机械化、自动化、连续化、遥控化,做到人机隔离、远距离操作。

②在生产工艺流程中,需区分开危险生产工序与非危险生产工序,且宜分别设置厂房。

③在厂房内工艺布置时,宜将危险生产工序布置在一端,接着危险较低的生产工序,危险生产工序的一端宜位于行人稀少的偏僻地段。危险品暂存间也宜布置在地处偏僻的一端。

④危险品生产厂房和库房在平面上宜布置成简单的矩形,不宜设计成形体复杂的凹形、L形等。

⑤危险品生产厂房要充分考虑人员的紧急疏散问题。

⑥有泄爆要求的工艺设备,在布置时应使其泄爆方向不直接对着其他建筑物或主要道路。

⑦抗爆间的设置要符合安全规范的要求。

6) 设置防爆装置。

①对于Ⅰ类场所,即炸药、起爆药、击发药、火工品储存和黑火药制造加工、储存的场所,不应安装电气设备,特殊情况下仅允

许安装电动机的控制按钮及监视用仪表,其选型应符合 E 类危险场所电气设备的防爆要求;当生产设备采用电力传动时,电动机应安装在无危险场所,采取隔墙传动;电气照明采用安装在建筑外墙壁灯或装在室外的投光灯。

②对于Ⅱ类场所,即起爆药、击发药、火工品制造的场所,电气设备表面温度不得超过120℃,且符合防爆电气设备的有关规定;应采用密闭防爆型、隔爆型、正压型或防爆充油型、本质安全型、增安型(仅限于灯类及控制按钮)防爆装置。

③对于Ⅲ类场所,即理化分析成品试验站,应选用密封型、防水防尘型设备。

7) 自动雨淋。快速雨淋设备主要由光敏探测系统及雨淋管网组成。其工作原理是:当工房内起火时,光照骤间增大,光敏电阻的电阻值变小,控制系统电流增大,通过电子放大器、继电器,使电磁阀打开,雨淋管网喷水灭火。

8) 火灾报警系统。火灾报警系统是在根据火灾酝酿期和发展期陆续出现的烟、热流、火光、气味等火灾信息,通过感温报警器、感烟器、光电报警器等发出声、光警报,以便及早发现并采取灭火措施。

第四节 机械电气防火防爆技术

火灾和爆炸往往造成重大的人员伤亡和巨大的经济损失。机电装置,特别是电气装置起火成灾的事例是很多见的。引起火灾的电气原因是仅次于一般明火的第二位原因。

一、引燃源

1. 电气引燃源

(1) 危险温度

电气设备运行时发热和温度都限制在一定范围内,但在异常情况下可能产生危险温度。

1)过热产生的危险温度。

①短路。发生短路时,电流增大为正常时的数倍乃至数十倍,而产生的热量又与电流的平方成正比,使得温度急剧上升,产生危险温度。

②接触不良。不可拆卸的接点连接不牢、焊接不良或接头处夹有杂物,可拆卸的接头连接不紧密或由于振动而松动,可开闭的触头没有足够的接触压力或表面粗糙不平等,均可能增大接触电阻,产生危险温度。

③严重过载。过载量太大或过载时间太长,可产生危险温度。

④铁芯过热。电气设备铁芯短路、线圈电压过高、通电后不能吸合,可产生危险温度。

⑤散热失效。电气设备散热油管堵塞、通风道堵塞、安装位置不当、环境温度过高或距离外界热源太近,使散热失效,可产生危险温度。

⑥接地及漏电。接地电流和集中在某一点的漏电电流,可引起局部发热,产生危险温度。

⑦机械故障。电动机、接触器被卡死,电流增加数倍,可产生危险温度。

⑧电压波动太大。电压过高,除使铁芯发热增加外,对于恒电阻负载,还会使电流增大,增加发热;电压过低,除使电磁铁吸合不牢或吸合不上外,对于恒功率负载,还会使电流增大,增加发热。这两种情况都可产生危险温度。

2)电热器具和照明灯具的危险温度。电炉、电烘箱、电熨斗、电烙铁、电褥子等电热器具和照明器具的工作温度较高。电炉电阻丝的工作温度达800℃,电熨斗和电烙铁的工作温度达500~600℃,100 W白炽灯泡表面温度达170~220℃,1 000 W卤钨灯表面温度达 500~800℃ 等。上述发热部件紧贴可燃物或离可燃物太近，也可能会引燃成灾。

(2) 电火花和电弧

电火花是电极间的击穿放电；大量电火花汇集起来即构成电弧。电弧温度高达 8 000℃。电火花和电弧不仅能引起可燃物燃烧，还能使金属熔化、飞溅，构成二次引燃源。

电火花分为工作火花和事故火花。工作火花是指电气设备正常工作或正常操作过程中产生的电火花。例如，刀开关、断路器、接触器、控制器接通和断开线路时会产生电火花；插销拔出或插入时产生的火花等。事故火花是指线路或设备发生故障时出现的电火花，包括短路、漏电、松动、接地、断线等。

2. 非电气引燃源

(1) 明火

1) 吸烟。包括打火机、火柴和烟头的明火。

2) 取暖器具。包括电炉、取暖用火炉（燃油炉、燃气炉等）。

3) 焊接与切割。

(2) 高热物体及高温表面

其包括高温蒸气管道表面，高温气体，液体管道及热交换器的金属表面，高温管道的托梁、滑板及轨道，加热炉、干燥炉炉壁等。

(3) 自燃发热及化学反应热

其包括自燃反应发热（如油浸物自燃发热、煤自燃发热）、氧化反应发热、发酵发热等。

(4) 冲击和摩擦

其包括飞散物的冲击，掉落物、倒塌物的撞击，气锤的冲击，制动器的摩擦等。

(5) 绝热压缩

关闭压缩机的排水阀等操作可导致绝热压缩。

(6) 光线

紫外线和红外线有很高的热效应。玻璃瓶、金色缸、橱窗等的聚焦作用能产生很高的温度。

二、危险物质和危险环境

1. 危险物质

爆炸危险物质分为以下三类：

Ⅰ类：矿井甲烷。

Ⅱ类：爆炸性气体、蒸气、薄雾。

爆炸性气体、蒸气按最小点燃电流比和最大试验安全间隙分为ⅡA级、ⅡB级、ⅡC级。爆炸性气体、蒸气按引燃温度分为6组（见表4—4）。

表4—4　　　　气体、蒸气、薄雾按引燃温度分组

组别	T_1	T_2	T_3	T_4	T_5	T_6
引燃温度/℃	>450	$450 \geqslant T >300$	$300 \geqslant T >200$	$200 \geqslant T >135$	$135 \geqslant T >100$	$100 \geqslant T >85$

Ⅲ类：爆炸性粉尘、纤维。

爆炸性粉尘、纤维按其导电性和爆炸性分为ⅢA级和ⅢB级。爆炸性粉尘、纤维按引燃温度分为3组（见表4—5）。

表4—5　　　　粉尘、纤维按引燃温度分组

组别	T_1	T_2	T_3
引燃温度/℃	>270	$270 \geqslant T >200$	$200 \geqslant T >140$

2. 危险环境

（1）气体、蒸气爆炸危险环境

1）0区。0区是指正常运行时连续出现或长时间出现或短时间频繁出现的爆炸性气体、蒸气或薄雾的区域。除了装有危险物质的封闭空间（如密闭的容器、储油罐等内部气体空间）外，很少存在0区。

2) 1区。1区是指正常运行时可能出现（预计周期性出现或偶然出现）的爆炸性气体、蒸气或薄雾的区域。

3) 2区。2区是指正常运行时不出现，即使出现也只可能是短时间偶然出现的爆炸性气体、蒸气或薄雾的区域。

(2) 粉尘、纤维爆炸危险环境

1) 10区。10区是指正常运行时连续或长时间或短时间频繁出现爆炸性粉尘、纤维的区域。

2) 11区。11区是指正常运行时不出现，仅在不正常运行时短时间偶然出现爆炸性粉尘、纤维的区域。

(3) 火灾危险环境

火灾危险环境分为21区、22区和23区，分别是有可燃液体、可燃粉尘或纤维和可燃固体存在的火灾危险环境。

3. 防爆电气设备

(1) 防爆电气设备类型（见表4—6）

表4—6　　　　　　　　防爆电气设备类型

防爆设备类型名称	说明	标志
隔爆外壳型	正常运行不产生电火花、电弧和危险温度的电气设备	d
增安型	外壳能承受爆炸压力，能阻止爆炸火焰传播途径的电气设备	e
本质安全型	在正常工作或规定的故障状态下，产生的电火花和热效应均不点燃	i
正压外壳型	外壳内不断通入保护性气体	p
油浸型	将带电和过热部分浸在绝缘油里	o
充砂型	将外壳内部用砂子填充	q
"n"型	一般不会发生具有点燃作用的故障	n
浇封型	将可能产生点燃爆炸性气体的电弧、火花或高温部分浇封在浇封剂中	m

(2) 危险环境电气设备选型

应根据电气设备安装环境的类型和等级、电气设备的种类选用防爆电气设备类型。所选用的防爆电气设备的级别和组别不应低于该环境内爆炸性混合物的级别和组别,典型例子见表4—7。

表4—7　　　气体、蒸气危险环境电气设备选型

电气设备类别	爆炸危险环境区别										
	0区	1区					2区				
	本质安全型	本质安全型	隔爆外壳型	正压外壳型	油浸型	增安型	本质安全型	隔爆外壳型	正压外壳型	油浸型	增安型	"n"型
笼型感应电动机			○			△		○	○	○	○	○
开关、断路器			○									
熔断器			△									
控制开关及按钮	○	○	○			○	○	○			○	
操作箱、柜												
固定式灯			○					○			○	
移动式灯			△					○				

注:○表示适用,△表示尽量避免采用。

(3) 防爆电气线路

在爆炸危险环境中,电气线路安装位置的选择、敷设方式的选择、导体材质的选择、连接方法的选择等均应根据环境的危险等级进行。

1) 位置选择。应当在爆炸危险性较小或距离释放源较远的位置敷设电气线路。

2) 敷设方式选择。爆炸危险环境中电气线路主要有防爆钢管配线和电缆配线。

3) 隔离密封。敷设电气线路的沟道以及保护管、电缆或钢管在穿过爆炸危险环境等级不同的区域之间的隔墙或楼板时,应采用非燃性材料严密堵塞。

4) 导线材料选择。爆炸危险环境危险等级1区的范围内，配电线路应采用铜芯导线或电缆。在有剧烈振动处应选用多股铜芯软线或多股铜芯电缆。煤矿井下不得采用铝芯电力电缆。

爆炸危险环境危险等级2区的范围内，电力线路应采用截面积4 mm^{2}及以上的铝芯导线或电缆，照明线路可采用截面积2.5 mm^{2}及以上的铝芯导线或电缆。

5) 允许载流量。1区、2区绝缘导线截面和电缆截面的选择，导体允许载流量不应小于熔断器熔体额定电流和断路器长延时过电流脱扣器整定电流的1.25倍。引向低压笼型感应电动机支线的允许载流量不应小于电动机额定电流的1.25倍。

6) 电气线路的连接。1区和2区的电气线路的中间接头必须在与该危险环境相适应的防爆型的接线盒或接头盒附近的内部。1区宜采用隔爆外壳型接线盒，2区可采用增安型接线盒。

2区的电气线路若选用铝芯电缆或导线时，必须有可靠的铜铝过渡接头。

第五节　消防安全管理相关法律规定

一、《消防法》相关规定

第十六条　机关、团体、企业、事业等单位应当履行下列消防安全职责：

（一）落实消防安全责任制，制定本单位的消防安全制度、消防安全操作规程，制定灭火和应急疏散预案；

（二）按照国家标准、行业标准配置消防设施、器材，设置消防安全标志，并定期组织检验、维修，确保完好有效；

（三）对建筑消防设施每年至少进行一次全面检测，确保完好有效，检测记录应当完整准确，存档备查；

（四）保障疏散通道、安全出口、消防车通道畅通，保证防火防烟分区、防火间距符合消防技术标准；

（五）组织防火检查，及时消除火灾隐患；

（六）组织进行有针对性的消防演练；

（七）法律、法规规定的其他消防安全职责。

单位的主要负责人是本单位的消防安全责任人。

第十七条 县级以上地方人民政府公安机关消防机构应当将发生火灾可能性较大以及发生火灾可能造成重大的人身伤亡或者财产损失的单位，确定为本行政区域内的消防安全重点单位，并由公安机关报本级人民政府备案。

消防安全重点单位除应当履行本法第十六条规定的职责外，还应当履行下列消防安全职责：

（一）确定消防安全管理人，组织实施本单位的消防安全管理工作；

（二）建立消防档案，确定消防安全重点部位，设置防火标志，实行严格管理；

（三）实行每日防火巡查，并建立巡查记录；

（四）对职工进行岗前消防安全培训，定期组织消防安全培训和消防演练。

第十八条 同一建筑物由两个以上单位管理或者使用的，应当明确各方的消防安全责任，并确定责任人对共用的疏散通道、安全出口、建筑消防设施和消防车通道进行统一管理。

住宅区的物业服务企业应当对管理区域内的共用消防设施进行维护管理，提供消防安全防范服务。

第十九条 生产、储存、经营易燃易爆危险品的场所不得与居住场所设置在同一建筑物内，并应当与居住场所保持安全距离。

生产、储存、经营其他物品的场所与居住场所设置在同一建筑物内的，应当符合国家工程建设消防技术标准。

第二十条 举办大型群众性活动,承办人应当依法向公安机关申请安全许可,制定灭火和应急疏散预案并组织演练,明确消防安全责任分工,确定消防安全管理人员,保持消防设施和消防器材配置齐全、完好有效,保证疏散通道、安全出口、疏散指示标志、应急照明和消防车通道符合消防技术标准和管理规定。

第二十一条 禁止在具有火灾、爆炸危险的场所吸烟、使用明火。因施工等特殊情况需要使用明火作业的,应当按照规定事先办理审批手续,采取相应的消防安全措施;作业人员应当遵守消防安全规定。

进行电焊、气焊等具有火灾危险作业的人员和自动消防系统的操作人员,必须持证上岗,并遵守消防安全操作规程。

第二十二条 生产、储存、装卸易燃易爆危险品的工厂、仓库和专用车站、码头的设置,应当符合消防技术标准。易燃易爆气体和液体的充装站、供应站、调压站,应当设置在符合消防安全要求的位置,并符合防火防爆要求。

已经设置的生产、储存、装卸易燃易爆危险品的工厂、仓库和专用车站、码头,易燃易爆气体和液体的充装站、供应站、调压站,不再符合前款规定的,地方人民政府应当组织、协调有关部门、单位限期解决,消除安全隐患。

第二十三条 生产、储存、运输、销售、使用、销毁易燃易爆危险品,必须执行消防技术标准和管理规定。

进入生产、储存易燃易爆危险品的场所,必须执行消防安全规定。禁止非法携带易燃易爆危险品进入公共场所或者乘坐公共交通工具。

储存可燃物资仓库的管理,必须执行消防技术标准和管理规定。

第二十七条 电器产品、燃气用具的产品标准,应当符合消防安全的要求。

电器产品、燃气用具的安装、使用及其线路、管路的设计、敷设、维护保养、检测，必须符合消防技术标准和管理规定。

第二十八条 任何单位、个人不得损坏、挪用或者擅自拆除、停用消防设施、器材，不得埋压、圈占、遮挡消火栓或者占用防火间距，不得占用、堵塞、封闭疏散通道、安全出口、消防车通道。人员密集场所的门窗不得设置影响逃生和灭火救援的障碍物。

第三十九条 下列单位应当建立单位专职消防队，承担本单位的火灾扑救工作：

（一）大型核设施单位、大型发电厂、民用机场、主要港口；

（二）生产、储存易燃易爆危险品的大型企业；

（三）储备可燃的重要物资的大型仓库、基地；

（四）第一项、第二项、第三项规定以外的火灾危险性较大、距离公安消防队较远的其他大型企业；

（五）距离公安消防队较远、被列为全国重点文物保护单位的古建筑群的管理单位。

第四十条 专职消防队的建立，应当符合国家有关规定，并报当地公安机关消防机构验收。

专职消防队的队员依法享受社会保险和福利待遇。

第四十一条 机关、团体、企业、事业等单位以及村民委员会、居民委员会根据需要，建立志愿消防队等多种形式的消防组织，开展群众性自防自救工作。

二、《危险化学品安全管理》相关规定

第四条 危险化学品安全管理，应当坚持安全第一、预防为主、综合治理的方针，强化和落实企业的主体责任。

生产、储存、使用、经营、运输危险化学品的单位（以下统称危险化学品单位）的主要负责人对本单位的危险化学品安全管理工作全面负责。

危险化学品单位应当具备法律、行政法规规定和国家标准、行

业标准要求的安全条件，建立、健全安全管理规章制度和岗位安全责任制度，对从业人员进行安全教育、法制教育和岗位技术培训。从业人员应当接受教育和培训，考核合格后上岗作业；对有资格要求的岗位，应当配备依法取得相应资格的人员。

第二十条　生产、储存危险化学品的单位，应当根据其生产、储存的危险化学品的种类和危险特性，在作业场所设置相应的监测、监控、通风、防晒、调温、防火、灭火、防爆、泄压、防毒、中和、防潮、防雷、防静电、防腐、防泄漏以及防护围堤或者隔离操作等安全设施、设备，并按照国家标准、行业标准或者国家有关规定对安全设施、设备进行经常性维护、保养，保证安全设施、设备的正常使用。

生产、储存危险化学品的单位，应当在其作业场所和安全设施、设备上设置明显的安全警示标志。

第二十三条　生产、储存剧毒化学品或者国务院公安部门规定的可用于制造爆炸物品的危险化学品（以下简称易制爆危险化学品）的单位，应当如实记录其生产、储存的剧毒化学品、易制爆危险化学品的数量、流向，并采取必要的安全防范措施，防止剧毒化学品、易制爆危险化学品丢失或者被盗；发现剧毒化学品、易制爆危险化学品丢失或者被盗的，应当立即向当地公安机关报告。

生产、储存剧毒化学品、易制爆危险化学品的单位，应当设置治安保卫机构，配备专职治安保卫人员。

第二十六条　危险化学品专用仓库应当符合国家标准、行业标准的要求，并设置明显的标志。储存剧毒化学品、易制爆危险化学品的专用仓库，应当按照国家有关规定设置相应的技术防范设施。

储存危险化学品的单位应当对其危险化学品专用仓库的安全设施、设备定期进行检测、检验。

第三十条　申请危险化学品安全使用许可证的化工企业，除应当符合本条例第二十八条的规定外，还应当具备下列条件：

（一）有与所使用的危险化学品相适应的专业技术人员；

（二）有安全管理机构和专职安全管理人员；

（三）有符合国家规定的危险化学品事故应急预案和必要的应急救援器材、设备；

（四）依法进行了安全评价。

第三十四条　从事危险化学品经营的企业应当具备下列条件：

（一）有符合国家标准、行业标准的经营场所，储存危险化学品的，还应当有符合国家标准、行业标准的储存设施；

（二）从业人员经过专业技术培训并经考核合格；

（三）有健全的安全管理规章制度；

（四）有专职安全管理人员；

（五）有符合国家规定的危险化学品事故应急预案和必要的应急救援器材、设备；

（六）法律、法规规定的其他条件。

第三十五条　从事剧毒化学品、易制爆危险化学品经营的企业，应当向所在地设区的市级人民政府安全生产监督管理部门提出申请，从事其他危险化学品经营的企业，应当向所在地县级人民政府安全生产监督管理部门提出申请（有储存设施的，应当向所在地设区的市级人民政府安全生产监督管理部门提出申请）。申请人应当提交其符合本条例第三十四条规定条件的证明材料。设区的市级人民政府安全生产监督管理部门或者县级人民政府安全生产监督管理部门应当依法进行审查，并对申请人的经营场所、储存设施进行现场核查，自收到证明材料之日起30日内做出批准或者不予批准的决定。予以批准的，颁发危险化学品经营许可证；不予批准的，书面通知申请人并说明理由。

第三十八条　依法取得危险化学品安全生产许可证、危险化学品安全使用许可证、危险化学品经营许可证的企业，凭相应的许可证件购买剧毒化学品、易制爆危险化学品。民用爆炸物品生产企业凭民用爆炸物品生产许可证购买易制爆危险化学品。

前款规定以外的单位购买剧毒化学品的，应当向所在地县级人民政府公安机关申请取得剧毒化学品购买许可证；购买易制爆危险化学品的，应当持本单位出具的合法用途说明。

第四十一条 危险化学品生产企业、经营企业销售剧毒化学品、易制爆危险化学品，应当如实记录购买单位的名称、地址、经办人的姓名、身份证号码以及所购买的剧毒化学品、易制爆危险化学品的品种、数量、用途。销售记录以及经办人的身份证明复印件、相关许可证件复印件或者证明文件的保存期限不得少于1年。

剧毒化学品、易制爆危险化学品的销售企业、购买单位应当在销售、购买后5日内，将所销售、购买的剧毒化学品、易制爆危险化学品的品种、数量以及流向信息报所在地县级人民政府公安机关备案，并输入计算机系统。

第四十五条 运输危险化学品，应当根据危险化学品的危险特性采取相应的安全防护措施，并配备必要的防护用品和应急救援器材。

用于运输危险化学品的槽罐以及其他容器应当封口严密，能够防止危险化学品在运输过程中因温度、湿度或者压力的变化发生渗漏、洒漏；槽罐以及其他容器的溢流和泄压装置应当设置准确、启闭灵活。

运输危险化学品的驾驶人员、船员、装卸管理人员、押运人员、申报人员、集装箱装箱现场检查员，应当了解所运输的危险化学品的危险特性及其包装物、容器的使用要求和出现危险情况时的应急处置方法。

第四十八条 通过道路运输危险化学品的，应当配备押运人员，并保证所运输的危险化学品处于押运人员的监控之下。

运输危险化学品途中因住宿或者发生影响正常运输的情况，需要较长时间停车的，驾驶人员、押运人员应当采取相应的安全防范措施；运输剧毒化学品或者易制爆危险化学品的，还应当向当地公安机关报告。

三、《民用爆炸物品安全管理条例》相关规定

第五条 民用爆炸物品生产、销售、购买、运输和爆破作业单位（以下称民用爆炸物品从业单位）的主要负责人是本单位民用爆炸物品安全管理责任人，对本单位的民用爆炸物品安全管理工作全面负责。

民用爆炸物品从业单位是治安保卫工作的重点单位，应当依法设置治安保卫机构或者配备治安保卫人员，设置技术防范设施，防止民用爆炸物品丢失、被盗、被抢。

民用爆炸物品从业单位应当建立安全管理制度、岗位安全责任制度，制定安全防范措施和事故应急预案，设置安全管理机构或者配备专职安全管理人员。

第六条 无民事行为能力人、限制民事行为能力人或者曾因犯罪受过刑事处罚的人，不得从事民用爆炸物品的生产、销售、购买、运输和爆破作业。

民用爆炸物品从业单位应当加强对本单位从业人员的安全教育、法制教育和岗位技术培训，从业人员经考核合格的，方可上岗作业；对有资格要求的岗位，应当配备具有相应资格的人员。

第十一条 申请从事民用爆炸物品生产的企业，应当具备下列条件：

（一）符合国家产业结构规划和产业技术标准；

（二）厂房和专用仓库的设计、结构、建筑材料、安全距离以及防火、防爆、防雷、防静电等安全设备、设施符合国家有关标准和规范；

（三）生产设备、工艺符合有关安全生产的技术标准和规程；

（四）有具备相应资格的专业技术人员、安全生产管理人员和生

产岗位人员；

（五）有健全的安全管理制度、岗位安全责任制度；

（六）法律、行政法规规定的其他条件。

第十六条 民用爆炸物品生产企业应当建立、健全产品检验制度，保证民用爆炸物品的质量符合相关标准。民用爆炸物品的包装，应当符合法律、行政法规的规定以及相关标准。

第十八条 申请从事民用爆炸物品销售的企业，应当具备下列条件：

（一）符合对民用爆炸物品销售企业规划的要求；

（二）销售场所和专用仓库符合国家有关标准和规范；

（三）有具备相应资格的安全管理人员、仓库管理人员；

（四）有健全的安全管理制度、岗位安全责任制度；

（五）法律、行政法规规定的其他条件。

第三十一条 申请从事爆破作业的单位，应当具备下列条件：

（一）爆破作业属于合法的生产活动；

（二）有符合国家有关标准和规范的民用爆炸物品专用仓库；

（三）有具备相应资格的安全管理人员、仓库管理人员和具备国家规定执业资格的爆破作业人员；

（四）有健全的安全管理制度、岗位安全责任制度；

（五）有符合国家标准、行业标准的爆破作业专用设备；

（六）法律、行政法规规定的其他条件。

第三十三条 爆破作业单位应当对本单位的爆破作业人员、安全管理人员、仓库管理人员进行专业技术培训。爆破作业人员应当经设区的市级人民政府公安机关考核合格，取得《爆破作业人员许可证》后，方可从事爆破作业。

四、《烟花爆竹安全管理条例》相关规定

第六条 烟花爆竹生产、经营、运输企业和焰火晚会以及其他

大型焰火燃放活动主办单位的主要负责人，对本单位的烟花爆竹安全工作负责。

烟花爆竹生产、经营、运输企业和焰火晚会以及其他大型焰火燃放活动主办单位应当建立、健全安全责任制，制定各项安全管理制度和操作规程，并对从业人员定期进行安全教育、法制教育和岗位技术培训。

第八条　生产烟花爆竹的企业，应当具备下列条件：

（一）符合当地产业结构规划；

（二）基本建设项目经过批准；

（三）选址符合城乡规划，并与周边建筑、设施保持必要的安全距离；

（四）厂房和仓库的设计、结构和材料以及防火、防爆、防雷、防静电等安全设备、设施符合国家有关标准和规范；

（五）生产设备、工艺符合安全标准；

（六）产品品种、规格、质量符合国家标准；

（七）有健全的安全生产责任制；

（八）有安全生产管理机构和专职安全生产管理人员；

（九）依法进行了安全评价；

（十）有事故应急救援预案、应急救援组织和人员，并配备必要的应急救援器材、设备；

（十一）法律、法规规定的其他条件。

第十二条　生产烟花爆竹的企业，应当对生产作业人员进行安全生产知识教育，对从事药物混合、造粒、筛选、装药、筑药、压药、切引、搬运等危险工序的作业人员进行专业技术培训。从事危险工序的作业人员经设区的市人民政府安全生产监督管理部门考核合格，方可上岗作业。

第十八条　烟花爆竹零售经营者，应当具备下列条件：

（一）主要负责人经过安全知识教育；

（二）实行专店或者专柜销售，设专人负责安全管理；

（三）经营场所配备必要的消防器材，张贴明显的安全警示标志；

（四）法律、法规规定的其他条件。

五、《建设工程消防管理规定》相关规定

第八条 建设单位不得要求设计、施工、工程监理等有关单位和人员违反消防法规和国家工程建设消防技术标准，降低建设工程消防设计、施工质量，并承担下列消防设计、施工的质量责任：

（一）依法申请建设工程消防设计审核、消防验收，依法办理消防设计和竣工验收备案手续并接受抽查；建设工程内设置的公众聚集场所未经消防安全检查或者经检查不符合消防安全要求的，不得投入使用、营业；

（二）实行工程监理的建设工程，应当将消防施工质量一并委托监理；

（三）选用具有国家规定资质等级的消防设计、施工单位；

（四）选用合格的消防产品和满足防火性能要求的建筑构件、建筑材料及室内装修装饰材料；

（五）依法应当经消防设计审核、消防验收的建设工程，未经审核或者审核不合格的，不得组织施工；未经验收或者验收不合格的，不得交付使用。

第十条 施工单位应当承担下列消防施工的质量和安全责任：

（一）按照国家工程建设消防技术标准和经消防设计审核合格或者备案的消防设计文件组织施工，不得擅自改变消防设计进行施工，降低消防施工质量；

（二）查验消防产品和有防火性能要求的建筑构件、建筑材料及室内装修装饰材料的质量，使用合格产品，保证消防施工质量；

（三）建立施工现场消防安全责任制度，确定消防安全负责人。

加强对施工人员的消防教育培训,落实动火、用电、易燃可燃材料等消防管理制度和操作规程。保证在建工程竣工验收前消防通道、消防水源、消防设施和器材、消防安全标志等完好有效。

第十三条 对具有下列情形之一的人员密集场所,建设单位应当向公安机关消防机构申请消防设计审核,并在建设工程竣工后向出具消防设计审核意见的公安机关消防机构申请消防验收:

(一)建筑总面积大于2万平方米的体育场馆、会堂,公共展览馆、博物馆的展示厅;

(二)建筑总面积大于15 000 m^2 的民用机场航站楼、客运车站候车室、客运码头候船厅;

(三)建筑总面积大于1万平方米的宾馆、饭店、商场、市场;

(四)建筑总面积大于2 500 m^2 的影剧院,公共图书馆的阅览室,营业性室内健身、休闲场馆,医院的门诊楼,大学的教学楼、图书馆、食堂,劳动密集型企业的生产加工车间,寺庙、教堂;

(五)建筑总面积大于1 000 m^2 的托儿所、幼儿园的儿童用房,儿童游乐厅等室内儿童活动场所,养老院、福利院,医院、疗养院的病房楼,中小学校的教学楼、图书馆、食堂,学校的集体宿舍,劳动密集型企业的员工集体宿舍;

(六)建筑总面积大于500 m^2 的歌舞厅、录像厅、放映厅、卡拉OK厅、夜总会、游艺厅、桑拿浴室、网吧、酒吧,具有娱乐功能的餐馆、茶馆、咖啡厅。

第十四条 对具有下列情形之一的特殊建设工程,建设单位应当向公安机关消防机构申请消防设计审核,并在建设工程竣工后向出具消防设计审核意见的公安机关消防机构申请消防验收:

(一)设有本规定第十三条所列的人员密集场所的建设工程;

(二)国家机关办公楼、电力调度楼、电信楼、邮政楼、防灾指挥调度楼、广播电视楼、档案楼;

(三)本条第一项、第二项规定以外的单体建筑面积大于4万平

方米或者建筑高度超过 50 m 的其他公共建筑;

(四) 城市轨道交通、隧道工程、大型发电、变配电工程;

(五) 生产、储存、装卸易燃易爆危险物品的工厂、仓库和专用车站、码头,易燃易爆气体和液体的充装站、供应站、调压站。

第十五条 建设单位申请消防设计审核应当提供下列材料:

(一) 建设工程消防设计审核申报表;

(二) 建设单位的工商营业执照等合法身份证明文件;

(三) 新建、扩建工程的建设工程规划许可证明文件;

(四) 设计单位资质证明文件;

(五) 消防设计文件。

第十六条 具有下列情形之一的,建设单位除提供本规定第十五条所列材料外,应当同时提供特殊消防设计的技术方案及说明,或者设计采用的国际标准、境外消防技术标准的中文文本,以及其他有关消防设计的应用实例、产品说明等技术资料:

(一) 国家工程建设消防技术标准没有规定的;

(二) 消防设计文件拟采用的新技术、新工艺、新材料可能影响建设工程消防安全,不符合国家标准规定的;

(三) 拟采用国际标准或者境外消防技术标准的。

第十七条 公安机关消防机构应当自受理消防设计审核申请之日起 20 日内出具书面审核意见。但是依照本规定需要组织专家评审的,专家评审时间不计算在审核时间内。

第十八条 公安机关消防机构应当依照消防法规和国家工程建设消防技术标准强制性要求对申报的消防设计文件进行审核。对符合下列条件的,公安机关消防机构应当出具消防设计审核合格意见;对不符合条件的,应当出具消防设计审核不合格意见,并说明理由:

(一) 新建、扩建工程已经取得建设工程规划许可证;

(二) 设计单位具备相应的资质条件;

(三) 消防设计文件的编制符合公安部规定的消防设计文件申报

要求；

（四）建筑的总平面布局和平面布置、耐火等级、建筑构造、安全疏散、消防给水、消防电源及配电、消防设施等的设计符合国家工程建设消防技术标准强制性要求；

（五）选用的消防产品和有防火性能要求的建筑材料符合国家工程建设消防技术标准和有关管理规定。

第十九条 对具有本规定第十六条情形之一的建设工程，公安机关消防机构应当在受理消防设计审核申请之日起5日内将申请材料报送省级人民政府公安机关消防机构组织专家评审。

省级人民政府公安机关消防机构应当在收到申请材料之日起30日内会同同级住房和城乡建设行政主管部门召开专家评审会，对建设单位提交的消防技术方案进行评审。参加评审的专家应当具有相关专业高级技术职称，总数不应少于7人，并应当出具专家评审意见。评审专家有不同意见的，应当注明。

省级人民政府公安机关消防机构应当在专家评审会后5日内将专家评审意见书面通知报送申请材料的公安机关消防机构，同时报公安部消防局备案。

对三分之二以上评审专家同意的消防技术方案，受理消防设计审核申请的公安机关消防机构应当出具消防设计审核合格意见。

第二十条 建设、设计、施工单位不得擅自修改经公安机关消防机构审核合格的建设工程消防设计。确需修改的，建设单位应当向出具消防设计审核意见的公安机关消防机构重新申请消防设计审核。

第二十一条 建设单位申请消防验收应当提供下列材料：

（一）建设工程消防验收申报表；

（二）工程竣工验收报告；

（三）消防产品质量合格证明文件；

（四）有防火性能要求的建筑构件、建筑材料、室内装修装饰材

料符合国家标准或者行业标准的证明文件、出厂合格证;

(五)消防设施、电气防火技术检测合格证明文件;

(六)施工、工程监理、检测单位的合法身份证明和资质等级证明文件;

(七)其他依法需要提供的材料。

第二十二条 公安机关消防机构应当自受理消防验收申请之日起 20 日内组织消防验收,并出具消防验收意见。

第二十三条 公安机关消防机构对申报消防验收的建设工程,应当依照建设工程消防验收评定标准对已经消防设计审核合格的内容组织消防验收。

对综合评定结论为合格的建设工程,公安机关消防机构应当出具消防验收合格意见;对综合评定结论为不合格的,应当出具消防验收不合格意见,并说明理由。

第二十四条 对通过消防设计审核的高层建筑、地下工程,以及采用新技术、新工艺、新材料的建设工程,公安机关消防机构应当重点进行监督检查,督促施工单位落实工程建设消防安全和质量责任。

第五章 督促、检查劳动防护用品使用的责任

第一节 劳动防护用品基本概念

一、劳动防护用品及其作用和特点

1. 劳动防护用品

劳动防护用品是指由生产经营单位为从业人员配备的，使其在劳动过程中免遭或者减轻事故伤害及职业危害的个人防护装备，分特种劳动防护用品和一般劳动防护用品。

劳动防护用品的优劣直接关系到职工的安全、健康，必须经劳动保护用品质量监督检查机构检验合格，并核发生产许可证和产品合格证，其基本要求是：

（1）必须严格保证质量，具有足够的防护性能，安全可靠。

（2）防护用品所选用的材料必须符合人体生理要求，不能成为危害因素的来源。

（3）防护用品要使用方便，不影响正常工作。

2. 劳动防护用品的作用

劳动防护用品的作用，是使用一定的屏蔽体或系带、浮体，采取隔离、封闭、吸收、分散、悬浮等手段，保护机体或全身免受外界危害因素的侵害。防护用品供劳动者个人随身使用，是保护劳动者不受职业危害的最后一道防线。当劳动安全卫生技术措施尚不能消除劳动生产过程中的危险及有害因素，达不到国家标准、行业标准及有关规定，也暂时无法进行技术改造时，使用防护用品就成为既能完成劳动生产任务，又能保障劳动者安全与健康的唯一手段。

防护用品的主要作用是：

(1) 隔离和屏蔽作用

隔离和屏蔽作用是指使用一定的隔离或屏蔽体使机体免受有害因素的侵害。如劳动防护用品能很好地隔绝外界的某些刺激，避免皮肤发生皮炎等病态反应。

(2) 过滤和吸附（收）作用

过滤和吸附（收）作用是指借助防护用品中某些聚合物本身的活性基因对毒物的吸附作用，洗涤空气，如活性炭等多孔物质吸附进行排毒。

3. 劳动防护用品的特点

劳动防护用品是保护劳动者安全与健康所采取的必不可少的辅助措施，是劳动者防止职业毒害和伤害的最后一项有效措施。同时，它又与劳动者的福利待遇以及防护产品质量、产品卫生和生活卫生需要的非防护性的工作用品有着原则性的区别。具体来说，劳动防护用品具有以下几个特点：

(1) 特殊性

劳动防护用品不同于一般的商品，是保障劳动者的安全与健康的特殊用品，企业必须按照国家和省、市劳动防护用品有关标准进行选择和发放。尤其是特种防护用品因其具有特殊的防护功能，国家在生产、使用、购买等环节中都有严格的要求。如国家安全生产监督管理总局第1号令《劳动防护用品监督管理规定》中要求特种劳动防护用品必须由取得特种劳动防护用品安全标志的专业厂家生产，生产经营单位不得采购和使用无安全标志的特种劳动防护用品；购买的特种劳动防护用品须经本单位的安全生产技术部门或者管理人员检查验收等。

(2) 适用性

劳动防护用品的适用性既包括防护用品选择使用的适用性，也包括使用的适用性。选择使用的适用性是指必须根据不同的工种和作业环境以及使用者的自身特点等选用合适的防护用品。如耳塞和防噪声帽（有大小型号之分），如果选择的型号太小，就不会很好地起到防护噪声的作用。使用的适用性是指防护用品需在进入工作岗位时使用，这不仅要求产品的防护性能可靠、确保使用者的安全，而且还要求产品适用性能好、方便、灵活，使用者乐于使用。因此，结构较复杂的防护用品，需经过一定时间试用，对其适用性及推广应用价值做出科学评价后才能投产销售。生产厂家要注意这一点。

（3）时效性

防护用品均有一定的使用寿命。如橡胶类、塑料等制品，长时间受紫外线及冷热温度影响会逐渐老化而易折断。有些护目镜和面罩，受光线照射和擦拭，或者受空气中的酸、碱蒸气的腐蚀，镜片的透光率逐渐下降而失去使用价值；绝缘鞋（靴）、防静电鞋和导电鞋等的电性能，随着鞋底的磨损，将会改变电性能；一些防护用品的零件长期使用会磨损，影响力学性能。有些防护用品的保存条件也会影响其使用寿命，如温度及湿度等。

二、劳动防护用品的分类及其选用

1. 劳动防护用品的分类

（1）按照用途以及防护部位，劳动防护用品可以分成以下种类。

1) 以防止伤亡事故为目的的防护用品，包括：

①防坠落用品，如安全带、安全网等；

②防冲击用品，如安全帽、防冲击护目镜等；

③防触电用品，如绝缘服、绝缘鞋、等电位工作服等；

④防机械外伤用品，如防刺、割、绞碾、磨损用的防护服、鞋、手套等；

⑤防酸碱用品，如耐酸碱手套、防护服和靴等；

⑥耐油用品，如耐油防护服、鞋和靴等；

⑦防水用品，如胶制工作服、雨衣、雨鞋和雨靴、防水保险手

套等；

⑧防寒用品，如防寒服、鞋、帽、手套等。

2）以预防职业病为目的的防护用品，包括：

①防尘用品，如防尘口罩、防尘服等；

②防毒用品，如防毒面具、防毒服等；

③防放射性用品，如防放射性服、铅玻璃眼镜等；

④防热辐射用品，如隔热防护服、防辐射隔热面罩、电焊手套、有机防护眼镜等；

⑤防噪声用品，如耳塞、耳罩、耳帽等。

3）以人体防护部位分类，包括：

①头部防护用品，如防护帽、安全帽、防寒帽、防昆虫帽等；

②呼吸器官防护用品，如防尘口罩（面罩）、防毒口罩（面罩）等；

③眼面部防护用品，如焊接护目镜、炉窑护目镜、防冲击护目镜等；

④手部防护用品，如一般防护手套、各种特殊防护（防水、防寒、防高温、防振）手套、绝缘手套等；

⑤足部防护用品，如防尘、防水、防油、防滑、防高温、防酸碱、防振鞋（靴）及电绝缘鞋（靴）等；

⑥躯干防护用品，通常称为防护服，如一般防护服、防水服、防寒服、防油服、防电磁辐射服、隔热服、防酸碱服等。

(2) 劳动防护用品还可以分为特种劳动防护用品与一般劳动防护用品。特种劳动防护用品是指使劳动者在劳动过程中预防或减轻严重伤害和职业危害的劳动防护用品，一般劳动防护用品是指除特种劳动防护用品以外的防护用品。

特种劳动防护用品包含以下品种：

1）头部护具类：安全帽。

2）呼吸护具类：防尘口罩、过滤式防毒面具、自给式空气呼吸器、长管面具。

3) 眼（面）护具类：焊接眼面护具、防冲击眼护具。

4) 防护服类：阻燃防护服、防酸工作服、防静电工作服。

5) 防护鞋类：保护足趾安全鞋、防静电鞋、导电鞋、防刺穿鞋、胶面防砸安全鞋、电绝缘鞋、耐酸碱皮鞋、耐酸碱皮胶靴、耐酸碱塑料压靴。

6) 防坠落护具类：安全带、安全网、密目式安全立网。

2. 使用劳动防护用品的注意事项

在工作场所必须按照要求佩戴和使用劳动防护用品。劳动防护用品是根据生产工作的实际需要发给个人的，每个职工在生产工作中都要好好地使用，以达到预防事故、保障个人安全的目的。使用劳动防护用品要注意的问题有：

（1）选择防护用品应针对防护目的，正确选择符合要求的用品，绝不能错选或将就使用，以免发生事故。

（2）对使用防护用品的人员应进行教育和培训，使其能充分了解使用目的和意义，并正确使用。对于结构和使用方法较为复杂的用品，如呼吸防护器，应进行反复训练，使人员能熟练使用。用于紧急救灾的呼吸器，要定期严格检验，并妥善存放在可能发生事故的地点附近，方便取用。

（3）要妥善维护保养防护用品，不但能延长其使用期限，更重要的是要保证用品的防护效果。耳塞、口罩、面罩等用后应用肥皂、清水洗净，并用药液消毒、晾干。过滤式呼吸防护器的滤料要定期更换，以防失效。防止皮肤污染的工作服用后应集中清洗。

（4）防护用品应有专人管理，负责维护保养，保证劳动防护用品充分发挥其作用。

3. 根据作业场所的危害因素选择使用劳动防护用品

（1）粉尘有害因素

在《工作场所有害因素职业接触限值　第1部分：化学有害因

素》（GBZ 2.1—2007）中规定有 47 种粉尘，这些粉尘都是对人体健康有损害的，工作场所环境空气中粉尘超过限值，应采用防颗粒物的呼吸器，其中自吸过滤式防颗粒物呼吸器产品应符合 GB 2626—2006《呼吸防护用品——自吸过滤式防颗粒物呼吸器》标准要求（2006 年 12 月 1 日实施）。送风过滤式产品应符合 LD 6—1991《电动送风过滤式防尘呼吸器通用技术条件》等标准。

(2) 化学性有害因素

在《工作场所有害因素职业接触限值　第 1 部分：化学有害因素》（GBZ 2.1—2007）中规定有毒物质有 339 种，凡是作业场所超过限值，除采取防毒工程技术措施外，还应提供个人防护用品。这些防毒呼吸用品，应符合 GB 2890—2009《呼吸防护　自吸过滤式防毒面具》、GB 8159—2011《矿用一氧化碳过滤式自救器》等要求；供气式防毒用品应符合 GB/T 16556—2007《自给开路式压缩空气呼吸器》标准要求。

(3) 物理有害因素

工作场所物理有害因素包括电离辐射暴露限值、高温作业分级、激光、局部振动、煤矿井下采掘作业地点气象条件、体力劳动强度分级标准、体力作业时心率和能量消耗的生理限值及紫外辐射、红外辐射、噪声级限值等在 GBZ 1—2010《工业企业设计卫生标准》和 GBZ 2.2—2007《工作场所有害因素职业接触限值　第 2 部分：物理因素》中都有规定。针对不同的有害因素，可选用相应的防护用品，如防紫外、红外辐射伤害的护目镜和面具、焊接护目镜产品应符合 GB/T 3609.1—2008《焊接眼面部防护　焊接防护　第 1 部分：焊接防护具》的要求，高温辐射场所选用阻燃防护服应符合 GB 8965.1—2009《防护服装　阻燃防护　第 1 部分：阻燃服》的要求。

有静电和电危害的作业场所应选用防静电工作服和防静电鞋，产品应符合 GB 12014—2009《防静电服》和 GB 21146—2007《个体防护装备职业鞋》的要求；防止电危害应选用带电作用屏蔽服或高压静电防护服以及电绝缘鞋（靴）、电绝缘手套等防护用品，其产品应符合 GB/T 6568—2008《带电作业用屏蔽服装》、GB/T 18136—2008《交流高压静电防护服装及试验方法》、GB 12011—2009《足部防护 电绝缘鞋》和 GB/T 17622—2008《带电作业用绝缘手套》等标准要求。

有机械、打击、切割伤害的作业场所，应选用安全帽、安全鞋和防护手套、护目镜等防护用品，并符合国家标准要求。

（4）生物性有害因素

如接触皮毛、动物引起的炭疽杆菌感染、布氏杆菌感染、森林采伐引起的脑炎病菌感染，医护人员接触患者引起的细菌、病毒性感染。在这些场所选用呼吸防护品时，产品应符合 GB 19083—2010《医用防护口罩技术要求》；选用防护服产品应符合 GB 19082—2009《医用一次性防护服技术要求》。

如果有害物会伤害头部、耳、眼面、呼吸、手臂、身体、皮肤、足部等部位，应根据不同部位选用相对应的防护用品。

个人使用的防护用品只有与个人尺寸相匹配才能发挥最好的防护功能，因此，在选用个人防护用品时应有不同型号供使用者选用。

劳动防护用品不是可有可无的物品，它是保障从业人员安全和健康的最后一道防线，用人单位应遵循国家法规，为从业人员配发劳动防护用品，选用有工业生产许可证和安全标志的产品，选用符合国家标准或行业标准要求的产品。

4. 劳动防护用品的使用期限与报废

劳动防护用品的使用期限与作业场所环境、劳动防护用品使用频率、劳动防护用品自身性质等多方面因素有关。如某省根据作业环境，对厂矿企业使用安全帽的使用期限规定为：冶金轧钢厂中的板坯作业 36 个月；冷水作业 48 个月；煤炭作业、土建作业 24 个月；地质勘探作业的安装工、钻探工、采样工为 12 个月。一般来说，使用期限应考虑以下三个原则：

(1) 腐蚀程度

根据不同作业对劳动防护用品的磨损可划分为重腐蚀作业、中腐蚀作业和轻腐蚀作业。腐蚀程度反映作业环境和工种使用状况。

(2) 损耗情况

根据防护功能降低的程度可分为易受损耗、中等受损耗和强制性报废。受损耗情况反映防护用品防护性能情况。

(3) 耐用性能

根据使用周期可分为耐用、中等耐用和不耐用。耐用性能反映劳动防护用品材质状况,如用耐高温阻燃纤维织物制成的阻燃防护服,要比用阻燃剂处理的阻燃织物制成的阻燃防护服耐用。耐用性能反映防护用品的综合质量。

劳动防护用品因损伤、经测试防护功能失效或超过有效期时,应及时从作业现场清理出来,并由专人监督销毁。对销毁的劳动防护用品的品种、数量、来源、销毁原因等情况要进行详细记录,经办人员和监督人员签字后存档。严禁失效的劳动防护用品外流,避免因误用而引发事故。

当符合下述条件之一时,防护用品应予以报废,不得继续作为个人防护用品使用:

(1) 不符合国家标准、行业标准或地方标准。

(2) 未达到省级以上安全生产监督管理机构根据有关标准和规程所规定的功能指标。

(3) 在使用或保管储存期内遭到损坏或超过有效使用期,经检验未达到原规定的有效防护功能最低指标。

三、劳动防护用品的法定配备与管理

1. 劳动者享有的权利

我国法定职业病人有 10 大类 115 种。凡从事有粉尘、有害气体、噪声等有害作业者、劳动者有定期检查身体的权利和以下基本的安全生产权利：

（1）知情权

劳动者在订立劳动合同时，有了解所在工作场所的职业危害因素和防护设施情况的权利及对健康检查结果知情的权利。

（2）培训权

劳动者享有接受职业安全卫生教育、培训的权利。

（3）获得保护权

（4）紧急避险权

（5）请求建议权

（6）检举、控告权

劳动者享有对用人单位违反安全法、职业病防治法律、法规，侵害劳动者健康权益的行为进行检举和控告的权利。

（7）依法拒绝作业权

有权拒绝在没有卫生防护条件下从事职业危害作业，有权拒绝违章指挥和强令的冒险作业。

（8）要求赔偿权

因职业危害造成健康损害依法享有要求赔偿的权利。

（9）参与决策权

劳动者享有参与用人单位职业安全卫生的民主管理、民主监督的权利。

（10）特殊保障权

工伤及职业病应享受的工伤保险待遇，未成年人、女职工、有职业禁忌的劳动者享有特殊的职业卫生保护权利。

因此，劳动者享有"要求用人单位提供符合职业病要求的职业病防护设施和个人使用的职业病防护用品，改善工作条件"的权利；劳动者享有"要求用人单位提供符合防治职业病要求的职业中毒危害防护设施和个人使用的职业中毒危害防护用品，改善工作条件"的职业卫生保护权利。

2. 劳动防护用品的法定配备

劳动防护用品经营、发放、管理是一项政策性较强的工作，国家安全生产监督管理总局第1号令《劳动防护用品监督管理规定》对用人单位购买、发放及使用劳动防护用品做出了明确的规定，用人单位必须按照国家标准购买和发放劳动防护用品。其要求如下：

（1）用人单位应根据工作场所中的职业危害因素及其危害程度，按照法律、法规、标准的规定，为从业人员免费提供符合国家规定的防护用品。不得以货币或其他物品替代应当配备的防护用品。

（2）用人单位应到定点经营单位或生产企业购买特种劳动防护用品。防护用品必须具有"三证"，即生产许可证、产品合格证和安全标志证。购买的防护用品须经本单位安全管理部门验收，并应按照防护用品的使用要求，在使用前对防护功能进行必要的检查。

（3）用人单位应教育从业人员，按照防护用品的使用规则和防护要求正确使用防护用品。使职工做到"三会"：会检查防护用品的可靠性；会正确使用防护用品；会正确维护保养防护用品，并进行监督检查。

（4）用人单位应按照产品说明书的要求，及时更换、报废过期和失效的防护用品。

（5）用人单位应建立、健全防护用品的购买、验收、保管、发放、使用、更换、报废等管理制度和使用档案，并切实贯彻执行和进行必要的监督检查。

（6）劳动者有遵守法律法规各项规章制度的义务；应当正确使用、维护防护设备和个人防护用品；接受教育培训义务。

从业人员在从业过程中，应当严格遵守本单位的安全生产规章制度和操作规程，服从管理，正确佩戴和使用劳动防护用品。严格遵守安全卫生法规及有关规章制度和操作规程，认真坚持正确选用、维护安全防护设备和个体防护装备。

从业人员在劳动生产过程中应履行按规定佩戴和使用劳动防护

用品的义务。

按照法律、法规的规定，为保障人身安全，用人单位必须为从业人员提供必要的、安全的劳动防护用品，以避免或者减轻作业中的人身伤害。但在实践中，由于一些从业人员缺乏安全知识，心存侥幸或嫌麻烦，往往不按规定佩戴和使用劳动防护用品，由此引发的人身伤害事故时有发生。另外，有的从业人员由于不会或者没有正确使用劳动防护用品，同样也难以避免受到人身伤害。因此，正确佩戴和使用劳动防护用品是从业人员必须履行的法定义务，这是保障从业人员人身安全和生产经营单位安全生产的需要。

3. 正确使用劳动防护用品

劳动防护用品的使用首先应严格按照生产企业提供的使用说明书执行，这是因为在使用说明书中提出的要求是生产企业结合其生产的劳动防护用品的特性、构造特点所提出的，是最有针对性的。另外，在各相关的技术标准和有关的管理文件中都对各类劳动防护用品提出了一些通用的基本且重要的使用要求。例如，塑料安全帽的使用期从产品制造完成之日计算不超过两年半，对到期的安全帽，必须经抽查检验合格后方可继续使用；防尘口罩不能用于含有烟气以及含氧量低于18%的环境；防静电工作服穿用时，必须与防静电鞋配套使用，禁止在易燃易爆场所穿、脱防静电工作服等，了解和掌握这些要求将非常有用。

国家安全生产监督管理总局颁布的《劳动防护用品管理规定》第19条规定从业人员在作业过程中，必须按照安全生产规章制度和劳动防护用品使用规则，正确佩戴和使用劳动防护用品；未按规定佩戴和使用劳动防护用品的，不得上岗作业。工会对生产经营单位劳动防护用品管理的违法行为有权要求纠正，并对纠正情况进行监督。

4. 劳动防护用品的管理

国家安全生产监督管理总局颁布的《劳动防护用品管理规定》

第 6 条中指出特种劳动防护用品实行安全标志管理。特种劳动防护用品安全标志管理工作由国家安全生产监督管理总局指定的特种劳动防护用品安全标志管理机构实施,受指定的特种劳动防护用品安全标志管理机构对其核发的安全标志负责。

生产劳动防护用品的企业生产的特种劳动防护用品,必须取得特种劳动防护用品安全标志。安全生产监督管理部门、煤矿安全监察机构依法对劳动防护用品使用情况和特种劳动防护用品安全标志进行监督检查,督促生产经营单位按照国家有关规定为从业人员配备符合国家标准或者行业标准的劳动防护用品。

四、特种劳动防护用品

1. 特种劳动防护用品

劳动防护用品是指由生产经营单位为从业人员配备的,使其在劳动过程中免遭或者减轻事故伤害及职业危险的个人防护用品。它又分为特种劳动防护用品和一般劳动防护用品。国家对特种劳动防护用品实行安全标志管理制度。特种劳动防护用品具体包含以下内容。

(1) 头部护具类

安全帽。

(2) 呼吸护具类

防尘口罩、过滤式防毒面具、自给式空气呼吸器、长管面具。

(3) 眼(面)护具类

焊接眼面防护具、防冲击眼护具。

(4) 防护服类

阻燃防护服、防酸工作服、防静电工作服。

(5) 防护鞋类

保护足趾安全鞋、防静电鞋、导电鞋、防刺穿鞋、胶面防砸安全靴、电绝缘鞋、耐酸碱皮鞋、耐酸碱胶靴、耐酸碱塑料模压靴。

(6) 防坠落护具类

安全带、安全网、密目式安全立网。

特种劳动防护用品的"三证一标志"是指：生产许可证、产品合格证、安全鉴定证和劳动防护安全标志。

2. 特种劳动防护用品安全标志证书与组成

特种劳动防护用品安全标志按照《特种劳动防护用品安全标志实施细则》（安监总规划字［2005］149号）规定执行，包括：

（1）特种劳动防护用品安全标志证书

国家安全生产监督管理总局监制，加盖特种劳动防护用品安全标志管理中心印章。

（2）特种劳动防护用品安全标志组成

如图5—1所示，其由盾牌图形和特种劳动防护用品安全标志的编号组成。不同尺寸的图形用于不同类型的特种劳动防护用品。

特种劳动防护用品安全标志组成的说明：

1) 本标志采用古代盾牌之形状，取"防护"之意。

2) 盾牌中间采用字母"LA"表示"劳动安全"之意。

3) "××－××－××××××"是标志的编号。

图5—1 特种劳动防护用品安全标志

4) 参照《安全色》（GB 2893—2008）的规定，标志边框、盾牌及"安全防护"为绿色，"LA"及背景为白色，标志编号为黑色。

3. 特种劳动防护用品的采购

国家对特种劳动防护用品实行安全标志管理，要求生产经营单位必须购买有安全标志的特种劳动防护用品。

一些企业生产的无安全标志的特种劳动防护用品被生产经营单位购买后,因其不具备应有的安全防护性能和质量,造成了严重后果。所以,必须把住特种劳动防护用品的采购管理关。

《劳动防护用品监督管理规定》第十八条规定:"生产经营单位不得采购和使用无安全标志的特种劳动防护用品;购买的特种劳动防护用品须经本单位的安全生产技术部门或者管理人员检查验收。"此外,对一般劳动防护用品也要加强管理,生产经营单位应当建立、健全劳动防护用品的采购、验收、保管、发放、报废等管理制度。

针对一些生产经营单位弄虚作假,以发给货币或者其他物品替代劳动防护用品的违法行为,《劳动防护用品监督管理规定》第十五条第二款规定:生产经营单位不得以货币或者其他物品替代应当配备的劳动防护用品。

第二节 常用劳动防护用品及其管理

以下列举几类常用的劳动防护用品的使用与管理,其他的相关劳动防护用品管理知识请读者查阅其他相关书籍。

一、头部防护用品使用与管理

1. 造成头部伤害的因素及头部防护用品分类

(1) 造成头部伤害的因素

按照国家《企业职工伤亡事故分类》(GB 6441—1986) 中的事故划分,在劳动过程中,造成头部伤害的因素主要有物体打击、机械伤害、高处坠落等。

1) 物体打击。物体从高处加速度坠落,如工具、电缆、金属材料等;其次是由侧旁溅落物的抛物势能或离心力所引起,如发生在正在运转的机器、料场,侧旁溅落物有滚石、金属材料、工具、废金属屑块等。各种落物造成的伤害有击伤、砸伤等,是由远距离的外力而来，它不同于钩、挂、磨、刺等固定场所发生的机械外伤，其特点是远距离外力具有较大的冲击力，尤其是由上而下的加速度冲击力更大，而且发生的时间短暂，不固定，一般是突然而来的，难以预料。

落物冲击首当是头部，头在人体最上部位，是神经中枢所在，头盖骨最薄处仅有 2 mm 左右，头部一旦受外力冲击，可引起脑震荡、脑出血、脑膜挫伤、颅底骨折、机能障碍等伤害，影响思维和活动功能，甚至立即死亡。落物砸伤腿脚，也是常见的工伤事故，如发生胫骨、趾骨、跖骨外伤骨折或碎裂。眼睛部位容易被金属切削的碎屑、碎块或石渣击伤，轻者发生角膜异物伤和视力障碍，重者可致盲。

有落物冲击的危险作业，遍及矿山、工厂、供电、建筑工地以及森林采伐、交通运输等部门，国家规定有关的工种必须使用防冲击用品。

2) 机械伤害。在生产中，如旋转的机床、叶轮、皮带运输设备，若作业人员不慎将毛发卷入其中，则可造成严重的毛发和头皮撕脱伤害，甚至将人带入机器中危及生命。

3) 高处坠落。这种事故多发生在建筑、矿山、冶金、采矿、石油勘探、隧道等行业场所，在伤亡事故统计分析中，由于坠落物而头部损伤致死者占 38.9%。

坠落物对人体的伤害主要是由加速度冲击力引起，这类事故的特点是突发性强，不易躲闪，同时作用时间短，冲击力大，尤其是由上而下的坠落物，冲击过程只发生在一瞬间。冲击事故一旦发生，受伤部位概率最大的首先是头部。因为在这些行业生产劳动中，意外的坠落物伤及人体的事故时有发生。所以，必须加强头部的防护。

(2) 头部防护用品分类

根据防护作用可将头部防护用品分为三类：安全帽、防护头罩及一般工作帽。

1) 安全帽。又称安全头盔,是防止冲击、刺穿、挤压等伤害头部的帽子。

2) 防护头罩。它是使头部免受火焰、腐蚀性烟雾、粉尘以及恶劣气候条件伤害头部的个人防护装备。

3) 工作帽。能防头部脏污和擦伤、长发被绞碾等伤害的普通帽子。

2. 安全帽及其防护原理

(1) 安全帽

安全帽由帽壳、帽衬、下颌带、后箍等部件组成,其主要组成部分为帽壳和帽衬。良好的帽壳、帽衬材料,适宜的帽型与合理的帽衬结构相配合就能起到阻挡外来冲击物和缓解、分散、吸收冲击力保护佩戴者的作用。

1) 帽壳。帽壳多采用椭圆或半圆拱形结构,表面连续光滑,可使物体坠落到帽壳上以后容易滑脱,顶部一般设有加强筋,以提高抗冲击强度。冲击过程中允许帽壳产生少量变形,但不能触及头顶。帽壳外形不宜采用平顶形式,平顶不易使坠落物滑脱,冲击过程中顶部变形大,易产生触顶。

2) 帽衬。帽衬是帽壳内部部件的总称,包括帽箍、顶带、护带、吸汗带、衬垫、下颌带及拴绳等。帽衬在冲击过程中起主要的缓冲作用。帽衬材料的好坏、结构的合理性与协调程度直接影响安全帽的冲击吸收性能。

(2) 防护原理

安全帽能承受压力主要是利用了三种原理:

1) 缓冲减震作用。帽壳与帽衬之间有 25～50 mm 的间隙,当物体打击安全帽时,帽壳不因受力变形而直接影响到头顶部。

2) 分散应力作用。帽壳为椭圆形或半球形,表面光滑,当物体坠落在帽壳上时,物体不能停留立即滑落;而且帽壳受打击点的承受的力向周围传递,通过帽衬缓冲减少的力可达 2/3 以上,其余的力经帽衬的整个面积传递给人的头盖骨，这样就把着力点变成了着力面，从而避免了冲击力在帽壳上某点应力集中，减少了单位面积受力。

3）生物力学。国标中规定安全帽必须能吸收 4 900 N。这是因为生物学试验，超过人体颈椎在受力时最大的限值，颈椎就会受到伤害，轻者引起瘫痪，重者危及生命。

3. 安全帽的分类

安全帽可按照材料、外形和作业场所进行分类：

（1）按材料分类

可分为工程塑料、橡胶料、纸胶料、植物料等安全帽。

（2）按外形分类

可分为无檐、小檐、卷边、中檐、大檐安全帽等。

（3）按作业场所分类

可分为一般作业和特殊作业安全帽。

安全帽产品按用途分有一般作业类（Y 类）安全帽和特殊作业类（T 类）安全帽两大类。其中 T 类中又分成五类：T1 类适用于有火源的作业场所；T2 类适用于井下、隧道、地下工程、采伐等作业场所；T3 类适用于易燃易爆作业场所；T4（绝缘）类适用于带电作业场所；T4（低温）类适用于低温作业场所。每种安全帽都具有一定的技术性能指标和适用范围，所以要根据所使用的行业和作业环境选购相应的产品。

消费者可以根据自己的需要选择适宜的品种。要根据所使用的行业和作业环境选用安全帽。例如，建筑行业一般就选用 Y 类安全帽；在电力行业，因接触电网和电器设备，应选用 T4（绝缘）类安全帽；在易燃易爆的环境中作业，应选择 T3 类安全帽。

安全帽颜色的选择随意性比较大，一般以浅色或醒目的颜色为宜，如白色、浅黄色等（见图 5—2），也可以按有关规定的要求选用，遵循安全心理学的原则选用，按部门区分来选用，按作业场所

图 5—2 安全帽颜色

和环境来选用。

4. 安全帽的使用、维护及注意事项

(1) 安全帽的使用

1) 首先检查安全帽的外壳是否破损（如有破损，其分解和削弱外来冲击力的性能就已减弱或丧失，不可再用）、有无合格帽衬（帽衬的作用是吸收和缓解冲击力，若无帽衬，则丧失了保护头部的功能）、帽带是否完好。

2) 调整好帽衬顶端与帽壳内顶的间距（4～5 cm），调整好帽箍。

3) 安全帽必须戴正。如果戴歪了，一旦受到打击，起不到减轻对头部冲击的作用。

4) 必须系紧下颌带，戴好安全帽。如果不系紧下颌带，一旦发生构件坠落打击事故，安全帽就容易掉下来，导致严重后果。

现场作业中，切记不得将安全帽脱下搁置一旁，或当坐垫使用。

(2) 安全帽的维护

1) 不能私自在安全帽上打孔，不要随意碰撞安全帽，不要将安全帽当板凳坐，以免影响其强度。

2) 安全帽不能放置在有酸、碱、高温、日晒、潮湿或化学试剂的场所，以免其老化、变质。

3) 对热塑料制的安全帽，虽可用清水冲洗，但不得用热水浸泡，更不能放入浴池内洗涤；也不能在暖气片、火炉上烘烤，以防止帽体变形。

(3) 注意事项

应注意使用在有效期内的安全帽,塑料安全帽的有效期为两年半,植物枝条编织的安全帽有效期为2年,玻璃钢(包括维纶钢)和胶质安全帽的有效期为三年半。超过有效期的安全帽应报废。

1) 在使用之前一定要检查安全帽上是否有裂纹、碰伤痕迹、凹凸不平、磨损(包括对帽衬的检查)等,安全帽上如存在影响其性能的明显缺陷就应及时报废,以免影响其防护作用。

2) 不能随意在安全帽上拆卸或添加附件,以免影响其原有的防护性能。

3) 不能随意调节帽衬的尺寸。安全帽的内部尺寸如垂直间距、佩戴高度、水平间距,标准中是有严格规定的,这些尺寸直接影响安全帽的防护性能,使用者不可随意调节,否则,落物冲击一旦发生,安全帽会因佩戴不牢脱出或因冲击触顶而起不到防护作用,直接伤害佩戴者。

4) 使用时一定要将安全帽戴正、戴牢,不能晃动,要系紧下颌带,调节好后箍以防安全帽脱落。

5) 受过一次强冲击或做过试验的安全帽不能继续使用,应予以报废。

二、呼吸防护用品使用与管理

1. 常见呼吸防护用品分类

生产过程中,危害呼吸器官的因素主要有生产性粉尘和化学毒物两大类。一般来说,劳动者在进行固体物质的粉碎、碾磨、筛分、拌和、包装、运输,以及矿山钻孔、爆破、筑路、凿岩等工作中,都会接触到大量粉尘。长期悬浮在空气中的粉尘颗粒越细,越容易被人体吸入,特别是粒径小于5 μm 的呼吸性粉尘,会直接进入肺泡并沉积,导致矽肺病或其他尘肺病,患者轻则丧失劳动能力,重则死亡，严重影响着劳动者的身体健康，给成千上万家庭带来痛苦。另外，接触生产性毒物的行业和工种也很多，如在化工、制药、油漆、冶金、印刷等工业生产中，会产生许多化学有毒物质，被吸入人体后可引起急性或慢性中毒，有的有害物甚至可以引起恶变，导致白血病、癌症等。据统计，职业中毒的95％左右是吸入有毒物质所致，因此，预防尘肺、职业中毒、缺氧窒息，关键是进行呼吸器官的防护。

呼吸器官的防护是指操作人员佩戴有效、适宜的防护器具，直接防御有害气体、蒸气、尘、烟、雾经呼吸道进入体内，或者供给清洁空气，从而保证其在尘、毒污染或缺氧环境中呼吸正常和安全健康。因操作条件或工艺设备所限，在含尘或毒物污染超过《工业企业设计卫生标准》的环境中处理事故，如检修、抢救等剧毒作业以及在狭小密闭舱内操作，都必须重视呼吸器官的防护，选用合适的呼吸器官防护用品。

呼吸防护用品根据结构和原理，可分为过滤式和隔离式两大类；按其防护用途可分为防尘、防毒和供氧三类。常见的呼吸器官防护用品主要有自吸过滤式防尘口罩、过滤式防毒面具、氧气呼吸器、自救器、空气呼吸器、防微粒口罩等。

（1）过滤式呼吸防护用品

这类防护用品是以佩戴者自身呼吸为动力，将空气中有害物质予以过滤净化，可分为防尘口罩和防毒面具两种。

1）自吸过滤式防尘口罩。主要用于防御各种粉尘和烟等质点较大的固体有害物质的防尘呼吸器。这种口罩有复式和简易式两种。其中，复式防尘口罩由主体（口鼻罩）、滤尘盒、呼气阀和系带等部件组成；简易式防尘口罩没有滤尘盒，大部分不设呼气阀，依靠夹具、支架或直接将滤料做成口鼻罩。

2）自吸过滤式防毒面具。主要用于防御各种有害气体、蒸气、气溶胶等有害物质，通常称为防毒口罩或防毒面具，可分为直接式与导管式两种。前者为滤毒罐（盒）直接与面罩相连；后者为滤毒罐（盒）通过导气管与面罩相连。防毒面具的面罩分为全面罩和半面罩。全面罩有头罩式和头戴式两种，应能遮住眼、鼻和口；而半面罩一般只能遮住鼻和口。

（2）隔离式呼吸防护用品

这类防护用品能使戴用者的呼吸器官与污染环境隔离，由呼吸器自身供气（空气或氧气）或从清洁环境中引入空气来维持人体的正常呼吸。按其供气方式可分为自带式与外界输入式两种。

1）自带式。有空气呼吸器和氧气呼吸器两种，其结构包括面罩、短导气管、供气调节阀和供气罐，其呼吸通路与外界隔绝。供气形式采用罐内盛压缩氧气（空气）或过氧化物供氧和借呼出的水蒸气及二氧化碳发生化学反应产生氧气两种。

2）外界输入式。有电动送风呼吸器、手动送风呼吸器和自吸式长管呼吸器三种，与自带式的主要区别在于供气源由作业场所外输入口罩（面具或头盔）内。由口罩（面具或头盔）、长导气管、减压阀、净化装置及调节阀等组成。

2. 呼吸防护用品的使用

目前，我国选择呼吸防护用品的原则，一般是根据作业场所的氧含量是否高于18％来确定选用过滤式或隔离式，根据作业场所有害物的性质和最高浓度确定选用全面罩或半面罩。

过滤式呼吸防护用品只能在不缺氧的劳动环境，即环境空气中氧的含量不低于18％和低浓度的有毒物质作业环境，以及短时间内不会危害生命健康的作业条件下使用，一般不能用于罐、槽等密闭狭小容器中作业人员的防护。其中，防尘口罩和防尘面具不能用于有毒、有害气体或蒸气的环境作业。

隔离式防护用品主要用于缺氧、尘毒污染严重、污染情况不明或浓度未知的有生命危险的作业场所，一般不受环境条件限制。其中，外界输入式一般只适用于定岗作业和流动范围小的作业。

在井下这类相对封闭的空间作业，应选择隔离式防毒面具。作业时，一般选择长管面具，通过一根长管使作业者呼吸井外清洁空气；抢险时，一般选择空气呼吸器。

根据有害物浓度的不同，一般情况下，当环境中有毒、有害气体或蒸气浓度低于0.1%时，可选择全面罩或半面罩配滤毒盒；当浓度低于0.3%时，可选择全面罩配小型滤毒罐；当浓度低于0.5%时，可选择全面罩配中型滤毒罐。

3. 呼吸防护用品的检查与维护

（1）应按照呼吸防护用具使用说明书中的有关内容和要求，定期检查和维护呼吸防护用品。由经过培训的人员实施检查和维护，对使用说明书未包括的内容，应及时向生产者或经销商询问。

（2）呼吸用品在每次使用前和佩戴后，应检查防护用品的部件是否齐全完好，是否有老损现象，及时更换失效部件。

（3）携气式呼吸器使用后应立即更换用完的或部分用完的气瓶或气体发生器并更换其他过滤部件。更换气瓶时不允许将空气瓶与氧气瓶互换。

（4）应使用专用润滑剂润滑高压空气或氧气设备。

（5）使用者不应自行重新装填过滤式呼吸防护用品的滤毒罐或滤毒盒内的吸附过滤材料。也不得采取任何方法自行延长已经失效的过滤元件的使用寿命。

4. 呼吸防护用品的储存

储存呼吸防护用品时应当注意：呼吸防护用品应保持清洁、干燥、无油污、避免阳光直射和接触腐蚀性气体；不常使用的防护用品应用密封袋储存，储存时避免面罩变形，且不得随意变更存放地点；防毒过滤元件不应敞口储存。

三、眼面部防护用品使用与管理

1. 眼面部伤害及眼面部防护用品分类

(1) 眼面部伤害

生产过程中常见的眼面部伤害主要有以下几个方面：

1) 异物性眼伤害。铸造、机械制造、建筑是发生眼外伤的主要工业部门。特别是在进行干磨金属、切削非金属或铸铁、切铆钉或螺钉、金属切割、粉碎石头或混凝土等作业时，如果防护不当，沙粒、金属碎屑等异物容易进入眼里，有时可引起溃疡和感染。有的固体异物高速飞出击中眼球，可发生严重的眼球破裂或穿透性损伤。

农业生产中，烟、化肥、锯木、谷壳、昆虫也可进入眼中，引起异物性眼伤害。

2) 化学性眼面部伤害。生产过程中，酸碱液体、腐蚀性烟雾进入眼中或冲击到面部皮肤，可引起角膜或面部皮肤烧伤。飞溅的氰化物、亚硫酸盐、强碱可引起严重的眼烧伤，因为碱比酸的穿透性更强。

3) 非电离辐射眼伤害。非电离辐射指波长为 100 nm 的可见强光、紫外线和红外线。在电气焊接、氧切割、炉窑、玻璃加工、热轧和铸造等场所，能产生强光、紫外线和红外线。

紫外线可损伤人眼组织，引起日光性角膜炎、白内障、老年性黄斑退化等疾病。紫外辐射还可引起眼结膜炎，有畏光、疼痛、流泪、眼睑炎等症状，引起电光性眼炎，是工业中常见的职业性眼病。

红外辐射眼组织可产生热效应，引起眼睑慢性炎症和职业性白内障。

强可见光可引起眼睛疲劳和眼睑痉挛等，但这些症状是暂时的，不会引发病理变化。

4) 电离辐射眼伤害。包括 α 粒子、β 粒子、γ 射线、X 射线、热中子、质子和电子等辐射。电离辐射主要发生在原子能工业、核动力装置、高能物理实验、医疗门诊、同位素治疗等场所。眼睛受到电离辐射将产生严重的后果。

5) 微波和激光眼伤害。微波由于热效应可引起眼球晶体混浊,导致白内障的发生。激光投射到视网膜上可引起灼伤,甚至会引起眼球出血、蛋白凝固、溶化,导致永久失明。

(2) 眼面部防护用品分类

根据防护部位和防护性能,眼面部防护用品主要分为防护眼镜和防护面罩两类。主要防护眼睛和面部免受紫外线、红外线和微波等电磁波辐射,粉尘、烟尘、金属和砂石碎屑以及化学溶液溅射的损伤。

1) 防护眼镜。防护眼镜常用柔韧的塑料和橡胶制成,框宽大,足以覆盖使用者的眼睛。

①防固体碎屑的防护眼镜。眼镜片和眼镜架应结构坚固,抗打击,框架周围装有遮边,其上应有通风口。防护镜片可选用钢化玻璃、胶质黏合玻璃或铜丝网防护镜。

②防化学溶液的防护眼镜。可选用普通平光镜片,镜框应有遮盖,以防溶液溅入。

③防辐射的防护眼镜。镜片采用能反射或吸收辐射线,但能透过一定可见光的特殊玻璃制成。镜片镀有金属薄膜,可以反射射线。蓝色镜片吸收红外线,黄绿镜片同时吸收紫外线和红外线,无色含铅镜片吸收 X 射线和 γ 射线。

2) 防护面罩。在生产作业过程中,防护面罩是用来保护面部和颈部免受飞来的金属碎屑、有害气体喷溅、金属和高温溶剂飞沫伤害的用具。防护面具按用途分为防打击面罩、防辐射面罩、防化学液体飞溅面罩、防烟尘毒气面罩及隔热面罩等。

①防打击面罩。面罩用透明的有机玻璃、塑料或金属网制成,可以防止金属屑、砂石等高速尘粒打击面部。

②防辐射面罩。面罩由厚钢板压制而成,质地坚韧且质量轻,

绝缘性能和耐热性能好。面罩上开有观察孔，嵌入遮光护目镜。面罩有头戴式和手持式两种，观察孔也有固定式和翻动式两种。

③防化学飞溅面罩。大部分用有机玻璃制成。

④防烟尘毒气面罩。用人造革制成头盔面罩，镶有机玻璃观察孔及可以更换滤料的过滤口罩，可防止由于接触沥青粉尘导致脸部皮炎和咽喉炎。

⑤隔热罩。隔热罩由铝箔隔热布和玻璃头盔组成，对辐射热反射效果好，质地柔软、防水、耐老化。

2. 眼面部防护用品的使用

根据各种眼面部防护用品的作用，正确选择和使用，可以有效防治危害因素的伤害：

(1) 防固体碎屑的防护眼镜或面罩，主要用于防御金属或砂石碎屑等对眼睛的机械损伤，用于高低压带电作业、研磨、切割、钻凿、木工、爆破、操纵转动机械等作业。

(2) 防化学溶液的防护眼镜或面罩，主要用于防御有刺激性或腐蚀性溶液对眼睛和面部的化学损伤，用于吸入性气溶胶毒性作业、沥青烟雾、矿尘、石棉尘作业以及腐蚀性作业。

(3) 防辐射的防护眼镜或面罩，主要用于防御过强的紫外线等辐射对眼睛的伤害，用于高温作业、放射性矿物冶炼、核废料或核事故处理等作业。

(4) 防打击面罩，多用于车、铣、刨、磨、凿岩等作业。

(5) 焊接护目镜或面罩，适用于各种强光作业，以防弧光、电焊弧对眼面部的伤害。

(6) 防烟尘毒气面罩，适用于毒气较小的作业，如防沥青烟尘面罩。

(7) 隔热罩，适用于消防、冶金、玻璃、陶瓷及热处理等方面的作业。

四、防坠落用品的使用与管理

1. 坠落事故

我国国家标准《高处作业分级》（GB/T 3608—2008）中规定：在距坠落高度基准面 2 m 以上（含 2 m）有可能坠落的高处作业，均称为高处作业。高处作业高度在 2～5 m 时，称为一级高处作业；高处作业高度在 5～15 m 时，称为二级高处作业；高处作业高度在 15～30 m 时，称为三级高处作业；高处作业高度在 30 m 以上时，称为特级高处作业。GB/T 3608—2008 中还规定了特殊高处作业的类别，如强风高处作业、异温（高温或低温）高处作业、雪地高处作业、雨天高处作业、夜间高处作业、带电高处作业、悬空高处作业、抢救高处作业。

当工人在进行高处作业时，如出现意外从工作面向地面坠落的情况，就有可能造成坠落伤害。落地的冲击力若过大，可能对人体产生胸部、腹部、泌尿系统外伤，可能造成脊椎断裂、肋骨骨折及血胸、气胸、内脏损伤等。这些都可以称为坠落伤害。

坠落事故的基本要素一般由以下四个方面构成。

（1）人的因素（不安全行为）

忽视违反安全操作规程；作业人员的失误动作；作业人员身体疲劳过度；作业人员身体方面存在某些缺陷。

（2）物的因素（不安全状态、物质条件的不可靠性、不安全性）

设施结构不良、材料强度不够或磨损、老化；物的设置、定位不合要求；外部的、自然的不安全状态；外部存在有害物质或危险物；防护用品、用具失效或有缺陷、缺置；防护方法不当；作业方法不安全。

（3）环境的因素（环境条件和管理条件）

工艺布置不合理；工作面窄小、场地混乱；作业环境颜色、照明、振动、噪声及温度、通风等的不合理。

(4) 管理上的因素

技术上的缺陷，如设计、选材、维修工艺流程、操作规程等不合格或不合理；对作业人员的培训、教育不够，作业人员的安全知识、技术知识或安全意识不够；劳动组合不合理、劳动纪律松懈；对上岗作业前作业人员的身体状态及心理状态的了解不够。

2. 安全带及其选用

(1) 安全带的性能要求

1) 材料要求。安全带必须用锦纶、维纶、蚕丝等具有一定强度的材料制成。此外，用于制作安全带的材料还应具有质量轻、耐磨、耐腐蚀、吸水率低和耐高温、抗老化等特点。电工围杆带可用黄牛皮带制成。金属配件用普通碳素钢、合金铝等具有一定强度的材料制成。包裹绳子的绳套要用皮革、人造革、维纶或橡胶等耐磨抗老化的材料制成。电焊时使用的绳套应阻燃。

2) 外观、结构和尺寸要求。腰带必须是一条整带，宽度为 40～50 mm，长度必须大于等于 1 300 mm；安全绳的直径应大于等于 13 mm，吊绳、安全钩应一端加钩，另一端加捻压股，电焊工用绳须全部加套，其他悬挂绳可部分加套，吊绳不必加套；金属配件表面光洁，不得有尖刺麻点、裂纹、夹渣、气孔；表面必须防锈，金属圆环、半圆环、三角环、8 字环、品字环、三道联不许焊接，边缘要呈圆弧形；护腰带宽度大于等于 80 mm，长度必须保持在 600～700 mm 之间，接触部分应垫有柔软材料，外层用织带或轻革包好，边缘圆滑无尖角；安全带各部分（如腰带、胸带、背带、护腰带、腿带、胯带、带箍）等均应用同一材料制作，线缝均匀，材质一致，颜色一致；安全钩要有自锁装置（铁路调车员用除外），自锁钩用在钢丝绳上，金属钩的钩舌弹簧有效复原次数大于等于 2 万次，钩舌与钩体咬口平整，不能偏斜。

(2) 安全带的使用注意事项

1) 应当检查安全带是否经质检部门检验合格，在使用前应仔细检查各部分构件是否完好无损。

2) 使用安全带时，围杆绳上要有保护套，不允许在地面上拖着绳走，以免损伤绳套影响主绳。使用安全绳时不允许打结，并且在安全绳的使用过程中不能随意将绳子加长，这样有潜在的危险。

3) 架子工用腰带一般使用短绳比较安全。如需使用长绳，应选用双背式安全带比较安全。悬挂安全带不得低挂，应高挂低用或水平悬挂，并应防止安全带的摆动、碰撞，避开尖锐物体。

4) 不得私自拆换安全带上的各种配件，更换新件时，应选择合格的配件。单独使用 3 m 以上的长绳时应考虑补充措施。如在绳上加缓冲器、自锁钩或速差式自控器等。缓冲器、自锁钩或速差式自控器可以单独使用也可以联合使用。

5) 作业时应将安全带的钩、环牢固地挂在系留点上，卡好各个卡子并关好保险装置，以防脱落。

6) 低温环境中使用安全带时应注意防止安全绳变硬断裂。

(3) 安全带的选用

1) 应选用经检验合格的安全带产品。使用和采购之前应检查安全带的外观和结构，检查部件是否齐全和完整、有无损伤、金属配件是否符合要求、产品和包装上有无合格标志、是否存在影响产品质量的其他缺陷，发现产品损坏或规格不符合要求时，应及时调换或停止使用。

2) 安全带的金属配件的各个环节不得是焊接件，边缘要光滑，产品上应有"安全认证"标志。根据工作性质和国家相关规定，正确选用适用的安全带型号。

(4) 安全带的保管养护

1) 安全带应储存在干燥、通风的仓库内，不准接触明火、高温、强酸、强碱和尖锐硬物，也不能暴晒。搬动时不能用带钩刺的工具，运输过程中要防止日晒雨淋，不可折叠。金属部件应涂上机油，以防生锈。

2) 对于使用频繁的安全绳应经常做外观检查，如发现异常应及时更换新绳，并注意加绳套的问题。

3) 安全带使用 2 年后，应做一次抽查，围杆带以 2 206 N 静负荷 5 min 为标准，若带无破裂则可继续使用。悬挂安全带应用 80 kg 重的沙人自由坠落 1 m 高进行冲击试验，若不断则可继续使用。安全带使用期为 3～5 年，若发现异常情况应提前报废。经过一次大的冲击负荷的部件应废弃，应使用同一厂家或同一形式的部件组装。

(5) 安全绳的维护与保养

1) 每条绳子都应有它的使用记录。在每次使用后做简单扼要的记录。

2) 使用绳子时，不要让它接触地面，绝对禁止踩绳子。最好放在一种可以完全摊平的绳袋上，以减少砂石跑进绳子里慢慢地割断绳皮或绳芯纤维的机会。

3) 尽量避免将绳子拉过粗糙或尖锐的地形。做岩降时，要将绳子和岩角接触的部分用布或绳套套住。

4) 绳子不可直接绑在树上或直接挂进钩环，也不要将两条绳子挂进同一个钩环（双绳例外），因为绳子会互摩。摩擦对绳子伤害很大。

5) 要正确地岩降，高速下降产生的温度会破坏绳皮。跳跃式的垂降，则会对固定点和绳子造成非常大且不必要的负荷。

6) 每次使用后要用手检查绳子，感受绳子上的异常处。例如，某处突然扁下去，和其他地方粗细感觉不同，或某一段特别松弛等。

7) 绳子应定期清洗，用冷水和中性清洁剂稍微浸泡一下，之后不断地搅拌，让绳子各处都能洗到。特别脏的地方，用软刷轻轻地刷洗。多换几次水，确定所有清洁剂都冲掉了，再将它摊开在地上或吊起来，置于阴凉通风处自然干燥，不能暴晒。

第三节　劳动防护用品相关法律规定

一、《安全生产法》相关规定

第十八条　生产经营单位应当具备的安全生产条件所必需的资金投入，由生产经营单位的决策机构、主要负责人或者个人经营的投资人予以保证，并对由于安全生产所必需的资金投入不足导致的后果承担责任。

第二十二条　生产经营单位采用新工艺、新技术、新材料或者使用新设备，必须了解、掌握其安全技术特性，采取有效的安全防护措施，并对从业人员进行专门的安全生产教育和培训。

第二十八条　生产经营单位应当在有较大危险因素的生产经营场所和有关设施、设备上，设置明显的安全警示标志。

第二十九条　安全设备的设计、制造、安装、使用、检测、维修、改造和报废，应当符合国家标准或者行业标准。

生产经营单位必须对安全设备进行经常性维护、保养，并定期检测，保证正常运转。维护、保养、检测应当做好记录，并由有关人员签字。

第三十七条　生产经营单位必须为从业人员提供符合国家标准或者行业标准的劳动防护用品，并监督、教育从业人员按照使用规则佩戴、使用。

第三十九条　生产经营单位应当安排用于配备劳动防护用品、进行安全生产培训的经费。

第四十九条　从业人员在作业过程中，应当严格遵守本单位的安全生产规章制度和操作规程，服从管理，正确佩戴和使用劳动防护用品。

第八十三条　生产经营单位有下列行为之一的，责令限期改正；

逾期未改正的，责令停止建设或者停产停业整顿，可以并处5万元以下的罚款；造成严重后果，构成犯罪的，依照刑法有关规定追究刑事责任：

（一）矿山建设项目或者用于生产、储存危险物品的建设项目没有安全设施设计或者安全设施设计未按照规定报经有关部门审查同意的；

（二）矿山建设项目或者用于生产、储存危险物品的建设项目的施工单位未按照批准的安全设施设计施工的；

（三）矿山建设项目或者用于生产、储存危险物品的建设项目竣工投入生产或者使用前，安全设施未经验收合格的；

（四）未在有较大危险因素的生产经营场所和有关设施、设备上设置明显的安全警示标志的；

（五）安全设备的安装、使用、检测、改造和报废不符合国家标准或者行业标准的；

（六）未对安全设备进行经常性维护、保养和定期检测的；

（七）未为从业人员提供符合国家标准或者行业标准的劳动防护用品的；

（八）特种设备以及危险物品的容器、运输工具未经取得专业资质的机构检测、检验合格，取得安全使用证或者安全标志，投入使用的；

（九）使用国家明令淘汰、禁止使用的危及生产安全的工艺、设备的。

二、《职业病防治法》相关规定

第二十一条　用人单位应当采取下列职业病防治管理措施：

（一）设置或者指定职业卫生管理机构或者组织，配备专职或者兼职的职业卫生管理人员，负责本单位的职业病防治工作；

（二）制定职业病防治计划和实施方案；

（三）建立、健全职业卫生管理制度和操作规程；

（四）建立、健全职业卫生档案和劳动者健康监护档案；

（五）建立、健全工作场所职业病危害因素监测及评价制度；

（六）建立、健全职业病危害事故应急救援预案。

第二十二条 用人单位应当保障职业病防治所需的资金投入，不得挤占、挪用，并对因资金投入不足导致的后果承担责任。

第二十三条 用人单位必须采用有效的职业病防护设施，并为劳动者提供个人使用的职业病防护用品。

用人单位为劳动者个人提供的职业病防护用品必须符合防治职业病的要求；不符合要求的，不得使用。

第二十六条 对可能发生急性职业损伤的有毒、有害工作场所，用人单位应当设置报警装置，配置现场急救用品、冲洗设备、应急撤离通道和必要的泄险区。

对放射工作场所和放射性同位素的运输、储存，用人单位必须配置防护设备和报警装置，保证接触放射线的工作人员佩戴个人剂量计。

对职业病防护设备、应急救援设施和个人使用的职业病防护用品，用人单位应当进行经常性的维护、检修，定期检测其性能和效果，确保其处于正常状态，不得擅自拆除或者停止使用。

第三十五条 用人单位的主要负责人和职业卫生管理人员应当接受职业卫生培训，遵守职业病防治法律、法规，依法组织本单位的职业病防治工作。

用人单位应当对劳动者进行上岗前的职业卫生培训和在岗期间的定期职业卫生培训，普及职业卫生知识，督促劳动者遵守职业病防治法律、法规、规章和操作规程，指导劳动者正确使用职业病防护设备和个人使用的职业病防护用品。

劳动者应当学习和掌握相关的职业卫生知识，增强职业病防范意识，遵守职业病防治法律、法规、规章和操作规程，正确使用、维护职业病防护设备和个人使用的职业病防护用品，发现职业病危害事故隐患应当及时报告。

劳动者不履行前款规定义务的，用人单位应当对其进行教育。

第四十条　劳动者享有了解工作场所产生或者可能产生的职业病危害因素、危害后果和应当采取的职业病防护措施，要求用人单位提供符合防治职业病要求的职业病防护设施和个人使用的职业病防护用品，改善工作条件的权利。

第七十三条　用人单位违反本法规定，未提供职业病防护设施和个人使用的职业病防护用品，或者提供的职业病防护设施和个人使用的职业病防护用品不符合国家职业卫生标准和卫生要求的，由安全生产监督管理部门给予警告，责令限期改正，逾期不改正的，处5万元以上20万元以下的罚款；情节严重的，责令停止产生职业病危害的作业，或者提请有关人民政府按照国务院规定的权限责令关闭。

三、《劳动防护用品监督管理规定》相关规定

第十四条　生产经营单位应当按照《个体防护装备选用规范》(GB/T 11651—2008) 和国家颁发的劳动防护用品配备标准以及有关规定，为从业人员配备劳动防护用品。

第十五条　生产经营单位应当安排用于配备劳动防护用品的专项经费。

生产经营单位不得以货币或者其他物品替代应当按规定配备的劳动防护用品。

第十六条　生产经营单位为从业人员提供的劳动防护用品，必须符合国家标准或者行业标准，不得超过使用期限。

生产经营单位应当督促、教育从业人员正确佩戴和使用劳动防护用品。

第十七条　生产经营单位应当建立、健全劳动防护用品的采购、

验收、保管、发放、使用、报废等管理制度。

第十八条 生产经营单位不得采购和使用无安全标志的特种劳动防护用品；购买的特种劳动防护用品须经本单位的安全生产技术部门或者管理人员检查验收。

第十九条 从业人员在作业过程中，必须按照安全生产规章制度和劳动防护用品使用规则，正确佩戴和使用劳动防护用品；未按规定佩戴和使用劳动防护用品的，不得上岗作业。

第二十条 安全生产监督管理部门、煤矿安全监察机构依法对劳动防护用品使用情况和特种劳动防护用品安全标志进行监督检查，督促生产经营单位按照国家有关规定为从业人员配备符合国家标准或者行业标准的劳动防护用品。

第二十一条 安全生产监督管理部门、煤矿安全监察机构对有下列行为之一的生产经营单位，应当依法查处：

（一）不配发劳动防护用品的；

（二）不按有关规定或者标准配发劳动防护用品的；

（三）配发无安全标志的特种劳动防护用品的；

（四）配发不合格的劳动防护用品的；

（五）配发超过使用期限的劳动防护用品的；

（六）劳动防护用品管理混乱，由此对从业人员造成事故伤害及职业危害的；

（七）生产或者经营假冒伪劣劳动防护用品和无安全标志的特种劳动防护用品的；

（八）其他违反劳动防护用品管理有关法律、法规、规章、标准的行为。

第二十二条 特种劳动防护用品安全标志管理机构及其工作人员应当坚持公开、公平、公正的原则，严格审查、核发安全标志，并应接受安全生产监督管理部门、煤矿安全监察机构的监督。

第二十三条 生产经营单位的从业人员有权依法向本单位提出

配备所需劳动防护用品的要求;有权对本单位劳动防护用品管理的违法行为提出批评、检举、控告。

安全生产监督管理部门、煤矿安全监察机构对从业人员提出的批评、检举、控告,经查实后应当依法处理。

第二十四条 生产经营单位应当接受工会的监督。工会对生产经营单位劳动防护用品管理的违法行为有权要求纠正,并对纠正情况进行监督。

第二十五条 生产经营单位未按国家有关规定为从业人员提供符合国家标准或者行业标准的劳动防护用品,有本规定第二十一条第(一)、(二)、(三)、(四)、(五)、(六)项行为的,安全生产监督管理部门或者煤矿安全监察机构责令限期改正;逾期未改正的,责令停产停业整顿,可以并处5万元以下的罚款;造成严重后果,构成犯罪的,依法追究刑事责任。

第二十六条 生产或者经营劳动防护用品的企业或者单位有本规定第二十一条第(七)、(八)项行为的,安全生产监督管理部门或者煤矿安全监察机构责令停止违法行为,可以并处3万元以下的罚款。

四、《特种劳动防护用品目录》

一、头部护具类
安全帽
二、呼吸护具类
防尘口罩
过滤式防毒面具
自给式空气呼吸器
长管面具
三、眼(面)护具类
焊接眼面防护具

防冲击眼护具

四、防护服类

阻燃防护服

防酸工作服

防静电工作服

五、防护鞋类

保护足趾安全鞋

防静电鞋、导电鞋

防刺穿鞋

胶面防砸安全靴

电绝缘鞋

耐酸碱皮鞋

耐酸碱胶靴

耐酸碱塑料模压靴

六、防坠落护具类

安全带

安全网

密目式安全立网

第六章 事故的应急救援和调查、上报的责任

第一节 生产安全事故报告的要求与责任

一、生产安全事故报告的要求

事故报告是安全生产工作中的一项十分重要的内容，事故发生后，及时、准确、完整地报告事故，对于及时、有效地组织事故救援，减少事故损失，顺利开展事故调查具有十分重要的意义。因此，《安全生产法》和《生产安全事故报告和调查处理条例》都对生产安全事故报告工作做出了严格要求。

《生产安全事故报告和调查处理条例》第四条第一款规定：生产安全事故报告应当及时、准确、完整，任何单位和个人对事故不得迟报、漏报、谎报或者瞒报。

《安全生产法》第七十条、第七十一条对事故的报告做出了如下规定：

生产经营单位发生生产安全事故后，事故现场有关人员应当立即报告本单位负责人。单位负责人接到事故报告后，应当迅速采取有效措施，组织抢救，防止事故扩大，减少人员伤亡和财产损失，并按照国家有关规定立即如实报告当地负有安全生产监督管理职责的部门，不得隐瞒不报、谎报或者拖延不报，不得故意破坏事故现场、毁灭有关证据。

负有安全生产监督管理职责的部门接到事故报告后，应当立即按照国家有关规定上报事故情况。负有安全生产监督管理职责的部门和有关地方人民政府对事故情况不得隐瞒不报、谎报或者拖延不报。

二、生产安全事故报告责任

《安全生产法》和《生产安全事故报告和调查处理条例》都明确规定了事故报告责任，下列人员和单位负有报告事故的责任：

(1) 事故现场有关人员。

(2) 事故发生单位的主要负责人。

(3) 安全生产监督管理部门。

(4) 负有安全生产监督管理职责的有关部门。

(5) 有关地方人民政府。

事故单位负责人既有向县级以上人民政府安全生产监督管理部门报告的责任，又有向负有安全生产监督管理职责的有关部门报告的责任，即事故报告是两条线，实行双报告制。

安全生产监督管理部门和负有安全生产监督管理职责的有关部门，既有向上级部门报告事故的责任，又有同时报告本级人民政府的责任。

第二节 生产安全事故报告程序和时限

根据《生产安全事故报告和调查处理条例》的有关规定，事故现场有关人员、事故单位负责人和有关部门应当按照下列程序和时间要求报告事故：

(1) 事故发生后，事故现场有关人员应当立即向本单位负责人报告；情况紧急时，事故现场有关人员可以直接向事故发生地县级以上人民政府安全生产监督管理部门和负有安全生产监督管理职责的有关部门报告。

(2) 单位负责人接到事故报告后，应当于 1 h 内向事故发生地县级以上人民政府安全生产监督管理部门和负有安全生产监督管理职责的有关部门报告。

(3) 安全生产监督管理部门和负有安全生产监督管理职责的有关部门接到事故报告后,应当按照事故的级别逐级上报事故情况,并报告同级人民政府,通知公安机关、劳动保障行政部门、工会和人民检察院,且每级上报的时间不得超过 2 h。

1) 特别重大事故、重大事故逐级上报至国务院安全生产监督管理部门和负有安全生产监督管理职责的有关部门;

2) 较大事故逐级上报至省、自治区、直辖市人民政府安全生产监督管理部门和负有安全生产监督管理职责的有关部门;

3) 一般事故上报至设区的市级人民政府安全生产监督管理部门和负有安全生产监督管理职责的有关部门。

(4) 国务院安全生产监督管理部门和负有安全生产监督管理职责的有关部门以及省级人民政府接到发生特别重大事故、重大事故的报告后,应当立即报告国务院。

必要时,安全生产监督管理部门和负有安全生产监督管理职责的有关部门可以越级上报事故情况。

第三节 生产安全事故报告的内容

一、事故报告的内容

根据《生产安全事故报告和调查处理条例》的有关规定,事故报告的内容应当包括事故发生单位概况、事故发生的时间、地点、简要经过和事故现场情况,事故已经造成或者可能造成的伤亡人数和初步估计的直接经济损失,以及已经采取的措施等。事故报告后出现新情况的,还应当及时补报。

1. 事故发生单位概况

事故发生单位概况应当包括单位的全称、所处地理位置、所有制形式和隶属关系、生产经营范围和规模、持有各类证照的情况、单位负责人的基本情况以及近期的生产经营状况等。对于不同行业的企业，报告的内容应该根据实际情况来确定，但是应当以全面、简洁为原则。

2. 事故发生的时间、地点以及事故现场情况

报告事故发生的时间应当具体，并尽量精确到分钟。报告事故发生的地点要准确，除事故发生的中心地点外，还应当报告事故所波及的区域。报告事故现场的情况应当全面，不仅应当报告现场的总体情况，还应当报告现场的人员伤亡情况、设备设施的毁损情况；不仅应当报告事故发生后的现场情况，还应当尽量报告事故发生前的现场情况。

3. 事故的简要经过

事故的简要经过是对事故全过程的简要叙述。核心要求在于"全"和"简"。"全"就是要全过程描述，"简"就是要简单明了。但是，描述要前后衔接、脉络清晰、因果相连。需要强调的是，由于事故的发生往往是在一瞬间，对事故经过的描述应当特别注意事故发生前作业场所有关人员和设备、设施的一些细节，因为这些细节可能就是引发事故的重要原因。

4. 事故已经造成或者可能造成的伤亡人数（包括下落不明的人数）和初步估计的直接经济损失

对于人员伤亡情况的报告，应当遵守实事求是的原则，不做无根据的猜测，更不能隐瞒实际伤亡人数。在矿山事故中，往往出现多人被困井下的情况，对可能造成的伤亡人数，要根据事故单位当班记录，尽可能准确地报告。对直接经济损失的初步估算，主要指事故所导致的建筑物的毁损、生产设备设施和仪器仪表的损坏等。由于人员伤亡情况和经济损失情况直接影响事故等级的划分，并因此决定事故的调查处理等后续重大问题，在报告这方面情况时应当谨慎细致，力求准确。

5. 已经采取的措施

已经采取的措施主要是指事故现场有关人员、事故单位负责人、已经接到事故报告的安全生产管理部门为减少损失、防止事故扩大和便于事故调查所采取的应急救援和现场保护等具体措施。

6. 事故的补报

事故报告后出现新情况的，应当及时补报。自事故发生之日起30日内，事故造成的伤亡人数发生变化的，应当及时补报。道路交通事故、火灾事故自发生之日起7日内，事故造成的伤亡人数发生变化的，应当及时补报。

二、事故调度统计报告的内容

国家安全监管总局"关于印发《安全生产调度统计业务规范》的通知"（安监总厅字［2005］56号）和《国家安全监管总局关于调整生产安全事故调度统计报告的通知》（安监总调度［2007］120号），对生产安全事故调度统计报告范围、内容和时限做出了如下规定：

1. 生产安全事故调度统计报告范围

（1）生产经营活动中发生的造成人员死亡、重伤（包括急性工业中毒）或者直接经济损失在100万元以上的各类生产安全事故。

（2）各类非法生产经营事故。

（3）事故性质暂时界定不清的各类事故。

调度快报事故范围是指生产经营活动中各行业领域发生的特别重大事故、重大事故、较大事故和煤矿一般事故，较大以上涉险事故，事故性质暂时不清的较大及以上事故。

2. 调度快报的内容

（1）事故发生的时间（年、月、日、时、分）。

（2）事故发生地［省（区、市）、市（地）、县（市）、乡（镇）］。

(3) 发生事故的单位名称、经济类型（国有和国有控股、集体和集体控股、民营和民营控股以及合资、外资等）。

(4) 事故类型（按照各行业和领域的事故类型报告）。

(5) 生产规模和能力（设计、核定）。

(6) 发生事故单位的安全评估等级和持有证件情况。

(7) 发生事故的车辆、船舶、飞行器、容器等牌号、名称及核载、实载情况。

(8) 事故简要情况（事故的经过及事故原因初步分析）。

(9) 事故现场总人数和伤亡人数（死亡、失踪、被困、轻伤、重伤、急性工业中毒等）。

(10) 初步估计事故造成的直接经济损失。

(11) 事故抢救进展情况和采取的措施。

3. 调度快报时限

省级安全生产监督管理部门、煤矿安全监察机构接到较大及以上事故报告后，要在 2 h 内报送至安全监管总局（调度统计司）。对事故情况暂时不清的，可先报送事故概况并及时跟踪，或有新情况续报。

省级煤矿安全监察机构接到煤矿一般事故报告，每周周五前和每月月末报送至安全监管总局（调度统计司）。

4. 事故快报的方式

接到事故信息后，根据事故情况，按以下方式逐级报送：

(1) 一次死亡（遇险）10 人以下事故使用国家安全生产监督管理总局统一的网络传输软件报送，尚不具备网络传输条件的可使用传真报送。

(2) 一次死亡（遇险）10 人以上（含 10 人）事故、社会影响重大事故和重特大未遂伤亡事故发生后，使用网络传输软件和电话同时报告，不具备网络传输条件的使用传真和电话同时报告。

三、统计月报

1. 统计月报内容

生产安全事故基本情况包括事故发生单位的名称、地址、事故死亡、事故重伤（包括急性工业中毒）、直接经济损失、事故原因、事故类别等。

2. 统计月报时限

省级安全生产监督管理部门、煤矿安全监察机构应按照《安全监管总局办公厅关于调整生产安全事故报告时间的通知》（安监总厅统计〔2007〕37号）要求，于每月6日前，将上月本地区工矿商贸企业各类生产安全事故卡片报送至安全监管总局（调度统计司）。

3. 事故统计月报的报送方式

各类工矿商贸企业伤亡事故由安全生产监督管理部门负责统计报告；煤矿企业伤亡事故由煤矿安全监察机构负责统计报告（未设立煤矿安全监察机构的地区，由当地安全生产监督管理部门报告）。

使用国家安全生产监督管理总局统一的伤亡事故统计软件通过专用网络报送伤亡事故统计卡片；尚不具备专用网络传输条件的单位，可使用公共网络报送事故统计卡片。

第四节　生产安全事故调查

一、事故现场调查

事故现场的调查主要包括事故现场保护、事故现场的处理和勘查、事故证据的收集整理三部分。

1. 事故现场保护

事故调查组的首要任务是进行事故现场的保护，因为事故现场的各种证据是判断事故原因以及确定事故责任的重要物质条件，需要最大可能地给予保护。但是由于在事故救援阶段，各种人员的出入会对事故现场造成破坏，另外群众的围观也会给现场保护工作带来影响。所以应该从下面几个方面开展工作保护事故现场免受过多的破坏。

《生产安全事故报告和调查处理条例》第十六条规定："事故发生后，有关单位和人员应当妥善保护事故现场以及相关证据，任何人不得破坏事故现场、毁灭相关证据。"这里明确了两个问题，一是保护事故现场以及相关证据是有关单位和人员的法定义务。所谓有关单位和人员是指事故现场保护的义务主体，既包括在事故现场的事故发生单位及其有关人员，也包括在事故现场的有关地方人民政府安全生产监管部门、负有安全生产监管职责的有关部门、事故应急救援组织等单位及其有关人员。只要是在事故现场的单位和人员，都有妥善保护现场和相关证据的义务。二是禁止破坏事故现场、毁灭有关证据。不论是过失还是故意，有关单位和人员均不得破坏事故现场、毁灭相关证据。有上述行为的，将要承担相应的法律责任。事故现场保护要做到的工作包括以下几个方面：

（1）核实事故情况，尽快上报事故情况。

（2）确定保护区的范围，布置警戒线。

（3）控制好事故肇事人。

（4）尽量收集事故的相关信息以便事故调查组查阅。

事故现场的保护要方法得当。对露天事故现场的保护范围可以大一些，然后根据实际情况再调整；对生产车间事故现场的保护则主要是采取封锁入口，控制人员进出；对于事故破损部件、残留件等要求不能触动，以免破坏事故现场。

2. 事故现场的处理、勘查和事故证据的收集整理

（1）事故现场处理

当调查组进入现场或做模拟试验需要移动某些物体时，必须做好现场的标志，同时要采用照相或摄像，将可能被清除或践踏的痕迹记录下来，以保证现场勘察调查能获得完整的事故信息内容。调查组进入事故现场进行调查的过程中，在事故调查分析没有形成结论以前，要注意保护事故现场，不得破坏与事故有关的物体、痕迹、状态等。

(2) 现场勘察与证物收集

对损坏的物体、部件、碎片、残留物、致害物的位置等，均应贴上标签，注明时间、地点、管理者；所有物件应保持原样，不准冲洗擦拭；对健康有害的物品，应采取不损坏原始证据的安全保护措施。

(3) 事故现场摄影

应做好以下几方面的拍照。

1) 方位拍照：要能反映事故现场在周围环境中的位置。
2) 全面拍照：要能反映事故现场各部分之间的联系。
3) 中心拍照：反映事故现场中心情况。
4) 细目拍照：解释事故直接原因的痕迹物、致害物等。
5) 人体拍照：反映死亡者主要受伤和造成死亡的伤害部位。

(4) 事故图绘制

根据事故类别和规模以及调查工作的需要，绘出事故调查分析所必须了解的信息示意图，如建筑物平面图、剖面图，事故现场涉及范围图，设备或工具器具构造简图、流程图，受害者位置图，事故状态下人员位置及疏散图，破坏物立体图或展开图等。

(5) 证人材料收集

尽快收集证人口述材料，然后认真考证其真实性，听取单位领导和群众意见。

(6) 事故事实材料收集

1) 与事故鉴别、记录有关的材料。包括事故发生的单位、地点、时间、受害人和肇事者的姓名、性别、文化程度、职业、技术等级、本工种工龄、支付工资形式；受害者和肇事者的技术情况、接受安全教育情况；出事当天，受害者和肇事者什么时间开始工作、工作内容、工作量、作业程序、操作时的动作或位置；受害者和肇事者过去的故事记录。

2）事故发生的有关事实材料。包括事故发生前设备、设施等的性能和质量状况；必要时对使用的材料进行物理性能或化学性能试验分析；有关工艺方面的技术文件、工作指令和规章制度方面的资料及执行情况；关于环境方面的情况，如照明、温度、湿度、通风、声响、色彩、道路、工作情况以及工作环境中的有毒有害物质取样分析记录；个人防护措施状况及个人防护用品的有效性、质量、使用范围；出事前受害者和肇事者的健康和精神状态；其他有可能与事故有关的细节或因素。

二、事故原因的调查分析

事故原因的调查分析包括事故直接原因和间接原因的调查分析。调查分析事故发生的直接原因就是分别对物和人的因素进行深入、细致的追踪，弄清在人和物方面所有的事故因素。明确它们的相互关系和所占的重要程度，从中确定事故发生的直接原因。

事故间接原因的调查就是调查分析导致人的不安全行为、物的不安全状态，以及人、物、环境的失调得以产生的原因，弄清为什么会有不安全行为和不安全状态，为什么没能在事故发生前采取措施，预防事故的发生。

导致事故发生的原因是多方面的，主要可以概况为下面三个方面：

（1）劳动过程中设备、设施和环境等因素

它是导致事故的重要原因。这些因素主要包括生产环境的优劣、生产设备的状态、生产工艺是否合理、原材料的毒害程度。这些是硬件方面的原因，属于比较直接的原因。

（2）安全生产管理方面的因素

它是导致事故的主要原因。这里主要包括安全生产的规章制度是否完善、安全生产责任制是否落实、安全生产组织机构是否开展有效工作、安全生产经费是否到位、安全生产宣传教育工作的开展情况、安全防护装置的保养状况、安全警告标志和逃生通道是否齐全等。这些原因相对需要认真分析,属于更深入的原因。

(3) 事故肇事人的状况

它是导致事故的直接因素。这里主要包括其操作水平、熟练程度、经验是否丰富、精神状态是否良好、是否违章操作等。人的因素是事故原因中很主要的因素,需要重点分析,这是事故发生发展的关键原因。

对事故进行分析有很多方法,目的都是为了找到导致事故发生的原因。首先从专业技术的角度来分别探讨事故的技术原因,然后从事故统计的高度探讨宏观的事故统计分析法,最后通过安全系统分析法的介绍从全局的角度全面分析事故的发生发展过程。这是一种递进的层次关系。

三、确定事故责任

查找事故原因的目的是确定事故责任。事故调查分析不仅要明确事故的原因,要更重要的是要确定事故责任,落实防范措施,确保不再出现同类事故。这是加强安全生产的重要手段。

(1) 事故性质

目前,事故性质分为责任事故、非责任事故和人为破坏事故。

1) 责任事故,是指由于工作不到位导致的事故,是一种可以预防的事故,责任事故需要处理相关的责任人。

2) 非责任事故,是指由于一些不可抗拒的力量而导致的事故。这些事故的原因主要是由于人类对自然的认识水平有限,需要在今后的工作中更加注意预防工作,防止同类事故的再次发生。

3) 人为破坏事故,是指有人预先恶意地对机器设备以及其他因素进行调查,导致其他人在不知情的状况下发生了事故。这类事故一般都属于刑事案件,相关责任人要受到法律的制裁。

(2) 事故责任人

事故责任人主要包括直接责任人、领导责任人和间接责任人三种。

1) 直接责任人,是指由于当事人与重大事故及其损失有直接因果关系,是对事故发生以及导致一系列后果起决定性作用的人员。

2) 领导责任人,是指当事人的行为虽然没有直接导致事故发生,但由于其领导监管不力而导致事故的发生,需要承担相应的责任。

3) 间接责任人,是指当事人与事故的发生具有间接的关系,需要承担相应的责任。

(3) 事故责任的确定

事故责任的确定是整个事故调查分析中最难的环节,因为责任确定的过程就是将事故原因分解给不同人员的过程。这个问题说起来很简单,但对于事故调查组成员来说无论处理谁都是不情愿的,但由于事故的责任人必须受到处罚,所以事故调查组就要公正地对待所有与事故有关的人员,公平、公正、科学、合理地确定相应的责任。凡因下述原因造成事故,应首先追究领导者的责任。

1) 没有按规定对工人进行安全教育和技术培训,或未经考试合格就上岗操作的。

2) 缺乏安全技术操作规程或制度与规程不健全的。

3) 设备严重失修或超负载运转。

4) 安全措施、安全信号、安全标志、安全用具、个人防护用品缺乏或有缺陷的。

5) 对事故熟视无睹,不认真采取措施或挪用安全技术措施经费,致使重复发生同类事故的。

6) 对现场工作缺乏检查或指导错误的。

特大安全事故肇事单位和个人的刑事处罚、行政处罚和民事责任，依照有关法律、法规和规章的规定执行。

第五节 生产安全事故报告和调查处理相关法律法规规定

一、《安全生产法》相关规定

第十三条 国家实行生产安全事故责任追究制度，依照本法和有关法律、法规的规定，追究生产安全事故责任人员的法律责任。

第十七条 生产经营单位的主要负责人负有及时、如实报告生产安全事故的职责。

第六十三条 负有安全生产监督管理职责的部门应当建立举报制度，公开举报电话、信箱或者电子邮件地址，受理有关安全生产的举报；受理的举报事项经调查核实后，应当形成书面材料；需要落实整改措施的，报经有关负责人签字并督促落实。

第六十四条 任何单位或者个人对事故隐患或者安全生产违法行为，均有权向负有安全生产监督管理职责的部门报告或者举报。

第六十五条 居民委员会、村民委员会发现其所在区域内的生产经营单位存在事故隐患或者安全生产违法行为时，应当向当地人民政府或者有关部门报告。

第七十条 生产经营单位发生生产安全事故后，事故现场有关人员应当立即报告本单位负责人。

单位负责人接到事故报告后，应当迅速采取有效措施，组织抢救，防止事故扩大，减少人员伤亡和财产损失，并按照国家有关规定立即如实报告当地负有安全生产监督管理职责的部门，不得隐瞒不报、谎报或者拖延不报，不得故意破坏事故现场、毁灭有关证据。

第七十一条 负有安全生产监督管理职责的部门接到事故报告

后，应当立即按照国家有关规定上报事故情况。负有安全生产监督管理职责的部门和有关地方人民政府对事故情况不得隐瞒不报、谎报或者拖延不报。

第七十二条　有关地方人民政府和负有安全生产监督管理职责的部门的负责人接到重大生产安全事故报告后，应当立即赶到事故现场，组织事故抢救。

任何单位和个人都应当支持、配合事故抢救，并提供一切便利条件。

第七十三条　事故调查处理应当按照实事求是、尊重科学的原则，及时、准确地查清事故原因，查明事故性质和责任，总结事故教训，提出整改措施，并对事故责任者提出处理意见。事故调查和处理的具体办法由国务院制定。

第七十四条　生产经营单位发生生产安全事故，经调查确定为责任事故的，除了应当查明事故单位的责任并依法予以追究外，还应当查明对安全生产的有关事项负有审查批准和监督职责的行政部门的责任，对有失职、渎职行为的，依照本法第七十七条的规定追究法律责任。

第七十五条　任何单位和个人不得阻挠和干涉对事故的依法调查处理。

第七十六条　县级以上地方各级人民政府负责安全生产监督管理的部门应当定期统计分析本行政区域内发生生产安全事故的情况，并定期向社会公布。

第九十一条　生产经营单位主要负责人在本单位发生重大生产安全事故时，不立即组织抢救或者在事故调查处理期间擅离职守或者逃匿的，给予降职、撤职的处分，对逃匿的处15日以下拘留；构成犯罪的，依照刑法有关规定追究刑事责任。

生产经营单位主要负责人对生产安全事故隐瞒不报、谎报或者拖延不报的，依照前款规定处罚。

第九十二条 有关地方人民政府、负有安全生产监督管理职责的部门,对生产安全事故隐瞒不报、谎报或者拖延不报的,对直接负责的主管人员和其他直接责任人员依法给予行政处分;构成犯罪的,依照刑法有关规定追究刑事责任。

二、《生产安全事故报告和调查处理条例》

第一章 总则

第一条 为了规范生产安全事故的报告和调查处理,落实生产安全事故责任追究制度,防止和减少生产安全事故,根据《中华人民共和国安全生产法》和有关法律,制定本条例。

第二条 生产经营活动中发生的造成人身伤亡或者直接经济损失的生产安全事故的报告和调查处理,适用本条例;环境污染事故、核设施事故、国防科研生产事故的报告和调查处理不适用本条例。

第三条 根据生产安全事故(以下简称事故)造成的人员伤亡或者直接经济损失,事故一般分为以下等级:

(一)特别重大事故,是指造成30人以上死亡,或者100人以上重伤(包括急性工业中毒,下同),或者1亿元以上直接经济损失的事故;

(二)重大事故,是指造成10人以上30人以下死亡,或者50人以上100人以下重伤,或者5000万元以上1亿元以下直接经济损失的事故;

(三)较大事故,是指造成3人以上10人以下死亡,或者10人以上50人以下重伤,或者1000万元以上5000万元以下直接经济损失的事故;

(四)一般事故,是指造成3人以下死亡,或者10人以下重伤,或者1000万元以下直接经济损失的事故。

国务院安全生产监督管理部门可以会同国务院有关部门,制定事故等级划分的补充性规定。

本条第一款所称的"以上"包括本数,所称的"以下"不包括本数。

第四条 事故报告应当及时、准确、完整,任何单位和个人对事故不得迟报、漏报、谎报或者瞒报。

事故调查处理应当坚持实事求是、尊重科学的原则,及时、准确地查清事故经过、事故原因和事故损失,查明事故性质,认定事故责任,总结事故教训,提出整改措施,并对事故责任者依法追究责任。

第五条 县级以上人民政府应当依照本条例的规定,严格履行职责,及时、准确地完成事故调查处理工作。

事故发生地有关地方人民政府应当支持、配合上级人民政府或者有关部门的事故调查处理工作,并提供必要的便利条件。

参加事故调查处理的部门和单位应当互相配合,提高事故调查处理工作的效率。

第六条 工会依法参加事故调查处理,有权向有关部门提出处理意见。

第七条 任何单位和个人不得阻挠和干涉对事故的报告和依法调查处理。

第八条 对事故报告和调查处理中的违法行为,任何单位和个人有权向安全生产监督管理部门、监察机关或者其他有关部门举报,接到举报的部门应当依法及时处理。

第二章 事故报告

第九条 事故发生后,事故现场有关人员应当立即向本单位负责人报告;单位负责人接到报告后,应当于1 h内向事故发生地县级以上人民政府安全生产监督管理部门和负有安全生产监督管理职责的有关部门报告。

情况紧急时,事故现场有关人员可以直接向事故发生地县级以上人民政府安全生产监督管理部门和负有安全生产监督管理职责的有关部门报告。

第十条 安全生产监督管理部门和负有安全生产监督管理职责的有关部门接到事故报告后,应当依照下列规定上报事故情况,并通知公安机关、劳动保障行政部门、工会和人民检察院:

(一)特别重大事故、重大事故逐级上报至国务院安全生产监督管理部门和负有安全生产监督管理职责的有关部门;

(二)较大事故逐级上报至省、自治区、直辖市人民政府安全生产监督管理部门和负有安全生产监督管理职责的有关部门;

(三)一般事故上报至设区的市级人民政府安全生产监督管理部门和负有安全生产监督管理职责的有关部门。

安全生产监督管理部门和负有安全生产监督管理职责的有关部门依照前款规定上报事故情况,应当同时报告本级人民政府。国务院安全生产监督管理部门和负有安全生产监督管理职责的有关部门以及省级人民政府接到发生特别重大事故、重大事故的报告后,应当立即报告国务院。

必要时,安全生产监督管理部门和负有安全生产监督管理职责的有关部门可以越级上报事故情况。

第十一条 安全生产监督管理部门和负有安全生产监督管理职责的有关部门逐级上报事故情况,每级上报的时间不得超过2h。

第十二条 报告事故应当包括下列内容:

(一)事故发生单位概况;

(二)事故发生的时间、地点以及事故现场情况;

(三)事故的简要经过;

(四)事故已经造成或者可能造成的伤亡人数(包括下落不明的人数)和初步估计的直接经济损失;

(五)已经采取的措施;

(六)其他应当报告的情况。

第十三条 事故报告后出现新情况的,应当及时补报。

自事故发生之日起 30 日内,事故造成的伤亡人数发生变化的,应当及时补报。道路交通事故、火灾事故自发生之日起 7 日内,事故造成的伤亡人数发生变化的,应当及时补报。

第十四条 事故发生单位负责人接到事故报告后,应当立即启动事故相应应急预案,或者采取有效措施,组织抢救,防止事故扩大,减少人员伤亡和财产损失。

第十五条 事故发生地有关地方人民政府、安全生产监督管理部门和负有安全生产监督管理职责的有关部门接到事故报告后,其负责人应当立即赶赴事故现场,组织事故救援。

第十六条 事故发生后,有关单位和人员应当妥善保护事故现场以及相关证据,任何单位和个人不得破坏事故现场、毁灭相关证据。

因抢救人员、防止事故扩大以及疏通交通等原因,需要移动事故现场物件的,应当做出标志,绘制现场简图并做出书面记录,妥善保存现场重要痕迹、物证。

第十七条 事故发生地公安机关根据事故的情况,对涉嫌犯罪的,应当依法立案侦查,采取强制措施和侦查措施。犯罪嫌疑人逃匿的,公安机关应当迅速追捕归案。

第十八条 安全生产监督管理部门和负有安全生产监督管理职责的有关部门应当建立值班制度,并向社会公布值班电话,受理事故报告和举报。

第三章 事故调查

第十九条 特别重大事故由国务院或者国务院授权有关部门组织事故调查组进行调查。

重大事故、较大事故、一般事故分别由事故发生地省级人民政府、设区的市级人民政府、县级人民政府负责调查。省级人民政府、设区的市级人民政府、县级人民政府可以直接组织事故调查组进行调查,也可以授权或者委托有关部门组织事故调查组进行调查。

未造成人员伤亡的一般事故,县级人民政府也可以委托事故发生单位组织事故调查组进行调查。

第二十条　上级人民政府认为必要时,可以调查由下级人民政府负责调查的事故。

自事故发生之日起30日内(道路交通事故、火灾事故自发生之日起7日内),因事故伤亡人数变化导致事故等级发生变化,依照本条例规定应当由上级人民政府负责调查的,上级人民政府可以另行组织事故调查组进行调查。

第二十一条　特别重大事故以下等级事故,事故发生地与事故发生单位不在同一个县级以上行政区域的,由事故发生地人民政府负责调查,事故发生单位所在地人民政府应当派人参加。

第二十二条　事故调查组的组成应当遵循精简、效能的原则。

根据事故的具体情况,事故调查组由有关人民政府、安全生产监督管理部门、负有安全生产监督管理职责的有关部门、监察机关、公安机关以及工会派人组成,并应当邀请人民检察院派人参加。

事故调查组可以聘请有关专家参与调查。

第二十三条　事故调查组成员应当具有事故调查所需要的知识和专长,并与所调查的事故没有直接利害关系。

第二十四条　事故调查组组长由负责事故调查的人民政府指定。事故调查组组长主持事故调查组的工作。

第二十五条　事故调查组履行下列职责:

(一)查明事故发生的经过、原因、人员伤亡情况及直接经济损失;

(二)认定事故的性质和事故责任;

(三)提出对事故责任者的处理建议;

(四)总结事故教训,提出防范和整改措施;

(五)提交事故调查报告。

第二十六条　事故调查组有权向有关单位和个人了解与事故有

关的情况,并要求其提供相关文件、资料,有关单位和个人不得拒绝。

事故发生单位的负责人和有关人员在事故调查期间不得擅离职守,并应当随时接受事故调查组的询问,如实提供有关情况。

事故调查中发现涉嫌犯罪的,事故调查组应当及时将有关材料或者其复印件移交司法机关处理。

第二十七条 事故调查中需要进行技术鉴定的,事故调查组应当委托具有国家规定资质的单位进行技术鉴定。必要时,事故调查组可以直接组织专家进行技术鉴定。技术鉴定所需时间不计入事故调查期限。

第二十八条 事故调查组成员在事故调查工作中应当诚信公正、恪尽职守,遵守事故调查组的纪律,保守事故调查的秘密。

未经事故调查组组长允许,事故调查组成员不得擅自发布有关事故的信息。

第二十九条 事故调查组应当自事故发生之日起60日内提交事故调查报告;特殊情况下,经负责事故调查的人民政府批准,提交事故调查报告的期限可以适当延长,但延长的期限最长不超过60日。

第三十条 事故调查报告应当包括下列内容:
(一)事故发生单位概况;
(二)事故发生经过和事故救援情况;
(三)事故造成的人员伤亡和直接经济损失;
(四)事故发生的原因和事故性质;
(五)事故责任的认定以及对事故责任者的处理建议;
(六)事故防范和整改措施。

事故调查报告应当附具有关证据材料。事故调查组成员应当在事故调查报告上签名。

第三十一条 事故调查报告报送负责事故调查的人民政府后,

事故调查工作即告结束。事故调查的有关资料应当归档保存。

第四章 事故处理

第三十二条 重大事故、较大事故、一般事故,负责事故调查的人民政府应当自收到事故调查报告之日起15日内做出批复;特别重大事故,30日内做出批复,特殊情况下,批复时间可以适当延长,但延长的时间最长不超过30日。

有关机关应当按照人民政府的批复,依照法律、行政法规规定的权限和程序,对事故发生单位和有关人员进行行政处罚,对负有事故责任的国家工作人员进行处分。

事故发生单位应当按照负责事故调查的人民政府的批复,对本单位负有事故责任的人员进行处理。

负有事故责任的人员涉嫌犯罪的,依法追究刑事责任。

第三十三条 事故发生单位应当认真吸取事故教训,落实防范和整改措施,防止事故再次发生。防范和整改措施的落实情况应当接受工会和职工的监督。

安全生产监督管理部门和负有安全生产监督管理职责的有关部门应当对事故发生单位落实防范和整改措施的情况进行监督检查。

第三十四条 事故处理的情况由负责事故调查的人民政府或者其授权的有关部门、机构向社会公布,依法应当保密的除外。

第五章 法律责任

第三十五条 事故发生单位主要负责人有下列行为之一的,处上一年年收入40%~80%的罚款;属于国家工作人员的,并依法给予处分;构成犯罪的,依法追究刑事责任:

(一)不立即组织事故抢救的;

(二)迟报或者漏报事故的;

(三)在事故调查处理期间擅离职守的。

第三十六条 事故发生单位及其有关人员有下列行为之一的,对事故发生单位处100万元以上500万元以下的罚款;对主要负责人、直接负责的主管人员和其他直接责任人员处上一年年收入60%～100%的罚款；属于国家工作人员的，并依法给予处分；构成违反治安管理行为的，由公安机关依法给予治安管理处罚；构成犯罪的，依法追究刑事责任：

（一）谎报或者瞒报事故的；

（二）伪造或者故意破坏事故现场的；

（三）转移、隐匿资金、财产，或者销毁有关证据、资料的；

（四）拒绝接受调查或者拒绝提供有关情况和资料的；

（五）在事故调查中作伪证或者指使他人作伪证的；

（六）事故发生后逃匿的。

第三十七条 事故发生单位对事故发生负有责任的，依照下列规定处以罚款：

（一）发生一般事故的，处10万元以上20万元以下的罚款；

（二）发生较大事故的，处20万元以上50万元以下的罚款；

（三）发生重大事故的，处50万元以上200万元以下的罚款；

（四）发生特别重大事故的，处200万元以上500万元以下的罚款。

第三十八条 事故发生单位主要负责人未依法履行安全生产管理职责，导致事故发生的，依照下列规定处以罚款；属于国家工作人员的，并依法给予处分；构成犯罪的，依法追究刑事责任：

（一）发生一般事故的，处上一年年收入30%的罚款；

（二）发生较大事故的，处上一年年收入40%的罚款；

（三）发生重大事故的，处上一年年收入60%的罚款；

（四）发生特别重大事故的，处上一年年收入80%的罚款。

第三十九条 有关地方人民政府、安全生产监督管理部门和负有安全生产监督管理职责的有关部门有下列行为之一的，对直接负责的主管人员和其他直接责任人员依法给予处分；构成犯罪的，依法追究刑事责任：

（一）不立即组织事故抢救的；
（二）迟报、漏报、谎报或者瞒报事故的；
（三）阻碍、干涉事故调查工作的；
（四）在事故调查中作伪证或者指使他人作伪证的。

第四十条　事故发生单位对事故发生负有责任的，由有关部门依法暂扣或者吊销其有关证照；对事故发生单位负有事故责任的有关人员，依法暂停或者撤销其与安全生产有关的执业资格、岗位证书；事故发生单位主要负责人受到刑事处罚或者撤职处分的，自刑罚执行完毕或者受处分之日起，5年内不得担任任何生产经营单位的主要负责人。

为发生事故的单位提供虚假证明的中介机构，由有关部门依法暂扣或者吊销其有关证照及其相关人员的执业资格；构成犯罪的，依法追究刑事责任。

第四十一条　参与事故调查的人员在事故调查中有下列行为之一的，依法给予处分；构成犯罪的，依法追究刑事责任：
（一）对事故调查工作不负责任，致使事故调查工作有重大疏漏的；
（二）包庇、袒护负有事故责任的人员或者借机打击报复的。

第四十二条　违反本条例规定，有关地方人民政府或者有关部门故意拖延或者拒绝落实经批复的对事故责任人的处理意见的，由监察机关对有关责任人员依法给予处分。

第四十三条　本条例规定的罚款的行政处罚，由安全生产监督管理部门决定。

法律、行政法规对行政处罚的种类、幅度和决定机关另有规定的，依照其规定。

第六章　附则

第四十四条　没有造成人员伤亡，但是社会影响恶劣的事故，国务院或者有关地方人民政府认为需要调查处理的，依照本条例的有关规定执行。

国家机关、事业单位、人民团体发生的事故的报告和调查处理,参照本条例的规定执行。

第四十五条　特别重大事故以下等级事故的报告和调查处理,有关法律、行政法规或者国务院另有规定的,依照其规定。

第四十六条　本条例自2007年6月1日起施行。国务院1989年3月29日公布的《特别重大事故调查程序暂行规定》和1991年2月22日公布的《企业职工伤亡事故报告和处理规定》同时废止。

三、《国务院关于特大安全事故行政责任追究的规定》

第一条　为了有效地防范特大安全事故的发生,严肃追究特大安全事故的行政责任,保障人民群众生命、财产安全,制定本规定。

第二条　地方人民政府主要领导人和政府有关部门正职负责人对下列特大安全事故的防范、发生,依照法律、行政法规和本规定的规定有失职、渎职情形或者负有领导责任的,依照本规定给予行政处分;构成玩忽职守罪或者其他罪的,依法追究刑事责任:

（一）特大火灾事故;
（二）特大交通安全事故;
（三）特大建筑质量安全事故;
（四）民用爆炸物品和化学危险品特大安全事故;
（五）煤矿和其他矿山特大安全事故;
（六）锅炉、压力容器、压力管道和特种设备特大安全事故;
（七）其他特大安全事故。

地方人民政府和政府有关部门对特大安全事故的防范、发生直接负责的主管人员和其他直接责任人员,比照本规定给予行政处分;构成玩忽职守罪或者其他罪的,依法追究刑事责任。

特大安全事故肇事单位和个人的刑事处罚、行政处罚和民事责任,依照有关法律、法规和规章的规定执行。

第三条 特大安全事故的具体标准,按照国家有关规定执行。

第四条 地方各级人民政府及政府有关部门应当依照有关法律、法规和规章的规定,采取行政措施,对本地区实施安全监督管理,保障本地区人民群众生命、财产安全,对本地区或者职责范围内防范特大安全事故的发生、特大安全事故发生后的迅速和妥善处理负责。

第五条 地方各级人民政府应当每个季度至少召开一次防范特大安全事故工作会议,由政府主要领导人或者政府主要领导人委托政府分管领导人召集有关部门正职负责人参加,分析、布置、督促、检查本地区防范特大安全事故的工作。会议应当做出决定并形成纪要,会议确定的各项防范措施必须严格实施。

第六条 市(地、州)、县(市、区)人民政府应当组织有关部门按照职责分工对本地区容易发生特大安全事故的单位、设施和场所安全事故的防范明确责任、采取措施,并组织有关部门对上述单位、设施和场所进行严格检查。

第七条 市(地、州)、县(市、区)人民政府必须制定本地区特大安全事故应急处理预案。本地区特大安全事故应急处理预案经政府主要领导人签署后,报上一级人民政府备案。

第八条 市(地、州)、县(市、区)人民政府应当组织有关部门对本规定第二条所列各类特大安全事故的隐患进行查处;发现特大安全事故隐患的,责令立即排除;特大安全事故隐患排除前或者排除过程中,无法保证安全的,责令暂时停产、停业或者停止使用。法律、行政法规对查处机关另有规定的,依照其规定。

第九条 市(地、州)、县(市、区)人民政府及其有关部门对本地区存在的特大安全事故隐患,超出其管辖或者职责范围的,应当立即向有管辖权或者负有职责的上级人民政府或者政府有关部门报告;情况紧急的,可以立即采取包括责令暂时停产、停业在内的紧急措施,同时报告;有关上级人民政府或者政府有关部门接到报告后,应当立即组织查处。

第十条 中小学校对学生进行劳动技能教育以及组织学生参加公益劳动等社会实践活动,必须确保学生安全。严禁以任何形式、名义组织学生从事接触易燃、易爆、有毒、有害等危险品的劳动或者其他危险性劳动。严禁将学校场地出租作为从事易燃、易爆、有毒、有害等危险品的生产、经营场所。

中小学校违反前款规定的,按照学校隶属关系,对县(市、区)、乡(镇)人民政府主要领导人和县(市、区)人民政府教育行政部门正职负责人,根据情节轻重,给予记过、降级直至撤职的行政处分;构成玩忽职守罪或者其他罪的,依法追究刑事责任。

中小学校违反本条第一款规定的,对校长给予撤职的行政处分,对直接组织者给予开除公职的行政处分;构成非法制造爆炸物罪或者其他罪的,依法追究刑事责任。

第十一条 依法对涉及安全生产事项负责行政审批(包括批准、核准、许可、注册、认证、颁发证照、竣工验收等,下同)的政府部门或者机构,必须严格依照法律、法规和规章规定的安全条件和程序进行审查;不符合法律、法规和规章规定的安全条件的,不得批准;不符合法律、法规和规章规定的安全条件,弄虚作假,骗取批准或者勾结串通行政审批工作人员取得批准的,负责行政审批的政府部门或者机构除必须立即撤销原批准外,应当对弄虚作假骗取批准或者勾结串通行政审批工作人员的当事人依法给予行政处罚;构成行贿罪或者其他罪的,依法追究刑事责任。

负责行政审批的政府部门或者机构违反前款规定,对不符合法律、法规和规章规定的安全条件予以批准的,对部门或者机构的正职负责人,根据情节轻重,给予降级、撤职直至开除公职的行政处分;与当事人勾结串通的,应当开除公职;构成受贿罪、玩忽职守罪或者其他罪的,依法追究刑事责任。

第十二条 对依照本规定第十一条第一款的规定取得批准的单

位和个人，负责行政审批的政府部门或者机构必须对其实施严格监督检查；发现其不再具备安全条件的，必须立即撤销原批准。

负责行政审批的政府部门或者机构违反前款规定，不对取得批准的单位和个人实施严格监督检查，或者发现其不再具备安全条件而不立即撤销原批准的，对部门或者机构的正职负责人，根据情节轻重，给予降级或者撤职的行政处分；构成受贿罪、玩忽职守罪或者其他罪的，依法追究刑事责任。

第十三条　对未依法取得批准，擅自从事有关活动的，负责行政审批的政府部门或者机构发现或者接到举报后，应当立即予以查封、取缔，并依法给予行政处罚；属于经营单位的，由工商行政管理部门依法相应吊销营业执照。

负责行政审批的政府部门或者机构违反前款规定，对发现或者举报的未依法取得批准而擅自从事有关活动的，不予查封、取缔、不依法给予行政处罚，工商行政管理部门不予吊销营业执照的，对部门或者机构的正职负责人，根据情节轻重，给予降级或者撤职的行政处分；构成受贿罪、玩忽职守罪或者其他罪的，依法追究刑事责任。

第十四条　市（地、州）、县（市、区）人民政府依照本规定应当履行职责而未履行，或者未按照规定的职责和程序履行，本地区发生特大安全事故的，对政府主要领导人，根据情节轻重，给予降级或者撤职的行政处分；构成玩忽职守罪的，依法追究刑事责任。

负责行政审批的政府部门或者机构、负责安全监督管理的政府有关部门，未依照本规定履行职责，发生特大安全事故的，对部门或者机构的正职负责人，根据情节轻重，给予撤职或者开除公职的行政处分；构成玩忽职守罪或者其他罪的，依法追究刑事责任。

第十五条　发生特大安全事故，社会影响特别恶劣或者性质特别严重的，由国务院对负有领导责任的省长、自治区主席、直辖市市长和国务院有关部门正职负责人给予行政处分。

第十六条　特大安全事故发生后,有关县(市、区)、市(地、州)和省、自治区、直辖市人民政府及政府有关部门应当按照国家规定的程序和时限立即上报,不得隐瞒不报、谎报或者拖延报告,并应当配合、协助事故调查,不得以任何方式阻碍、干涉事故调查。

特大安全事故发生后,有关地方人民政府及政府有关部门违反前款规定的,对政府主要领导人和政府部门正职负责人给予降级的行政处分。

第十七条　特大安全事故发生后,有关地方人民政府应当迅速组织救助,有关部门应当服从指挥、调度,参加或者配合救助,将事故损失降到最低限度。

第十八条　特大安全事故发生后,省、自治区、直辖市人民政府应当按照国家有关规定迅速、如实发布事故消息。

第十九条　特大安全事故发生后,按照国家有关规定组织调查组对事故进行调查。事故调查工作应当自事故发生之日起60日内完成,并由调查组提出调查报告;遇有特殊情况的,经调查组提出并报国家安全生产监督管理机构批准后,可以适当延长时间。调查报告应当包括依照本规定对有关责任人员追究行政责任或者其他法律责任的意见。

省、自治区、直辖市人民政府应当自调查报告提交之日起30日内,对有关责任人员做出处理决定;必要时,国务院可以对特大安全事故的有关责任人员做出处理决定。

第二十条　地方人民政府或者政府部门阻挠、干涉对特大安全事故有关责任人员追究行政责任的,对该地方人民政府主要领导人或者政府部门正职负责人,根据情节轻重,给予降级或者撤职的行政处分。

第二十一条　任何单位和个人均有权向有关地方人民政府或者政府部门报告特大安全事故隐患,有权向上级人民政府或者政府部门举报地方人民政府或者政府部门不履行安全监督管理职责或者不按照规定履行职责的情况。接到报告或者举报的有关人民政府或者政府部门，应当立即组织对事故隐患进行查处，或者对举报的不履行、不按照规定履行安全监督管理职责的情况进行调查处理。

第二十二条　监察机关依照行政监察法的规定，对地方各级人民政府和政府部门及其工作人员履行安全监督管理职责实施监察。

第二十三条　对特大安全事故以外的其他安全事故的防范、发生追究行政责任的办法，由省、自治区、直辖市人民政府参照本规定制定。

第二十四条　本规定自公布之日起施行。

参考文献

1. 全国注册安全工程师职业资格考试辅导教材编审委员会. 安全生产管理知识. 北京：煤炭工业出版社，2004
2. 全国注册安全工程师职业资格考试辅导教材编审委员会. 安全生产管理知识. 北京：煤炭工业出版社，2005
3. 中国安全生产协会注册安全工程师工作委员会. 安全生产管理知识. 北京：中国大百科全书出版社，2008
4. 中国安全生产协会注册安全工程师工作委员会. 安全生产技术. 北京：中国大百科全书出版社，2008
5. 中国安全生产协会注册安全工程师工作委员会. 安全生产法及相关法律知识. 北京：中国大百科全书出版社，2008
6. 国家安全生产监督管理总局. 安全评价（修订版）. 北京：煤炭工业出版社，2002
7. 崔国璋，董丽娜. 安全生产管理知识. 北京：中国劳动社会保障出版社，2002
8. 刘铁民，吴宗之等. 厂长（经理）安全生产管理读本（第二版）（通用版）. 北京：中国劳动社会保障出版社，2008
9. 中国就业培训技术指导中心. 安全评价师（第二版）. 北京：中国劳动社会保障出版社，2011